이 책은
서인천 주님의 교회의 30일 작정 기도중에
일어난 성령체험을
기록한 것입니다.

내가 너에게 불 세례를 주노라

제1권

김용두 지음

예찬사

이 책을 기록한 목적

모름지기 교역자라면 누구나 인정을 받는 큰 부흥을 꿈꾸게 된다. 나 역시도 부흥사적인 기질이 강하여 내 교회의 형편과 상관없이 주제 넘게 부흥사들의 모임에 얼굴을 내밀었다.

그러나 그렇게 사역의 방향을 잡고 있던 나에게 주님께서는 "김 목사야, 너는 부흥사 쪽보다 책을 쓰는 쪽에 달란트가 있단다. 앞으로 너와 너의 성도들을 통하여 보여지는 일들을 있는 그대로 보고 듣고 기록하여 한국 교회와 크게는 전세계 교회들을 일깨우기 바란다. 너는 그 일을 하기 위해서 태어났다!'라고 말씀하시는 것이었다. 나는 말도 안 된다고 생각하여 "주님! 책을 쓰는 것은 저와는 전혀 맞지 않습니다. 그리고 저는 학문과 지식이 짧아서 자신이 없습니다" 하고 저항을 해 보았지만, 주님께서는 "아니다! 너는 그 일을 하기 위하여 세상에 태어났다!'고 거듭 말씀하셨다.

나는 주님께 "아니 주님! 그 일은 저 말고라도 많은 사람들이 하는데, 저 같은 인간이 무엇이길래 그런 중차대한 일을 한단 말입니까? 저는 표현력도 부족하고 더구나 책상에 오래 앉아서 글 쓸 타입이 아니지 않습니까?" 하고 다시 저항을 했는데도 주님은 "아니다. 너는 할 수 있다. 내가 능력을 줄 것이다! 내가 힘을 줄 것이다! 두려워 말아라! 내가 함께 함이니라!'고 하시는 통에 결국 굴복하고 말았다.

주님께서는 나에게 책을 쓰는 목적을 정하라고 분명하게 말씀하셨다. "지금의 한국 교회와 성도들은 겉과 속이 다르게 신앙생활을 하고 있어 내 뜻과는 너무 다르게 살고 있다. 성도들과 목회자들이 형식적인 예배와 판에 박힌 이론으로 나를 알고 있으니 어쩌면 좋으냐? 나는 너희들이 뜨거운 가슴으로 나를 만나기를 원한다!'고 말씀하셨는데, 그 말씀은 요한계시록 3장 15절에도 자세히 나와 있다. "내가 네 행위를 아노니 네가 차지도 아니하고 뜨겁지도 아니하도다. 네가 차든지 뜨겁든지 하기를 원하노라."

두 번째로 주님께서는 마귀의 정체와 궤계에 대하여 언급하셨는데, 마귀와 그의 세력들에 대하여 이론적인 내용들을 담은 책은 있지만 체험적으로 직접 맞닥드려 싸우는 과정을 기록한 책은 많지가 않기 때문에 악한 영들과 실제적으로 싸우는 과정과 성도들의 영안[저자 주 – '천국과 지옥, 천사와 마귀를 볼 수 있는 영안.' 이후 '영안'으로 한다]이 열리는 모습을 적나라하게 보여 주시기를 원하셨다. 이번에 '주님의 교회'에서 벌어지는 단체로 악한 영들과 싸우며 영안이 열리는 내용들은 전세계 교회를 통틀어 별로 없다고 하셨다. 하나님께서는 미약하고 보잘 것 없는 한 개척교회를 통하여 성도들의 구태의연한 믿음을 개혁하고 갱신하기를 원하신 것이었다.

세 번째로는 오직 주님의 말씀과 체험을 통하여 마귀의 계략과 그 계략에 편승하며 살아가는 우리들의 안일한 믿음의 실상을 보는 것이라고 하셨다. "내가 네 행위를 아노니 네가 살았다 하는 이름은 가졌으나 죽은 자로다. 너는 일깨어 그 남은 바 죽게 된 것을 굳건하게 하라! 내 하나님 앞에 네 행위의 온전한 것을 찾지 못하였노니 그러므로 네가 어떻게 받았으며 어떻게 들었는지 생각하고 지켜 회개하라. 만일 일깨지 아니하면 내가 도둑같이 이르리니 어느 때에 네게 이를는지 네가 알지 못하리라"(계 3:1-3). 참고로 많은 분들이 이 책을 읽다가 궁금한 점들이 있을 것 같아서 몇 가지를 더 기록하였다.

† 영안이 열리는 과정

I. 방언기도

우리 교회 성도들은 방언기도가 훨씬 능력이 있어서 더 오래, 더 간절하게, 더 깊이 기도하게 되었다. 집중하는 면에 있어서도 방언기도를 했을 때 엄청난 능력이 왔으며 영안까지 열렸다. 방언기도는 말 그대로 사람에게 하지 않고 하나님께 영의 비밀을 직접 말함인데(고전 14:2), 이는 악한 영들이 알아듣지 못하기 때문이며, 이러한 이유 때문에 예수님께서도 직접 우리들에게 방언으로 기도하라는 말씀이 있으셨다.

II. 악한 영들이 찾아옴

한 영혼의 영안이 열리는 과정은 힘들고 어려울 뿐 아니라 수많은 난

관을 극복해야 하는데, 그중에서 가장 큰 문제는 영안이 못 열리도록 방해하는 사탄이 있다는 사실이다. 그 못된 것은 나이가 어리다고 봐주는 법이 없고 몸이 약하다고 해서 인정을 베풀지도 않으며 끈질기게 물어뜯고 할켜서 기도하는 우리들을 질리게 만들었고 지치게 했다.

그러므로 어설프게 준비하고 방심했다가는 큰 코 다치기 십상이었다. 악랄한 마귀의 세력들은 철저한 계략을 세워서 우리의 약점을 공격하는데, 우리들은 아무 대책 없이 막연히 기도하다가 저들에게 당한 적이 한두 번이 아니었기 때문에 시작부터 철저한 준비가 필요했다. 주님의 시선을 집중하는 찬양과 메시지, 강력한 부르짖음, 전투적인 마음 자세는 그 어느 것 하나 소홀히 취급할 수 없었다.

따라서 악한 영들과의 싸움에서 이겨야 한다는 전제 조건이 영안이 열리는 조건이라면 조건인 것이다(엡 6:12). 많은 성도들과 목회자들이 영안이 열려야 한다는 말을 가볍게 하는 경향이 있는데, 자칭 영안이 열렸다는 분들에 대해서 주님께 여쭈어 보면 주님께서는 그들이 말하는 영안은 성령께서 주신 영감으로 때마다 감동하신 것이지 보이는 영안은 아니라고 진단해 주셨다.

III. 악한 영들의 수

옛날 시대에 한 성을 빼앗으려 공격하는 치열한 공방전처럼 악한 영들과의 전쟁은 상상을 초월한다.

사탄의 졸개들은 작게는 한 마리에서, 많게는 수백 마리에 이르기까지 우리에게 다가왔는데, 한 마리가 와서 안 되면 두 마리가 왔으며 그래도 안 되면 점점 더 많아져서 10마리, 30마리, 50마리, 100마리 등 단체로 공격을 하기도 하며 때에 따라서 뭉쳤다 흩어졌다를 수도 없이 반복했다. 그리고 이 성도에게 덤볐다가 쫓겨나면 다른 성도에게 다가갔으며 이 성도 저 성도를 계속 집적거리며 덤비고 쑤시고 유혹했고, 때로는 달콤한 말로 속삭이기도 했다. 그러다가 자신들의 정체가 드러나면 줄행랑을 쳤다.

IV. 악한 영들의 변신하는 모습들

사탄의 졸개들은 언제나 다양한 모습으로 변신의 변신을 연출한다. 때로는 미끼를 써서 유혹하듯이 유명 여자 탤런트의 모습으로, 때로는 연약해 보이기 위하여 어린 꼬마의 모습으로, 때로는 예수님처럼 완전 무결한 모습으로 다가왔으며 아름다운 천사의 모습을 나타내 보이기도 하였다(고후 11:14). 심지어 교회에서 예배를 드리는 중에 보좌에 앉으신 하나님 아버지의 모습을 연출하기까지 해서 하마터면 속을 뻔하기도 하였다. 그 외에도 뱀, 용 머리, 박쥐, 말 머리, 주사위, 해골 등 수도 없이 많았으며 완벽하게 내 딸의 모습으로 변장하여 다른 성도들을 미혹하기도 하였다.

V. 주님께서 대응하시는 방법

우리는 악한 영들과의 싸움에서 이기기도 하고 지기도 하였는데, 우리가 질 때는 어김없이 육체적 고통이 따라왔다. 너무 고통스러워 바닥에 수십 차례 뒹굴기도 했고 거의 초죽음이 될 때도 있었다. 처음에는 주님께서 악한 영들을 모두 막아 주셔서 우리가 순탄하게 기도할 수 있게 하셨는데, 점점 우리가 기도하면서 믿음이 강해질수록 방치하시고 그저 묵묵히 바라보고만 계실 때가 많았다. 우리가 다급해서 주님을 부르고 긴급하게 요청을 하는데도 바로 눈앞에 계신 주님은 대꾸도 하지 않으시고 우리가 뒹구는 모습을 조용히, 아주 조용히 관찰하셨다. 그것은 우리가 사사건건 주님께 해 달라는 식의 어린아이의 구태를 못 버렸기 때문이었다.

나중에야 이유를 알게 된 우리는 마귀 세력들과 끝없는 전쟁을 벌였다. 그러나 우리가 정말로 감당하지 못할 엄청난 놈들과 싸울 때에는 주님께서 미가엘 천사장과 하늘의 천사들까지 동원시키셨는데, 그러한 과정을 통하여 모두들 주님께서 가르쳐 주신 적절한 방법으로 사탄의 세력들을 이기는 방법과 요령을 터득하게 되었고 결국에는 한 사람씩 차근차근 천국에 도달하게 되어 승리의 기쁨을 만끽하게 되었다. 주님께서는 즉시 돕지 않음으로써 우리들 자신의 믿음으로 마귀를 대적하여 힘 있게 물리치는 근성을 기르게 하셨던 것이다.

† 영안이 열린 그 이후

악한 영들과의 싸움은 우리 몸에 부상까지 입혀 가며 이후에도 계속 서로 물고 물리는 접전으로 진행되었는데, 천국과 지옥을 오가며 체험을 했다 할지라도 마귀의 세력들은 틈만 보이면 공격을 하기 때문에 정말로 하루하루가 전쟁이었고 긴장하지 않을 수가 없었다. 그러나 주님께서 지켜 주시는데 왜 악한 영들이 공격할까? 믿는 자가 누구에게 굴복할 것이냐에 따라서 달라진다고 말하고 싶다. 죄에게냐, 아니면 예수님에게냐 하는 문제일 것이다. "너희 자신을 종으로 내주어 누구에게 순종하든지 그 순종함을 받는 자의 종이 되는 줄을 너희가 알지 못하느냐? 혹은 죄의 종으로 사망에 이르고 혹은 순종의 종으로 의에 이르느니라"(롬 6:16).

사랑하는 주님께서는 악한 영들과의 싸움에서 우리들이 지치고 쓰러질 때 자주 천국 천사들까지 동원하셔서 우리들만이 외롭게 마귀 세력들과 싸우는 것이 아니라는 사실을 확인시켜 주셨다.

† 마귀의 세력이 내 몸에 들어왔을 때

악한 영들은 틈이 보이면 들어오는데, 이를 적절하게 물리치는 방법은 주님께서도 늘 말씀하셨듯이 일상적인 습관으로 기도의 무장을 갖추고 있어야 한다(막 9:29). 더구나 특별기도는 꼭 있어야 하는데, 예수님께서는 기도의 부족은 곧 믿음의 부족으로 나타날 수 있기 때문에 둘 이상의 합심기도를 언급하셨다(마 18:19).

특별한 약속과 응답의 실례로 악한 영들이 우리 몸에 들어왔을 때 마비증세가 왔고 머리가 어지러운 등 엄청난 고통이 왔다. 그 고통과 통증은 오랫동안 지속되었다. 악한 영들이 몸에 들어왔다 쫓겨나갈 때는 순순히 나가지 않고 꼭 상처 자국을 남겼고 지속적인 괴로움으로 시달리게 만들었던 것이다.

† 사탄의 세력에 대한 명칭 문제

사탄과 그의 추종자들의 이름은 여러 가지가 있다는 것을 우리는 성경을 통하여 잘 알 수 있다. 사탄을 가리켜 '귀신의 왕'(마 12:24), '계

명성'(루시퍼)(사 14:12), '사탄'(슥 3:1, 계 12:9), '마귀'(눅 4:2,13), '옛
뱀'(계 12:9), '용'(계 12:3,7,9), '귀신'(마 7:22, 9:34), '악의 영들'(엡
6:12), '악귀'(눅 7:21, 8:2) 등 많은 이름들이 있으나 이 책에서는 기도
하는 성도들이 마귀들과 쉴 새 없이 전개되는 싸움에서 표현상 어쩔 수
없이 마귀, 사탄, 귀신, 왕 마귀라고 하였다. 사탄의 세력들과 싸우는 데
신경을 썼을 뿐 다소 그것들을 부르는 표현에 있어서 적절하게 사용하
지 못했을 수도 있음을 유념해 주었으면 좋겠다.

† 마귀의 세력과 싸움에서 욕하는 문제

"범사에 헤아려 좋은 것을 취하고 악은 어떤 모양이라도 버리라"(살
전 5:21,22). 책을 기록하면서 늘 힘든 부분이 있다면 주님의 말씀하신
명령과 현실에 있는 우리의 상태가 맞지 않을 때이다. 그중에서도 악의
세력과 혈전을 치루면서 사용하였던 언어가 큰 문젯거리였다. 내 딸과
성도들의 영안이 열리는 과정에서, 혹은 지옥의 참혹한 현장에서 악한
영들과 주고받으며 난타전을 벌였는데, 그들과 혈투를 하다 보니 차마
입에 담지 못할 욕설들이 난무했던 것이다. 그러나 주님께서는 그 부분
도 꼭 기록하라고 명령을 하셨다.

나는 주님께 "주님, 거룩하신 주님께서 욕하는 말까지 기록을 하라
시면 이 책을 쓰는 저 자신은 물론이거니와 이 책 자체를 이상하게 볼
터인데 정정하면 안 되겠습니까?" 하고 걱정스럽게 여쭈었는데, 주님
께서는 "마귀의 세력들과의 싸움에서 그놈들에게 하는 것이니만큼 괜
찮으니 너는 이 일에 너무 신경쓰지 마라"고 당부하셨다.

어찌되었건 주님의 명령으로 순종하게 되었다. 보이지 않게 많은 우여곡절 속에서 도움을 주셨던 예찬사 직원들과 특히 이환호 장로님께 진심 어린 감사를 드린다. 그리고 항상 궁핍하고 찌들어 있는 환경에 있으면서도 미소를 잃지 않고 이해하고 말없이 내조해 주고 있는 아내에게도 그저 고마울 따름이다. 그저 독자 여러분이 너그러운 아량으로 이해하며 이 책을 읽어 나가기를 바란다.

주 안에서 무명의 소졸
김용두 목사

차 례

주신 예수님/ 백봉녀 성도, 지옥에 가다/ 지옥에서 엄마와의 만남/ 지옥에서 아버지와 남동생을 만남/ 지옥에 있는 사돈의 당부/ 예수님의 모습으로 가장한 마귀

열째 날의 영적 체험 119

● 눅 11:8-13

사탄아, 예수의 이름으로 물러가라/ 십자가 고난을 받으시는 예수님의 모습/ 천국에서 강현자 사모의 친할머니와 외할머니를 만나다/ 보이는 영안과 보이지 않는 영안/ 단축되는 예배 시간, 그것을 좋아하는 성도들/ 주님께서 내려 주시는 이단에 대한 진단/ 목사님에게 기름을 쏟아부으시는 하나님/ 우리 교회 집사님들에 대한 책망/ 기독교를 표방하는 종교/ 왕 마귀의 정체/ 믿음으로 출발하는 능력 전도!

열한 번째 날의 영적 체험 141

● 막 16:17,18

악령들의 끈질긴 공격/ 주님과의 만남은 언제나 좋고 기다려진다/ 천국에 있는 예수님의 집/ 삼위일체 하나님의 형상/ 지옥의 우글거리는 벌레들/ 교회 가는 길을 막아서는 마귀 떼들/ 불덩어리가 되어버린 교회와 성도들

열두 번째 날의 영적 체험 155

● 눅 11:21-23

천사와 주님으로 가장한 마귀/ 예쁜 여자로 가장한 마귀/ 목사님의 재미있는 설교/ 지구의 공전과 자전, 사계절, 그리고 날씨 변화/ 윤락업소에서 죄 지은 사람들의 참혹한 모습/ 연거푸 찾아오는 마귀들/ 천국의 바다에서 수영하다

열세 번째 날의 영적 체험 173
● 마 16:13-19

악령들의 총공격/ 불덩어리가 되어 마귀를 얼씬 못하게 하는 목사님/ 기도 방패로 무장된 성도들/ 지옥에 있는 목사님들의 관/ 간음한 죄로 프라이팬 안에서 고통받는 사람들/ 유경이의 천국여행/ 천사들아, 빨리 막아라!/ 지옥에 있는 사모님의 친할아버지와 외할아버지/ 2부 기도회 찬양하라, 내 영혼아/ 대머리가 어울리는 목사님

열네 번째 날의 영적 체험 193
● 갈 1:6-10

계속 나타나는 마귀들/ 항아리 속 뜨거운 물에서 외치는 사람들/ 점쟁이와 자살한 사람들이 받는 고통/ 변덕 부리는 사람들/ 여기 천국에서 살면 안 될까요?/ 지옥에 있는 무서운 전류가 흐르는 창살/ 장소를 옮겨 가면서 고통을 받고 있는 엄마/ 도박꾼들의 고통/ 좌충우돌 백봉녀 성도/ 지옥에 있는 목사님의 아버지와 누님, 그리고 내 동생/ 지옥의 하늘에 있는 십자가/ 건성으로 교회 다니는 사람들/ 천국에 있는 하나님의 교회

열다섯 번째 날의 영적 체험 227
● 약 1:2-7

TV, 컴퓨터에 쏙 빠지게 하는 귀신들/ 기도하게 가만 놔두지 않는 마귀들/ 예수님과 춤추는 학생이/ 알콜 중독자들이 가 있는 항아리 지옥/ 마귀들의 끈질긴 등장/ 지옥은 영원히 고통만 당하는 곳/ 지옥에 있는 형부와 조카/ 참혹한 모습의 가족들을 봐야 하는 아픔/ 비밀 누설 금지/ 미가엘 천사를 만나다/ 천국에 있는 금지구역/ 신성경 집사, 기도회에 동참하다/ 오정민, 방언은사를 받다

내가 너에게 불 세례를 주노라〈제2권〉차례

명책에서 이름을 지우다/ 목회자를 대적하는 사람들/ 전 세계 교회를 다니시는 주님 (계 2:1)/ 밤 예배_ 여러 귀신들과의 혈전/ 뱀에 물린 요셉/ 귀신 사냥/ 목사님의 몸에 갖다 대니 재가 되어 버린 귀신들/ 귀신을 잡는 데 혈안이 된 유경이/ 학성이의 성령충만한 변화/ 십자가의 형벌이 기다리고 있는 지옥

스물네 번째 날의 영적 체험 ● 딤후 3:1-5
천사들이 치는 보호망/ 귀신들이 많이 몰려와도 믿음은 더욱 강건/ 예수님을 웃기시는 목사님

스물다섯 번째 날의 영적 체험 ● 마 16:13-19
천국의 과자를 먹는 깨순이/ 귀신의 옷을 벗기다/ 천국의 과일을 먹는 유경이/ 예수님의 피를 바르니 귀신은 얼씬도 못했다/ 지옥의 형벌을 당해도 하나님의 보호하심으로 고통을 못 느끼다/ 지옥의 왕 사탄과의 한판 승부/ 사탄의 모습/ 사탄을 공격하는 백봉녀 성도/ 천국 샘에서 몸을 씻는 백봉녀 성도/ 성령의 불길이 타오르는 터널

스물여섯 번째 날의 영적 체험 ● 막 9:23,24
이학성, 천국의 포도를 먹다/ 온몸을 적시는 예수님의 피/ 벌레와 지네가 가득 찬 귀신/ 주은이도 천국의 과일을 먹다/ 주은이의 지옥 여행/ 각종 귀신들과의 치열한 전투를 하는 유경이/ 지옥의 사탄과 다시 만난 백봉녀 성도/ 젊쟁이 시절 만난 귀신으로 변장하는 사탄

스물일곱 번째 날의 영적 체험 ● 막 11:22-25
신성경 집사 귓속에 들어간 귀신/ 로또 복권 좀 1등으로 당첨되도록 도와주세요/ 주은이도 지옥에서 왕 사탄을 공격하다/ 성령의 검으로 귀신의 목을 자르다/ 총출동한 귀신들의 역습!/ 학성이도 사탄을 공격하다/ 주님의 때를 기다리라/ 수호천사와 귀신과의 싸움/ 천사들의 날개/ 가위눌림에 대하여

스물여덟 번째 날의 영적 체험 ● 히 4:12-16
귀신들의 총반격/ 미가엘 천사의 도움/ 성령의 불로 귀신을 태우다/ 지옥에서 친척들의 고통을 또 보는 점순이/ 미가엘 천사가 백마타고 오시다

스물아홉 번째 날의 영적 체험 ● 고후 6:1,2
요셉이의 소원/ 신성경 집사와 정민이의 변화/ 십자가에 고난받으시는 주님의 모습/ 천국의 과일들을 한꺼번에 먹다/ 지옥의 사탄과 세 번째 만난 백봉녀 성도/ 가족에게 복수하는 사탄/ 자원해서 지옥을 찾아가다/ 지옥의 형벌을 다시 체험하지만 고통은 없다/ 귀신 쫓는 목사님

서른 번째 날의 영적 체험 ● 살전 5:14-23
영적 체험의 시작/ 4명의 수호천사/ 천사의 날개에 대하여/ 영안이 절반쯤 열리다/ 마귀의 공격 대상이 된 요셉/ 천국에서 소문난 목사님/ 불 세례를 경험한 충격적인 시간들/ 돌아오지 못할 다리를 건너다

우리는 삼위일체 하나님을 믿습니다.

한 하나님 속에는 세 인격을 가지신 분이 계십니다.

그분은 모두 하나님이시고 마음과 생각, 그리고 모든 능력이 동일하십니다.

성부 하나님, 즉 아버지 하나님께서는 우리에게 기름을 부어 주시고 성자 예수님은 우리를 위해 죽으셨고 우리에게 힘과 생명을 주시며 보혜사 성령님은 우리에게 거듭남과 각양의 은사와 권능의 불을 주십니다.

그러므로 우리는 불처럼 쉬지 말고 기도해야 합니다.

내가 너에게 불 세례를 주노라!

점쟁이, 예수 믿다
_백봉녀 성도의 간증

붉은 깃발, 흰 깃발이 항상 문 앞에서 나부끼는 곳, 여러분이 사는 동네에 그런 깃발이 꽂혀 있다면 그것이 무엇을 상징하는지, 그곳에서 어떤 일이 벌어지고 있는지 대충 아실 것입니다. 목사님을 만나기 불과 두 달 전만 해도 저는 그러한 일들을 하면서 살았습니다. 저에게는 그 일이 생계수단이었고 매일매일의 생활이었습니다. 저는 사랑을 받아야 할 때에 사랑을 받지 못했고, 정상적이지 못한 가정환경은 늘 저의 생활을 짓누르고 있었습니다. 남들에게는 점을 쳐서 길흉을 이야기해 주면서도 저 자신은 암에 걸려 불안에 떨며 항상 괴롭고 고통스러운 삶의 나날을 보내고 있었던 것입니다.

저에게는 1남2녀의 자녀와 손녀 딸이 하나 있습니다. 아들 학성이(27세)는 정신지체 장애자 3급이고, 큰딸 유미(26세), 작은딸 유경이는 정신지체 장애자 2급입니다. 결혼을 해서 자녀를 두었지만 귀신에게 속아 자주 집을 나와 남편과 헤어지고 자녀들도 제 처지와 비슷하게 여러

가지 고통의 문제가 생겼으며 찌든 생활은 이루 말할 수가 없이 죄에 시달리고 또 시달렸습니다.

유미는 제가 가출한 틈을 타서 16살 때 옆집 아저씨(48세)와 동거를 하다 아이를 낳았으며 그와 헤어진 후 30대 남자와 만나서 동거하다가 아이를 또 하나 낳았는데, 지금 같이 데리고 있는 미나(5세)가 바로 그 아이입니다. 그런데 미나 아빠와도 몇 년 같이 살다가 헤어지고, 이번에는 또 49살 먹은 남자와 동거하다 헤어진 상태입니다. 엄마의 잘못 때문에 자식들 모두 부모의 보살핌을 받지 못하고 외할머니 손에서 자라게 되었습니다.

저는 점을 치면서도 그것이 하나님 앞에서 얼마나 크고 무서운 죄인지 전혀 몰랐습니다. 주님을 몰랐던 저는 더 강한 귀신의 힘을 얻기 위해 대한민국의 용하다는 높은 산과 절간을 두루 다니며 심지어는 최고로 높은 귀신에게 신내림을 받으려고 한라산까지 올라갔습니다.

일반적으로 무당이나 점쟁이 하면 점을 치고 푸닥거리를 하며 작두라도 타서 운세를 알아맞히고 돈을 받습니다. 그러나 저는 그런 것보다 산봉우리에 올라가서 천막을 치고 그 산봉우리에서 제일 강한 대장 신을 받기 위해서 초저녁부터 다음날 아침까지 눈썹 하나 까딱하지 않고 기도를 합니다. 그래서 그 산봉우리의 대장 귀신이 나타나서 감복하고 제 손 밑을 받쳐 주어 손이 내려오지 못하게 하였고 그렇게 해서 아침까지 손을 내리지 않고 꼬박 날을 새어 기도를 해 왔습니다.

오늘은 이 산봉우리, 내일은 저 산봉우리를 헤매고 정신없이 돌아다녔으니 남편과 자식들이 있었지만 그들과는 아무 상관 없이 그저 내 마음대로, 내 육신의 정욕대로, 귀신이 이끄는 대로 거침없이 살았습니다. 그러니 가정이 풍비박산 날 수밖에 없었습니다. 자녀들은 가출하고 정신지체가 생겼으며, 남편까지 제 곁을 떠나 버리고 말았습니다. 제 삶은 지옥이 따로 없었습니다.

결국은 병을 얻어 자궁암에 걸렸으며 교통사고까지 당해 병원에 입원해서 신음하고 있는 이 죄인에게 하나님께서 찾아 오셔서 구원의 손길을 뻗치셨습니다. 저에게 수많은 목사님들께서 찾아와 복음을 전하셨지만, 저는 외면할 뿐만 아니라 빈정거리며 욕설을 퍼부었습니다. "당신들이 믿는 신이 내가 믿는 신보다 강하다는 것을 증명해 봐? 증명하면 내가 믿지!" 하면서 전도하러 오신 분들을 조롱했습니다. 바늘로 찔러도 피 한 방울 나오지 않을 줄 알았던 저에게 하나님께서는 별난 목사님을 보내셨습니다.

2004년 10월 5일, 성민 병원 708호실에서 입원치료를 받고 있는데, 주님의 교회 김용두 목사님과 강현자 사모님께서 제가 있는 병실에 들어오셨습니다. 보통 병원에 전도하러 오는 사람들 같지 않게 이분들은 침상에 누워 있는 제 앞에서 한참 동안 서서 웃고만 계셨습니다. 처음에는 목사님인지도 몰랐습니다.

그 모습이 참으로 인자하고 편안해 보였습니다. '왜 저 사람이 웃지?' 하고 의아해했는데, 저에게 말을 걸어오셨습니다. 사모님도 인상이 참 좋았습니다. "어디가 불편하십니까? 많이 힘드신 것 같습니다. 어디가 아프세요?" 하면서 손을 내밀어 제 손을 잡아 주셨습니다. 제가 허리를 다쳐서 입원했다고 하니까 목사님 본인도 허리가 많이 아파서 힘들다고 하시면서, 어서 빨리 회복하라고 위로해 주셨습니다. 저는 예수를 믿으라고 할 줄 알았는데, 한 번도 그런 말씀을 안 하셨습니다.

그런데 목사님께서 사모님과 함께 저녁 때 또 오셨습니다. 이번에는 조금 다르게 말씀하셨습니다. "하나님은 당신을 사랑하십니다. 예수님은 하나님의 아들이십니다. 예수님을 믿으면 우리를 천국으로 인도하십니다. 예수님은 우리 모두를 만나 주십니다. 그래서 소망을 주시고 병도 낫게 해 주시고, 위로해 주시는데, 특히 아프신 분은 주님의 사랑을 더 많이 받을 수 있습니다"라고 말씀을 하시고 예수님을 구주로 영접하라고 하셨습니다. "영접하는 자 곧 그 이름을 믿는 자들에게는 하나님의 자녀가 되는 권세를 주셨으니" (요 1:12).

그리고 천국은 죽어서도 가지만 하나님의 말씀을 듣고 순종하면 살아서도 천국을 체험할 수 있다고 하셨습니다. 그 순간 저는 큰 충격을 받았습니다. '아니, 무슨 수로 천국을 살아 있는 상태에서 체험한다는 말인가!' 의문이 가기는 했지만, 마음과 심장이 쿵쾅거리면서 요동치기 시작했습니다.

목사님의 말씀은 계속 이어졌습니다. 목사님도 한때는 우상 숭배하다가 예수님을 만나서 변화받고 목사가 되었다는 간증을 들었는데, 이상하게도 그 말씀이 믿어지는 것 같았습니다. '내가 왜 이러지? 그렇게도 완악하고 교만했던 내가, 많은 목사님들이 하나님을 전하셨어도 모두 외면하고 내가 믿었던 신이 최고라고 믿고 자부했던 내가……'

한순간에 무너지기 시작했습니다. 드디어 목사님을 따라서 영접기도를 하고 나니 눈물이 앞을 가리고 갑자기 마음이 시원하였고 진실로 큰 평안이 찾아왔습니다. "평안을 너희에게 끼치노니 곧 나의 평안을 너희에게 주노라. 내가 너희에게 주는 것은 세상이 주는 것과 같지 아니하니라. 너희는 마음에 근심하지도 말고 두려워하지도 말라" (요 14:27).

저의 옆 침대에는 과거에 교회에서 집사님으로 봉사했다가 여러 가지 사정으로 인해 신앙생활을 중단했던 '이경은' 이라는 분이 계셨습니다. 옆에서 목사님의 말씀에 장단을 맞추더니 "봉녀 씨가 교회 나가면 나도 따라서 교회 갈래요" 하면서 좋아하셨습니다.

주님의 교회는 아주 작은 개척교회인데 잠깐 사이에 교인 두 명이 새로 생겼다고 사모님과 목사님께서는 기뻐하셨습니다. 그런데 목사님께서는 또 다른 요구를 하셨습니다. 한시라도 빨리 우상 숭배했던 모습들을 지워야 하기 때문에 만자가 새겨진 금목걸이와 반지를 처분하라고 말씀하셨고, 지금 있는 자리에서 본인의 결단으로 했으면 좋겠다고 재촉하셨습니다. 참으로 급하셨습니다.

반지와 목걸이를 빼는 순간, 저는 여러 가지로 참으로 묘한 감정에 휩싸이게 되었습니다. 한편으로는 불안하기도 하였지만 이상하게도 제가 순종할 수밖에 없는 그 무언가의 강한 힘이 작용하는 것 같았고 그러한 것들이 저에게 흐르고 있던 모든 것들과 영험한 신기를 한순간에 제압하였습니다. 그리고 목사님께서는 손을 내밀어 저에게 안수기도라는 것을 해 주셨습니다. 이번 주부터 교회 나가기로 하고 약속을 했는데, 목사님은 밤 10시에 또 오셨습니다.

그렇지 않아도 잠이 오질 않아서 이리저리 뒤척이고 있는데 목사님과 사모님이 오셔서 재미난 이야기를 많이 들려 주셨습니다. 또 침대에 누워 있던 이경은 님까지 합세해서 6층 기도실에 가서 예배를 드리고 목사님께서 체험하셨던 일들을 말씀해 주셨으며 마귀의 시험이 올 수도 있으니 준비하라는 것까지 세세히 설명해 주셨습니다. 그리고 예수님은 언제나 우리와 함께 계시고 육안으로는 안 보이지만 늘 곁에서 지켜보신다고 하셨습니다.

저는 성격상 일을 한번 시작하면 끝을 보고야 마는데, 사모님께서 폐결핵 3기가 지나 모두들 죽는다고 했을 때 예수님께서 찾아오셔서 기도중에 나왔다는 이야기를 할 때는 너무 신기하고 재미있어서 정말 그런 일이 있느냐고, 물어보고 또 물어보았습니다. 그 예수님을 만나보고 싶다는 마음이 솟구쳐 올랐습니다.

그런데 저는 그 주에 교회 나가기로 한 약속을 못 지켰습니다. 그 시간에 갑자기 볼일이 너무 많아져서 갈 수가 없게 되었습니다. 그날 밤 이경은 님한테서 전화 연락이 왔는데, 주일 낮예배 때 남편과 고등학교 다니는 아들과 중학교 다니는 아들을 데리고 교회 가서 예배드리고 정식으로 등록했으며 저녁예배 때는 놀라운 선물을 받았다고 했습니다. 저는 궁금해서 무슨 선물을 받았기에 그렇게 좋아하느냐고 물어보니까, 주님의 교회는 밤예배가 끝나자마자 바로 통성기도를 하는데 목사님께서 "신앙생활은 초장부터 잡아야 한다! 처음부터 체험해야 한다!" 면서 자기 가족 모두를 강하게 붙잡고 기도해 주시는데, 그 즉시 혀가 풀려 방언 은사를 모두 받았다고 했습니다.

도대체 방언 은사가 뭐냐고 내가 되물으니까 그것은 내 영혼의 비밀을 하나님과 이야기하는 의사소통이라고 하였습니다. 저는 은근히 시기 질투가 생겼습니다. '신을 섬기는 일에 있어서 둘째 가라면 서러운 내가 이런 은혜를 받는 데 빠지다니!' 너무나 아쉬움이 많이 남았습니다. 저는 어서 속히 다음 주가 오기를 벼르고 별렀습니다.

제가 거처하는 곳과 자녀들이 있는 곳은 버스 정류장으로 볼 때 서너 정거장 정도 떨어져 있었습니다. 목사님께서는 현재 동거하는 남자에게서 벗어나서 자식들과 합류해 신앙생활을 하는 것이 좋다고 말씀하셨습니다. 저도 어차피 정리해야 할 것이라 생각하면서 차일피일 미루고 있던 차에 그 남자 집에서 나와 아이들 있는 곳으로 나와 버렸습니다.

저의 자식들인 학성이와 유미, 유경이, 미나가 있는 집에는 먹을 것이라고 동사무소에서 한 달에 한 번 나오는 쌀과 제가 가끔씩 담가 주는 김치가 전부였습니다. 아이들이 정신적으로 조금씩 부족하다 보니 직장생활을 제대로 할 수 없는 입장이었기 때문입니다. 제 아이들은 천성적으로 게으른 부분이 많았고 가정교육을 제대로 못 받아서 걸핏하면 부모에게도 덤비기가 일쑤였습니다. 그런데 이제부터는 신앙생활을 잘하고 열심히 살아야 된다고 생각하니 긴장하지 않을 수 없었습니다.

드디어 주일이 왔습니다. 우리 가족은 주일 낮예배에 맨 앞자리에 앉아서 예배를 드렸고 저녁을 기다렸는데, 이경은 님은 저녁 때 참석하지 않았고 우리 가족만이 예배를 드리게 되었습니다. 목사님께서는 설교 도중에 이런 말씀을 하셨습니다. "백봉녀 성도님은, 우상을 섬기는 일을 많이 했기 때문에 하나님의 은혜를 빨리 체험해야 합니다. 또 조금 있으면 마귀가 시험할 수도 있기 때문에 할 수 있는 대로 가족 모두 비장한 마음으로 무장해야 하고 자녀들도 준비를 단단히 하십시오. 교회에 대해서 잘 알지 못하시니 제가 시키는 대로만 하면 좋은 결과가 있을 것입니다. 그대로 순종하겠습니까?" 저는 "네!" 하고 대답했습니다.

"백봉녀 성도님이 예수님을 믿기로 작정하고 결단하며 자녀들까지 데리고 왔으니, 하나님께서도 대단히 기뻐하셔서 오늘 밤 특별 선물을 주실 것입니다. 몸에 이상한 현상이 일어나도 염려하지 마십시오." 저는 '무슨 일이 일어나길래 저러실까?' 하고 생각했습니다.

예배를 마치고 바로 통성기도 시간으로 들어갔는데, 목사님께서 강대상 앞으로 우리 가족만 부르셔서 개인용 방석을 깔고 무릎을 꿇고 두 손을 들고 기도하라고 하셨습니다. 어떻게 해야 할지 몰랐지만 목사님이 선창하시고 우리 가족은 뒤따라서 말을 했습니다. 5살인 손녀딸인 미나도 곧잘 따라 했습니다.

"하나님! 저는 죄인입니다. 불쌍한 죄인입니다. 그러니 예수님을 믿기로 작정했습니다. 주님, 도와주세요! 힘을 주세요! 지금 이 시간부터 체험하게 해 주세요! 어떤 시험이 와도 극복할 수 있도록 역사해 주세요. 그러기 위해서는 성령님이 주시는 능력과 은사가 필요합니다" 하고 목사님을 따라서 계속 기도했고, 목사님께서 저와 자녀들의 머리에 손을 얹는 순간 몸이 불같이 뜨거워지면서 입안의 혀가 갑자기 꼬부라지기 시작하면서 이상한 말이 나왔습니다.

'아! 이게 뭐야? 뭐 이런 현상이 다 있지?' 깜짝 놀라서 눈을 떠서 확인을 해 보아도 기도만 하면 이런 일이 반복되었습니다. 그런데 제 옆에서 기도하고 있던 자녀들뿐 아니라 심지어 손녀딸까지 방언을 하고 있었습니다. 몸은 뜨겁고 입에서는 별의별 희한한 말이 쉬지 않고 나왔습니다. 저는 그동안 쉽지 않은 인생을 살아왔는데, 방언기도를 통하여 회개가 나오고 눈물 콧물이 범벅이 되어 부르짖고 또 부르짖게 되었습니다. 교회에 처음 나오자마자 이렇게 기도를 하다니 참으로 내 자신이 놀랍고 신기하기만 했습니다.

두 시간이 눈 깜짝할 사이에 거뜬히 지나가 버렸습니다. 기도회가 거의 다 끝날 무렵, 목사님께서는 불을 켜시면서 내일부터는 낮에 특별교육이 있다면서 오후 2시에 모두 교회로 오라고 하셨습니다. 집에 돌아오면서 자녀들과 함께 기쁨에 젖어 받은 은혜를 서로 나누느라 정신이 없었습니다.

그 다음날 목사님께서 사모님과 같이 오전중에 오셔서 저의 집안의 구석구석에 있는 부적을 찾아서 제거해 주셨고, 오후에는 교회에 가서 목사님께 집중적인 교육을 받았습니다. 그 교육은 일주일에 5일씩, 3주 동안 진행되었습니다. 다른 것을 잘 모르겠고, 하나님에 대해서만 집중했습니다.

우리는 삼위일체 하나님, 즉 성부 하나님, 성자 예수님, 보혜사 성령님에 대해서 공부했으며, 특히 예수님에 대해서 집중적인 교육을 받았습니다. 예수님은 나를 위해서 세상에 오셨으며 그것도 내 죄를 대신하여 죽으러 오셨다는 사실과 예수님의 보혈과 예수님의 이름을 사용하는 법에 대하여 여러 가지를 가르쳐 주셨습니다. 그리고 3주간이 끝나고 주일 오전예배 때 온 식구가 세례를 받았습니다(우리 가족은 보통의 경우들보다 빨리, 파격적으로 세례를 받는다고 하셨습니다).

이것도 역시 하나님의 크신 은혜가 아닐 수 없었습니다. 그런데 세례 교육을 3주 동안 받으면서 아들 학성이와 딸 유경이, 유미가 번갈아 가면서 목사님의 속을 얼마나 태웠는지 모릅니다. 변덕스러운 성격이 죽 끓듯이 하여 목사님의 마음을 아프게 하였습니다.

그래도 목사님과 사모님께서는 포기하지 않으시고 끈질기게 사랑을 베풀어 주셨습니다. 혹시 우리집에 김치가 없어 떨어질 것 같으면 근처 아는 음식점에 가서 도움을 요청하셔서 김치와 밑반찬을 얻어 와서 우리 가족들을 먹이곤 하셨습니다.

철없는 우리 가족은 따뜻한 방에 앉아서 목사님과 사모님께서 얻어오는 반찬만 축내고 있었고, 목사님이 집으로 찾아와도 아이들은 교회 가기 싫어서 대문을 열어 주지 않을 때가 자주 있었습니다. 목사님께서 문 밖에서 기다리시다 추위에 지쳐 그냥 가실 때가 한두 번이 아니었습니다.

저는 딸이 둘 있는데 유미는 26살, 유경이는 24살입니다. 제가 전에 가출하고 난 뒤 자식들을 키울 수 없게 되자 힘들게 친정 어머니가 대신 키워 주셨고, 그 친정 어머니가 돌아가시자 아이들은 자기네들끼리 살다가 되먹지 않은 습관과 나쁜 행동들을 많이 하게 되었습니다. 딸들은 담배를 피우고, 알콜 중독자가 되어 버렸습니다.

그러나 막내인 유경이는 예수님 때문에 이제 담배와 술을 끊고 새사람이 되었고, 큰딸인 유미는 변화되는 과정에 있으며, 학성이는 변덕스러운 모습을 고쳤으면 하는 바램이 있는데, 나아지고 있어 다행입니다. 지금 와서 보니 사탄이 우리 가정 속에 들어와서 파괴하고 장난질을 한 것으로 파악이 되었습니다.

5살인 손녀딸 미나도 저와 제 어미인 유미의 못된 부분을 닮아서 걸핏하면 덤비고 말을 좀처럼 듣지 않아서 5살 같지가 않습니다. 그래도 하나님께서는 이렇게 문제 투성이인 저와 우리 자녀들을 결코 포기하지 않으셨고, 별나디 별난 목사님을 붙여서 우리 가정을 주님의 교회로 인도하셨습니다.

주님의 사랑에 감사드리고, 특히 목사님과 사모님께 고마워하며 항상 순종하며 살고 있습니다. 모든 영광을 삼위일체 하나님께 돌립니다. 할렐루야!

신년 작정 30일 기도회

_ 변화된 사람들

김용두 목사

드디어 마귀의 공격이 시작되었다. 백봉녀 성도의 가족에 대한 악령들의 집요한 공격에 백봉녀 성도가 제일 먼저 쓰러졌다. 병원에서 조금씩 차도를 보였던 허리 통증이 퇴원을 하고 난 뒤에는 교회에 나오지 못할 정도로 매일 쑤시고 아팠다고 했다. 세례식을 할 때도 집에서 누워 있는 그녀를 부축하여, 나는 죽어도 교회에서 세례나 받고 죽자고 강하게 권면을 했다.

아이들은 아이들대로 교회 못 나가겠다고 날마다 도망 다니며 버티기가 일쑤였다. 그중에서 제일 힘들었던 아이는 학성이었는데, 이 녀석은 변덕이 죽 끓듯 하였다. 어쩌다 교회 오면, 앞으로는 열심히 하겠다고 약속해 놓고, 집으로 데리러 가면 잠자는 척, 아픈 척을 하고는 문을 잘 열어 주지 않았고, 덩달아서 유미, 유경이까지 합세하여 나를 무시해서 문전박대를 당한 적이 한두 번이 아니었다.

나는 그럴 때마다 예수님을 생각하면서 참고 또 참았다. 그런데 이 아이들이 반찬이 떨어질 때가 되면 어김없이 문을 열어 주면서 교회 가겠다고 하는 것이었다. 나는 너무 기가 막혀서 말이 제대로 안 나왔다. 우리 집에 있는 반찬거리도 백봉녀 성도 집에 갖다 주다 보면 우리는 거의 김치 하나에 밥을 먹었고, 그들에게는 아는 식당에 가서 김치와 밑반찬을 구걸하다시피 해서 갖다 주곤 했다.

또 취직을 시켜 주면 부족하고 어눌한 언어 표현 때문에 또다시 쫓겨나고 만다. 10여만 원의 돈으로 다섯 식구가 근근히 끼니만 때우며 살아가고 있다. 10평 되는 반지하에서 살고 있는 집도 월세가 워낙 많이 밀려서 언제 쫓겨날지 모르는 상황이었고, 아이들은 걸핏하면 음주와 흡연을 했다. 게다가 집도 좁은데 웬 개들은 그렇게 많이 키우는지……. 네다섯 마리가 온 방과 집을 헤집고 다니면서 오줌을 싸 대고 흘리면서 돌아다니는데, 개털과 함께 구릿한 개냄새가 옷과 이불에 배서 진동했다.

'오, 주님! 도대체 절보고 어떡하란 말입니까? 그냥 손을 떼겠습니다! 이제 여기에 다시는 오지 않겠습니다!' 나는 하루에도 몇 번씩 신앙 양심과 육신의 감정 사이에서 번민하고 있었다.

그러나 교회에서 기도하려고 무릎을 꿇으면 주님은 오늘도 다시 가라고 명령하신다. "김 목사야, 네가 가지 않으면 누가 이 일을 하겠느냐? 저 불쌍하고 가련한 영혼들을 어떻게 하랴? 나는 너에게 성전 건축을 원하지 않는다. 사람이 많이 모이는 것은 좋은 일이나 그것이 전부는 아니다. 가거라! 가서 나의 사랑을 실천하여라!' 는 주님의 말씀에 나는 울면서 회개하고, 또 울면서도 내키지 않는 마음으로 그들에게 갔다.

비전이 없고 소망이 없어 보였던 그 가정을 위해서 참으로 많이 운 것 같다. 교회 나올 시간이 되면 학성이와 유미는 3분 전에 집에서 나가 아예 PC방에 가 버리거나 도망가 버린다.

훈훈한 가정이 되어야 함에도 불구하고 백봉녀 성도 가정은 마귀의 소굴이요 지옥의 현장이었다. 그런 가운데 2005년 새해가 되었다. 교회 적으로나 백봉녀 성도 가정으로나 그 밖에 여러 가지 이유로 우리는 새로운 탈출구가 필요했다. 우리는 기도하기로 마음을 먹었다.

그럴싸하게 현수막도 한 장 맞추어서 걸어 놓고 분위기를 잡았다. 2005년도 표어 '기도로 부흥하라!'로 우리는 기도회를 시작했는데, 1월 2일에서부터 31일까지 30일 동안 진행하였다. 우리 가족 4명과 백봉녀 성도 가족 4명, 그리고 노숙자 청년 1명까지 포함하여 모두 9명이 모였다. 나는 설교 시간이 지루할 수 있으니, 가급적 최대한으로 재미있게 하려고 마음을 먹었다.

첫날은 주일 저녁예배 후 기도회를 가졌고, 둘째 날인 1월 3일부터 성령님의 뜨거운 임재를 느꼈다. 통성기도와 개인기도는 걷잡을 수 없이 폭발하여 다음날 아침 7시 30분까지 지속되었다. 이렇게 시간이 걸린 것은 다 이유가 있었다.

유경이와 백봉녀 성도에게 주님께서 영안이 열리게 하셨기 때문이다. 기도회를 모두 마치고 우리는 둘러앉아서 그들 두 사람에게 영안이 어떻게 열렸는지를 들었고, 예수님을 만났던 이야기도 자세하게 들을 수 있었다. 영안이 열리지 않았던 사람들에게 이 일은 더욱 충격적이었다. 그리고 자기들도 영안이 열리기 위하여 다음날 저녁 기도회를 사모하게 되었으며 기도에 있어서 전의를 불태웠고, 나 역시도 그들과 마찬가지였다.

기도회는 점점 길어졌다. 수요일은 저녁 7시 30분에 예배를 드렸는데 다음날 아침 8시가 되어서 겨우 마치게 되었고 목요일은 밤 9시에 시작하여 금요일 오전 10시쯤에서야 끝이 났다.

하나님께서는 우리의 생각을 완전히 뒤바꿔 놓으셨다. 기도를 하면 할수록 주님께서는 우리를 경악과 큰 충격으로 몰고 가셨는데, 엄청난 큰 비밀과 은혜를 준비해 놓고 우리들이 다가오기만을 학수고대하며 기다리고 계신 것 같았다. "일을 행하시는 여호와, 그것을 만들며 성취하시는 여호와, 그의 이름을 여호와라 하는 이가 이와 같이 이르시도다. 너는 내게 부르짖으라. 내가 네게 응답하겠고 네가 알지 못하는 크고 은밀한 일을 네게 보이리라"(렘 33:2,3).

우리는 밤새도록 뜨거운 찬양과 불같은 설교와 강력한 부르짖음으로 기도회를 했다. 밤늦게까지 해도 누구하나 졸지 않았으며, 마치려고 하면 오히려 너무 빨리 끝나게 되어 아쉽다고 야단이었다. 여섯째 날인 금요일 밤은 더 강력하게 역사 하셔서 다음날 오전 11시 30분에 기도회를 마쳤다. 토요일 밤은 다음날이 주일이기 때문에 모두들 조금 일찍 마치자고 의견 조율을 하였는데, 우리의 생각과는 달리 아침 8시 30분까지 진행되어 버렸다. 집으로 갈 시간이 부족하여 기도 팀들이 모두 사택에서 한 시간 정도 쉬고 다시 교회에 와서 주일 예배를 드리고 집으로 돌아갔다.

매일매일 기도회는 그렇게 진행되었는데, 늦어도 다음날 아침 7시까지는 마치려고 노력중이다. 예수님의 '예' 자도 모르는 영혼들이 기도한답시고 육체적인 핸디캡을 극복하며 하루 한 끼로 연명하는 이들에게 하나님 아버지께서는 크고 위대한 긍휼을 쏟아 부으셨다.

우리 집도, 백봉녀 성도의 가정도 채무로 인하여 집을 비워줘야 할지도 모르는 악조건 속에서 기도하였고, 주님께 생떼를 쓰며 졸라 대다 보니 주님께서는 찾아오셔서 우리의 눈물을 씻어 주셨다. 그들을 데리고 어떻게 밤을 꼬박 새워 기도할 수 있었는지 본인들도 놀라워했고, 목사인 나도 놀랄 수밖에 없었다.

주님께서는 기도하는 중에 우리에게 찾아오셨다. 이는 영안으로 볼 수 있으며 때로는 육의 눈으로도 뚜렷하게 볼 수 있었다. 전에 모 방송국에 '사건 25시'와 '실제 상황'이라는 프로그램이 있었는데, 우리 교회에서 기도중에 일어난 사건이야말로 사건 25시였으며, 실제 상황 중에 실제 상황이었다.

예배가 시작되면 우리는 모두 흥분과 감격 속에 빠진다. 아이들은 예수님을 만나는 체험을 하면서 속 썩이는 데서 벗어나 순종하는 믿음의 자녀들로 점점 바뀌어져 갔다. 어눌한 구석이 있는 부분에서 영특한 자녀로 변화되어 갔다.

내 아들 요셉이와 딸 주은이는 다니던 학원을 모두 중단하면서 기도에 집중하였으며, 그동안 부모에게 속 썩였던 일들을 모두 찾아내어 회개하면서 집에서나 교회에서나 나를 '아빠'라고 부르지 않고 '목사님'이라고 부른다. 그리고 어떤 이야기를 하더라도 일단 "아멘"으로 화답하고 순종한다.

학성이와 유경이도 천국과 지옥을 본 후에 울면서 나에게 무릎을 꿇으면서 전에 잘못하고 속 썩인 것을 용서해 달라고 애원을 했다. 그리고 무슨 일이 있어도 예배가 있는 날은 절대로 빠지지 않을 것이라고 다짐을 했다. 또한 우리 아이들과 의형제, 의자매를 맺어서 영하의 추운 날씨에도 손을 후후 불면서 매일매일 전도를 나간다. 오후 4시에 나가면 저녁 8시 30분까지 전도를 하는데, 손과 발이 꽁꽁 얼어도 더 해야 한다며 아우성이다. 아이들은 천국에 가서 직접 자기 집의 보물 창고와 건축하고 있는 본인들의 집을 보았기 때문에 그렇게 할 수밖에 없었다.

우리 아이들은 학성이와 유경이에 대해서 처음에는 말도 걸지 않다가 요사이는 4명이 서로 죽고 못사는 사이가 되어 버렸다. 저들 모두 사택이 제 집인 양 마음껏 드나들고 격이 없이 지내고 있다. 5살짜리 미나까지 방언을 하면서 두 손을 들고 기도하는데, 그 아이가 두세 시간은 거뜬히 넘기는 것을 보면 정말 기특하다.

이 책에 기록한 내용들은 단 한 부분도 거짓이 없이 기도회에 동참했던 저들이 기도하는 현장에서 예수님을 만났으며 있는 그대로 보고 들었던 체험들이다. 체험한 내용들을 기록하는 것은 나에게 있어 너무 힘든 작업이었다. 그리고 사탄의 구체적인 활동이 적나라하게 공개되니 엄청난 핍박과 여러 가지 시험이 찾아왔다. 그러나 철저하게 간섭하시는 주님의 도우심으로 이겼으며 또 감당 못할 시험은 주님께서 피하게도 하셨다. 몇 번이고 중단하고 싶은 유혹이 있었으나 그때마다 주님께서 부족한 나를 달래고 위로해 주시는 특별한 경험을 하게 되었다.

이들 중에 백봉녀 성도, 이학성, 이유경, 김주은은 예언, 영분별, 방언, 지식, 지혜, 믿음의 은사가 열렸으며, 강현자 사모와 요셉이는 2월 중순쯤 예언의 은사를 받게 되었다.

주님의 교회 기도용사들

김용두 목사 - 45세. 머리카락이 점점 빠지기 시작하여 대머리 증세가 있음. 머리 모양은 짱구.

강현자 사모 - 43세. 전직 국회사무처 공무원 출신. 친화력이 돋보이는 성품의 소유자.

김요셉 - 16세. 중학교 3학년 재학중. 장래희망은 목회자. 고집이 황소같이 세고 저돌적임.

김주은 - 14세. 중학교 1학년 재학중. 귀엽고 깜찍한 구석이 많음. 역시 고집이 세고 끈질김.

백봉녀 성도 - 50세. 악착같이 끈질긴 성품의 소유자. 주님께 못 말리는 성격이라고 인정받음.

이학성 - 27세. 백봉녀 성도의 아들. 정신지체 3급 장애자. 언어표현이 다양하지 못하나 정상인과 다름없음. 몸이 약한 결점이 있음. 특징은 송곳니.

이유경 - 24세. 백봉녀 성도의 둘째 딸. 정신지체 2급 장애자. 다소 표현이 어눌하지만 대화에는 지장 없음. 먹는 것과 자는 것이 주특기.

미나 - 5세. 백봉녀 성도의 손녀. 음식 먹는 양이 어른과 비슷함. 서류 미비로 인하여 출생신고가 되어 있지 않음.

오종석 - 33세. 친구에게 빚 보증을 섰는데 잘못되어 집에서 쫓겨난 노숙자. 공원둔치에 있다가 목사와 만나 교회에서 생활하다가 취직 후 나오지 않음.

신성경 집사 - 33세. 주일 낮예배만 출석하다 기도회 진행 15일만에 동참하여 변화받음. 딸 예지가 9세일 때 소아암으로 잃음.

오정민 - 8세. 신성경 집사의 아들. TV 시청과 컴퓨터 오락이 취미였는데 기도회 이후 TV 시청과 컴퓨터 오락을 끊고 목회자가 되겠다고 서원함. 첫날부터 방언 은사가 임함.

첫째 날 설교
성소에서 도우시는 하나님

설교 본문 "환난 날에 여호와께서 네게 응답하시고 야곱의 하나님의 이름이 너를 높이 드시며, 성소에서 너를 도와 주시고 시온에서 너를 붙드시며, 네 모든 소제를 기억하시며 네 번제를 받아 주시기를 원하노라. (셀라) 네 마음의 소원대로 허락하시고 네 모든 계획을 이루어 주시기를 원하노라……"(시 20:1-9).

I. 환난은 하나님을 만날 수 있는 기회입니다

인간은 환난을 통하여 하나님을 찾게 되고 창조주이신 주님을 생각하게 되며 자신을 되돌아보게 됩니다. 그러므로 환난은 자신을 되돌아볼 수 있는 시간을 갖게 되고 하나님께 더욱 가까이 나아가게 되는 지름길이 될 수 있습니다.

하나님께서는 우리에게 약속을 하지 않으셨다 할지라도 환난을 당하는 성도들이 주님 앞에 와서 부르짖으면 어떤 모양이라도 자신의 선하신 뜻 가운데서 특별히 간섭하여 들어 주십니다. 성경에는 환난 날에 부르짖고 하나님을 찾으며 부르짖는 기도를 통하여 응답을 주신다고 말씀하고 있습니다(시 50:15).

II. 성전(성소)에서 응답하십니다

믿음의 조상 아브라함은 장막 생활을 할 때도 늘 이동을 하면서 제단을 쌓으며 하나님께 제사를 드렸고, 하나님의 이름을 부르며 움직였기 때문에 늘 여호와 하나님의 음성을 들었습니다(창 12:7-9, 13:4,18).

하나님께서는 성전(제단)을 사랑하십니다. 성전에서 기도를 하다 응답받은 사실들은 이루 헤아릴 수 없이 많습니다. 예수님께서도 예루살렘에 입성하시어 제일 먼저 성전으로 가셨습니다(막 11:11). 한나는 성전에서 기도하다 응답을 받았고(삼상 1:9,10), 이사야 선지자도 성전에서 기도중에 하나님의 보좌를 보는 체험을 하였습니다(사 6:1). 사무엘 역시 어렸을 때부터 성전에서 하나님의 음성을 들었습니다(삼상 3:3,4).

그러므로 하나님께서 응답하실 만한 분위기를 조성하는 것이 필요한데, 그것은 우리 인간이 몫입니다. 주님이 역사 하시는 분위기가 충만한 성전이야말로 최고일 것입니다. 성전은 거룩함이 필수 요건입니다. 하나님의 조건을 내가 충족시킬 때에 더욱 강한 최고의 응답을 받을 것입니다.

III. 기도를 통하여 이루시기를 원하십니다

하나님께서 우리에게 무엇인가를 주실 때에는 아무 조건이나 이유 없이 주시지 않습니다. 마치 노동을 한 후 대가를 받는 것처럼 하나님께서는 자신의 손아귀에 있는 응답을 기도라는 통로를 이용해서 가져가기를 원하십니다.

기도는 진실하고 강하게 해야만 합니다. 하나님은 우리가 더 빨리 응답받기를 우리보다 더 원하십니다. 기도는 일종의 영적 노동이라 할 수 있고 거기에 대한 대가는 항상 응답으로 나타나는 것입니다. 기도는 짐스러운 것이 아닙니다 주님을 의지할 때에 "하늘에서 그에게 응답하시리로다"(6절)라고 하였습니다. 그러므로 우리는 언제나 하나님의 이름을 자랑해야 하며 확신에 차야 합니다. 주님께서는 그 기도를 통하여 영광을 받으십니다. 할렐루야!

둘째 날의 영적 체험

설교 본문 "그 후에 내가 내 신을 만민에게 부어 주리니 너희 자녀들이 장래 일을 말할 것이며 너희 늙은이는 꿈을 꾸며 너희 젊은이는 이상을 볼 것이며 그때에 내가 또 내 신으로 남종과 여종에게 부어 줄 것이며" (욜 2:28, 29).

김용두 목사 - 기도중에 나타날지 모르는 환상과 이상, 또 언제 어떻게 공격할지 알 수 없는 마귀의 책동과, 주님과 귀신을 구별하는 방법에 대하여 자세히 설교를 하였다. 찬양으로 두 시간이 지났으며, 설교로 세 시간을 훌쩍 넘겨 버렸다. 새벽 1시가 지나서 본격적인 기도의 영적 투쟁이 시작되었다. 성령님의 특별한 간섭하심으로 모두 불같이 기도했다. 다음날 아침 7시가 넘어 마쳤는데도 아쉬움이 많이 남았다.

✝ 이유경, 예수님과 처음 만나 천국 구경하다

이유경 - 목사님께서 설교중에 마귀를 쫓는 법과 예수님께서 혹시 나타나실지도 모르니까 간절히 사모하면서 부르짖으라고 하셔서 있는 힘을 다하여 목청껏 예수님을 불렀다. "예수님! 예수님! 사랑해요. 보여 주세요! 나타나 주세요!"라고 하면서 방언으로 열심히 기도했다. 한 시간쯤 지났을까? 갑자기 환한 빛이 보이면서 누군가가 서 있었다. 깜짝 놀라 눈을 떴더니 보이지 않았는데, 눈만 감으면 자세히 보여서 나는 눈을 감았다. 예수님께서 빛이 나는 흰옷을 입고 서 계셨는데, 내 이름을 부르는 것이었다.

"유경아! 내가 너를 사랑한단다!" 예수님은 그렇게 말씀을 하시고 난 뒤 나에게 더 가까이 오셔서 내 앞에 앉으셨다. 말로만 들었던 예수님을 이렇게 기도하면서 만날 수 있다니 정말 믿어지지가 않았다. 가까이에서 본 예수님은 너무 잘 생기셨는데, 예수님처럼 멋진 사람은 내 생전에 처음 보는 것 같았다.

예수님께서는 머리카락이 금색이셨고, 눈에 쌍꺼풀이 멋있게 있으셨다. 나는 쌍꺼풀이 생기다 말았는데 예수님은 너무 멋있는 미남이셨다. 예수님께서 내 머리를 쓰다듬어 주시면서 거듭 "유경아! 내가 너를 사랑한다!"고 말씀하셨다. 예수님이 그 말씀을 하실 때 나는 눈물이 저절로 나왔고 마음이 녹았다. 예수님께서는 나를 향하여 "너에게 천국을 구경시켜 주마!" 하시면서 내 손을 잡으셨는데 나는 갑자기 몸이 뜨거워지면서 솜처럼 가벼워지는 것을 느꼈다.

예수님은 나에게 "내 손을 꼭 잡아라!"고 하셨는데 그 말이 끝나자마자 목사님께서 기도하고 계시던 강대상 앞의 십자가가 있는 벽면에 갑자기 큰 문이 생기더니 그 십자가 문으로 내 몸이 빨려 들어가는 것 같았다. 그리고 주님과 함께 새처럼 날기 시작했다. 나는 하늘을 날고 있었으며 날개가 달린 흰색의 통옷 같은 것을 입고 있었다. 멀리 밤하늘의 별들이 보이고 우리가 살고 있는 지구가 저만큼 멀어져만 갔고, 나중에는 까마득하게 지나 버려서 보이지 않았다.

예수님과 손잡고 한참을 날아가는데, 엄청나게 밝은 빛이 환하게 비춰서 눈을 제대로 뜰 수가 없었다. 나는 '여기가 천국인가 보다' 하고 생각을 하는데, 예수님께서 여기가 천국이라고 설명하셨다. 천국에 도착하니 수많은 날개달린 천사들이 환영했으며 예수님께서 나를 데리고 다니면서 많은 천사들을 소개시켜 주셨다.

예수님께서는 나를 어떤 방으로 데리고 가셨는데, 그 방에는 많은 책들이 있었다. 그중에서 금으로 만든 큰 책이 눈에 들어왔다. 호기심이 생겼다. 책을 봐도 되는지 예수님께 물어봤더니 예수님께서 허락해 주셨다.

나는 초등학교밖에 다니지 못했다. 그리고 부족한 점이 많아서 한글을 제대로 똑똑하게 못 읽는다. 학교에 다닐 때도 친구들과 아이들에게 놀림을 많이 받았다. 금으로 만든 큰 책에는 글씨가 많이 있었지만 나는 잘 읽지 못했다. 하지만 그 책을 갖고 싶어서 예수님께 부탁을 했다.

"예수님, 이 책을 갖고 싶어요. 저한테 주시면 안 되나요?" 하고 여쭈어 보았더니 예수님께서는 "유경아! 이 책은 갖고 싶다고 해서 가지는 것이 아니란다!"고 하시고 인자하게 웃으셨다. 그리고 그 책 대신에 성경책을 선물로 주실 거라고 하셨다. 나는 기분이 좋아서 "야! 신난다!" 하고 소리쳤다.

예수님께서 나에게 "유경아, 천국에 와서 구경하니까 기분이 좋으냐?" 하고 물으셔서 나는 얼른 "네, 예수님. 너무너무 좋아요" 하고 대답을 했다. 예수님께서는 "기도 열심히 하고 목사님 말씀에 순종하고 예배를 잘 드리면 내가 자주 천국 구경시켜 줄테니 열심히 하거라"고 하셨고, "오늘은 그만 되었으니 다시 내려가자!"라고 하시면서 내 손을 잡으셨는데, 손을 잡자마자 또 하늘을 날기 시작하여 강대상 벽의 십자가 문으로 내려왔다.

나는 기분이 너무 좋아서 방언으로 열심히 기도했고 기도를 마친 뒤 모두가 보는 앞에서 예수님을 만나서 천국에 갔다 왔다고 간증을 했더니 모두들 나를 부러워했다.

† 백봉녀 성도, 영안이 열리다

백봉녀 성도 - 우리 주님의 교회는 통성기도 시간이 되면 비상등만 켜놓고 강대상 앞에서 개인용 방석을 깔고 기도를 한다. 목사님께서 설교하실 때 몸이 뜨거워지더니 통성기도에 들어가니 온몸이 불덩어리가 되었다. 추운 날씨에도 불구하고 외투는 모두 벗었다.

옆에서는 사모님이 성령이 충만하여 춤을 추고 있었는데 사모님이 추시는 춤은 물 흐르듯이 부드러워 보는 사람이 홀딱 반해 버릴 정도로 예뻤다. 당신 자신은 율동이나 발레를 해 본 적이 없다고 하셨지만 내가 보고 있는 동안에도 사모님은 옆에서 얼굴까지 붉어지면서 성령님께서 인도하시는 대로 아름답게 춤을 추고 계셨다. 나는 사모님을 보면서 사모님처럼 춤을 추고 싶은 간절함이 생겼는데, 어느새 벌써 성령춤을 추게 해 달라는 기도를 하고 있었다. "하나님! 저도 사모님처럼 성령춤을 출 수 있도록 역사 해 주세요."

그런데 갑자기 어느새 큰 불덩어리가 가슴으로 확 들어오는 것이 아닌가! "앗! 뜨거워!" 하는 소리와 함께 나는 견딜 수가 없어서 사모님이 가져왔던 보리차만 연거푸 들이마셨다. '아니, 어떻게 이런 일이 있을 수 있을까?' 나는 정신없이 방언기도를 하고 있는데, 갑자기 금빛 찬란한 빛이 펼쳐지면서 그 가운데 하얗고 빛나는 옷을 입은 예수님께서 내이름을 부르고 계셨다.

"봉녀야! 내가 너를 사랑한다"는 따스하고 다정다감한 주님의 음성이 나의 온 영혼을 뒤흔들어 놓았다. 그토록 애타게 찾고 기다렸던 주님께서 나에게 다가오셔서 나를 만져 주셨다. 주님을 만나는 그 기쁨은 말로 표현할 수가 없었다.

주님께서는 내가 천국과 지옥, 또 믿음에 대하여 궁금한 것을 이것저것 물어보면 바로 대답해 주셨다. 주님은 오늘이 오기를 얼마나 손꼽아 기다렸는지 모른다고 하셨다. 그리고 나를 어느 교회로 가게 할까 찾아 다니는 중에 주님의 교회 김용두 목사님과 강현자 사모님이 교회에서 밤부터 아침까지 철야기도를 하는 모습을 보고 감동하셔서 나에게 그분들을 붙여 주시고 만나게 하셨다고 했다.

나는 교회에 다닌 지 두 달밖에 되지 않았지만 목사님 말씀이라면 일단 순종부터 하고 본다. 나는 주님께 다시 여쭈어 보았다. "주님! 왜 저같은 것을 만나 주시고 이렇게 직접 찾아 오셨나요?" 주님께서는 "너는 주의 종이 전한 복음을 듣고 결단하여 바로 순종했기 때문이다. 그러한 결단은 아무나 할 수가 없단다"라고 대답해 주셨다. 그리고 주님께서는 나를 전도자로 삼아 나를 통하여 수많은 사람들이 구원을 받고, 주님의 교회도 큰 부흥이 있을 것이라는 예언의 말씀까지 해 주셨다.

'나같이 죄 많은 인간이 무슨 수로 그렇게 될 수가 있단 말인가?' 하고 속으로 생각을 했는데 주님께서 벌써 다 알아차리시고 "걱정 말아라! 내가 너와 함께하겠다"고 말씀하셨다. 기도회를 마치고 예수님을 만났던 장면을 목사님과 사모님 앞에서 이야기했더니 목사님은 "할렐루야!"를 크게 외치며 좋아하셨다. 목사님께서는 예수님께서 천국과 지옥을 보여 주셔서 그 내용을 잘 기록하여 책으로 출판하라고 하셨는데, 나에게 다시 한 번 주님께 확인해 보라고 하셔서 예수님께 한 번 더 여쭤 보기로 하였다.

은혜로운 예배, 뜨거운 기도, 환상적인 주님과의 만남! 시간이 많이 흘러 아침이 되었지만 다음날 예배 시간과 기도 시간이 더욱 기다려졌고, 또다시 주님을 만날 것 같아 사모하게 되었다.

✝ 성령이 인도하는 뜨거운 기도 시간

김요셉 - 통성기도 시간에 부르짖었는데 성령의 불이 강하게 임하여 온몸이 뜨거웠다. 오른쪽 발바닥 앞 부분에 무사마귀가 50개 정도 생겨서 작년 여름부터 잘 걷지를 못했는데, 피부과에 엄마하고 같이 갔더니 의사가 세 차례에 걸쳐서 발을 냉동시켜 수술을 해야 하는데 숟가락으로 아이스크림을 파듯이 파내어야 한다고 했다. 그리고 수술을 해도 낫는다는 장담을 못한다고 했다. 나는 겁이 많이 났다. '이제 나는 중학교 3학년이니 학원도 다니고 공부에 신경써서 노력을 많이 해야 하는데 어쩌지? 수술비도 없는데……'

그런데 엄마는 기도를 하든지 수술을 받든지 둘 중에 하나를 선택하라고 하셨다. 그래서 나는 이번 기도회에서 믿음으로 기도하면 하나님께서 치료해 주시리라 확실히 믿기로 하고 다니던 학원도 끊어 버리고 집중적으로 간구하게 되었다. 내 목소리는 우리 교회에서 목사님 다음으로 크고 우렁차다. 이러한 장점을 이용하여 오늘 예수님께 뜨겁게 간구했다. 발바닥 때문에 제대로 무릎을 꿇지는 못했지만 고침받기 위해서는 승부수를 띄울 수밖에 없었다.

김주은 - 통성으로 크게 기도하는데 모두들 열심이다. 목사님께서 오늘 설교에서 예수님을 만나려면 기도하는 성도들보다도 더 크고 간절하게 기도하는 것밖에는 다른 길이 없다고 하셨다. 나는 초등학교 6학년이고 제일 어리지만 간절하게 기도하면서 예수님을 사모했다. 방언기도를 하다가 나도 모르는 사이에 힐끔힐끔 다른 사람들을 쳐다보았는데, 그것은 혹시 나보다 더 뜨겁게 기도하다가 예수님을 만나나 싶어서였다.

이학성 - 우선 목사님께서 말씀하신 대로 설교한 내용을 생각하면서 집중적으로 방언기도를 했다. 나도 모르게 방언이 점점 능력으로 바뀌고 목소리에 힘이 있어지면서 온몸에 성령의 불 때문에 외투를 벗을 수밖에 없었고, 나중에는 그것도 모자라서 입고 있던 셔츠가 땀으로 범벅이 되었다. 태어나서 처음으로 성령의 뜨거움을 체험했다. 기도하는 것이 즐겁고 기뻤다. 그런데 무릎을 꿇고 기도했더니 다리가 아파서 마비증세가 왔다. 목사님께서 손으로 주물러서 풀어 주셨다.

오종서 - 친구 보증을 잘못 서는 바람에 형님 집에서 가차없이 쫓겨났다. 엄동설한 추운 때에 어디로 가란 말인가? 나는 근처 공원과 길가 허름한 건물 구석에서 잠을 잤고 배고픔과 추위에 온몸을 떨고 있다가 김용두 목사님을 만났다. 그분은 전에 일하던 곳에서 안면이 있었던 안희

영이라는 형님이 나가는 교회의 목사님이셨는데 길을 배회하다가 우연히 희영이 형을 만나서 목사님을 뵈었고 목사님 가정에서 2주 동안 같이 먹고 자면서 신앙 훈련을 받았고 기도회에 참석하게 되었다.

큰소리로 "주여! 주여!" 하면서 기도를 드리는데, 앞에서 안개가 자욱하게 끼어 있는 것 같더니 흰옷을 입은 누군가가 왔다갔다하는 것이 보였다. 나는 순간적으로 급히 그분의 발목을 잡았는데, 잡자마자 끌려서 어디론가 날아가는 것 같았다. 그리고는 깜짝 놀라서 눈을 떠 버렸다. 다시 또 기도하는데, 그분께서 나를 데리고 하얗게 빛나는 넓은 장소로 데리고 갔는데 꼭 빛의 세계에 와 있는 것 같았다.

정말로 환상적이었다. 나는 교회 다닌 지는 얼마 안 되었지만 목사님 말씀에 순종하기로 마음 먹었고 생전 처음 무릎 꿇고 두 손 들고 부르짖어 하는 식의 기도를 해 보았다. 기도회가 끝나고 목사님께 물어보았더니, 나에게 나타나셨던 분은 예수님이라고 가르쳐 주셨고, 예수님과 같이 천국에 잠깐 갔다가 온 것이니 열심히 기도하면 다음에는 더 확실하고 멋있는 곳으로 인도하실 것이라고 하셨다. 내 생전에 이런 경험은 처음이었다. 무릎 꿇고 하는 기도여서 다리는 저리고 아팠지만 환상적인 체험이었다.

강현가 사모 - 그동안 기도다운 기도를 제대로 하지 못해서 상당히 갈급했는데 목사님께서 신년 들어 기도원을 가지 않고 교회에서 작정 기도회를 한다고 해서 얼마나 좋았는지 모른다. 다른 성도들까지 같이 참여해서 기도를 하니 은혜가 넘쳤고 성령님께서 역사하시는 강도가 훨씬 더 강력했다. 기도하면서도 심상치 않은 영적인 분위기가 느껴졌는데, 주님께서 목사님과 성도들 모두 개별적으로 뜨겁게 다루시고 계셨다. 토머스 주남 여사가 받았던 성령님이 주시는 춤을 사모한 지 여러 달 만에야 비로소 성령춤을 망설임 없이 추었다.

나는 그동안 성도들의 눈치를 보며 몰래 추면서 얼마나 답답했는지 모른다. 모두들 이상한 눈으로 나를 바라볼까 봐 주저했던 모습에서 벗어나 오늘에야 완전히 성령님께 나를 맡겨 그분이 인도하시는 대로 추었다. 이제 더 이상은 성령님의 역사를 거스를 수가 없었다. 나의 몸은 점점 불덩어리가 되어갔고, 반주기에 맞추어서 손동작은 주님이 이끄시는 대로 자유롭게 움직여졌다. 내 입에서는 강력한 방언과 회개의 역사와 뜨거운 불의 입김이 나왔다.

셋째 날의 영적 체험

설교 본문 "일을 행하시는 여호와, 그것을 만들며 성취하시는 여호와, 그의 이름을 여호와라 하는 이가 이와 같이 이르시도다. 너는 내게 부르짖으라. 내가 네게 응답하겠고 네가 알지 못하는 크고 은밀한 일을 네게 보이리라"(렘 33:2, 3).

† 유경이가 예수님께 부탁한 소원

이유경 - 오늘도 설교가 끝나고 방언으로 뜨겁게 기도하고 있는데 예수님께서 "유경아!" 하고 내 이름을 부르면서 나타나셨다. 나는 예수님께 소리쳤다. "예수님! 제가 '예수님! 예수님!' 하고 예수님을 찾으면 항상 나타나실 거에요?" 하니까 예수님께서는 "그럼" 하고 웃으셨다. 나는 예수님께 부탁했다. "예수님! 부업거리를 좀 주세요! 생활이 너무 힘들어요. 언니오빠도 직장이 없어서 놀고 있어요. 우리 엄마 좀 아프지 않게 해 주세요" 했더니, 예수님께서 "그래, 오냐! 알았다. 또 부탁할 것이 있니?" 하고 되물어 오셨는데, 나는 얼른 "우리 교회 김용두 목사님께서 머리카락이 빠지는 것 때문에 고민을 많이 하시는데 머리털이 많이 나올 수 있도록 해 주세요"라고 했더니 예수님께서 갑자기 크게 웃으셨다. 그리고 하시는 말씀이 "그것은 나도 모르겠다"며 다른 곳을 쳐다보시며 말씀하셨다. 예수님께서는 기도하고 있는 다른 분들에게 왔다갔다하기에 바빴다.

넷째 날의 영적 체험

설교 본문 "그러므로 하나님의 능하신 손 아래에서 겸손하라. 때가 되면 너희를 높이시리라. 너희 염려를 다 주께 맡기라. 이는 그가 너희를 돌보심이라. 근신하라. 깨어라. 너희 대적 마귀가 우는 사자 같이 두루 다니며 삼킬 자를 찾나니 너희는 믿음을 굳건하게 하여 그를 대적하라. 이는 세상에 있는 너희 형제들도 동일한 고난을 당하는 줄을 앎이라"(벧전 5:6-9).

† 유경, 소복 입은 여자 귀신을 만나다

이유경 - 목사님께서 설교 도중에 오늘은 정신을 바짝 차리고 기도해야 한다고 하셨다. 조금이라도 무섭고 다른 마음이 들면 예수님을 찾아야 한다고 당부하셨고, 눈에 이상하고 귀신같이 흉측스러운 것들이 보이면 가차없이 예수님의 이름으로 물리치고 예수님의 피를 외치라고 하셨다.

그런데 아니나 다를까 합심으로 뜨겁게 소리치며 기도하고 있는데 갑자기 이상한 기운이 돌기 시작했고 내 눈앞에 TV나 영화에나 나올 법한 귀신이 나타났다. 소복에 긴 머리카락을 풀어헤치며 춤을 추면서 음산한 소리를 내고 있었다. "이히히히히! 으히히히히!" 나는 순간적으로 무서워서 몸이 빳빳하게 굳어 버렸다. 그런데 그때 목사님께서 설교하셨던 말씀이 생각나서 크게 외치기 시작했다.

"이 저주받은 귀신아! 예수님의 이름으로 명하노니, 나에게서 떠나라! 떠나라!" 그랬더니, 그 귀신이 점점 나에게 다가오면서 "히히히히" 웃으며 입을 벌려 말을 하는데, 그 입이 너무 징그러워 소름이 끼쳤다. 귀신의 입은 양쪽 위아래가 뾰족하고 날카로운 송곳니가 있었으며 입가에는 핏자국이 있었다. 귀신이 나에게 하는 말이 "내가 왜 떠나냐? 나는 네가 기도 못하게 방해할 것이고, 또 네 육체에 병을 줄 것이다!" 라고 하면서 계속 내 앞에서 왔다갔다했다.

그때 목사님께서 어떻게 아셨는지, 나에게 오셔서 내 머리에 안수를 해 주시고, 크게 "더러운 귀신아! 예수 그리스도의 이름으로 명하노니, 떠나라!" 하시자 귀신이 없어져 버렸다. 너무 무섭고 두려웠다. 목사님께서 하시는 말씀이 "우리는 주님이 계시기 때문에 염려할 것 없다. 무서워하는 마음을 가지고 있으면 또 올 수 있기 때문에 걱정 말고 자신 있게 기도해라"고 하셨다.

나는 다시 예수님을 부르면서 기도하였다. "예수님, 도와주세요. 도와주세요!" 한참 부르짖고 있는데 예수님께서 환한 빛 가운데서 나에게 말씀해 주셨다. "유경아, 걱정하지 말아라. 내가 너를 보호해 줄 것이다!" 예수님께서는 내 등을 어루만져 주시고 머리를 쓰다듬어 주셨다. "유경아! 어떤 악마가 찾아와도 무서워하거나 염려하지 말아라! 나를 강하게 찾고 부르짖어 기도하면 내가 언제나 나타나서 마귀를 물리쳐 줄 것이다! 그러니 무서워 말고 힘을 내라"고 하셨는데 예수님의 하시는 그 말씀에 나는 마음이 놓였다.

그런데 내가 소리내어 기도하지 못하고 약하게 하거나 졸면서 할 때는 언제나 마귀나 귀신들이 틈을 탔다. 그래서 목사님은 우리들에게 기도할 때에 항상 무릎을 꿇고 손을 빳빳하게 들고 자세를 똑바로 해서 기도를 하게 했고, 조금이라도 흐트러지려고 하면 언제나 간섭을 하셨다. 이러한 방법으로 처음 기도할 때에는 짜증이 나고 반발심도 생겼으며 힘이 들어서 눈물이 나왔지만, 이제는 하나님의 은혜로 서너 시간은 거뜬하게 기도하게 되었다.

다섯째 날의 영적 체험

설교 본문 "그때에 천국은 마치 등을 들고 신랑을 맞으러 나간 열 처녀와 같다 하리니, 그중의 다섯은 미련하고 다섯은 슬기 있는 자라……"(마 25:1-13).

† 예수님과 백봉녀 성도와의 결혼식

백봉녀 성도 - 목사님께서 지혜로운 신부 5명과 미련한 신부 5명에 대한 결혼예식설교를 뜨겁게 하셨다. 그리고 기도 시간에 방언으로 열심히 기도하고 있는데 주님께서 오셔서 "봉녀야! 천국가자"고 하시며 내 손을 잡고 이끄셨다. 주님과 나는 어느새 성부 하나님께서 앉아 계시는 아버지 하나님의 보좌 앞에 서 있었다. 주님께서는 천국에 온 이유를 다정다감하게 설명해 주셨다.

"봉녀야! 나는 천국에서 봉녀 너와 아름답게 꾸며 결혼을 하고 싶어서 너를 데려왔다!'고 예수님이 이야기하시자마자 천사들이 내가 입을 드레스와 수많은 보석들로 나를 꾸미기 시작하였다. 그들이 준비해 온

황금색 드레스는 내 생전에 처음 보는 것으로서 나는 완전히 기쁨에 젖어 넋이 나간 채 천사들이 하는 대로 따라할 수밖에 없었다. '내가 언제 제대로 된 결혼식을 해 보았는가?' 나는 감격, 또 감격했으며 환상적인 기쁨은 뭐라 말로 표현할 수가 없었다.

수많은 천국 천사들과 천국의 성도들이 하객이 되어 지켜보는 가운데서 하는 결혼식은 그야말로 영원히 잊지 못할 장면이었다. 그때 아버지 하나님의 보좌가 앞뒤로 조금씩 흔들흔들 하는 것 같았는데 하나님께서 기분이 너무 좋아서 조금씩 보좌를 흔드실 때마다 오색찬란한 빛이 위에서 쏟아져 내려왔다.

결혼식 후 주님과 나의 환상적인 허니문 여행이 시작되었다. 천국에서 주님 손잡고 가는 곳마다 환영을 받으면서 나는 행복의 절정을 이루어 갔다.

[저자 주 – 백봉녀 성도와 예수님과의 결혼식은 구원받은 성도와 예수님과 맺게 되는 신랑신부의 관계를 초신자인 백봉녀 성도에게 보여 주신 것이었다. "우리가 즐거워하고 크게 기뻐하며 그에게 영광을 돌리세. 어린양의 혼인 기약이 이르렀고 그의 아내가 자신을 준비하였으므로"(계 19:7)].

† 이학성, 지옥에서 외할머니를 만나다

이학성 - 목사님께서 설교하시는 중에 "오늘은 특별히 지옥을 구경할 사람이 있는데 무서워하지 말고 예수님만 의지하면 됩니다. 예수님께서 지옥의 어떤 곳을 보여 주시더라도 걱정하지 마십시오!" 라고 하셨다. "우리 모두 예수님께 열심히 기도해서 지옥의 참혹한 현장을 꼭 한 번 봅시다!" 라고 하며 강하게 선포하셨다.

기도 시간에 마음을 단단히 먹고 방언으로 뜨겁게 부르짖고 있는데, 강대상 앞의 벽면에 걸려 있는 십자가에 갑자기 환한 빛이 생기면서 동그랗게 생긴 큰 문이 나타났다. 조금 있으니 그 문으로 예수님께서 양을 두 마리 끌고 나타나셨는데, 잠시 후에는 그 양들은 어디론가 사라졌고 예수님이 나에게 다가오셔서 다정하게 내 이름을 불러 주셨다.

"학성아! 내가 너를 사랑한다!"고 하셨는데 나는 말로만 들었던 예수님을 처음 만났다. 나는 갑자기 흥분이 되면서 몸이 뜨거워지기 시작했는데 견딜 수 없는 기쁨에 들떠 있었다. 예수님께서는 빛이 나는 흰옷을 입고 계셨다. 예수님께서는 나에게 부드러운 음성으로 말씀하셨다.

"학성아! 너는 지금 나와 같이 갈 데가 있으니, 어서 가자!"고 하셔서 내가 "어디를 가는데요?" 하고 물었더니, 예수님께서 "가 보면 안다!"고 하면서 행선지를 가르쳐 주지 않으셨다. 예수님께서 내 손을 잡으시자마자, 몸이 공중으로 붕 뜨더니 새털처럼 가벼워졌으며, 팔이 양쪽으로 쭉 펴졌고 눈 깜짝할 사이에 흰 세마포 옷이 내 몸에 입혀졌으며 강대상의 십자가 문으로 깊이 빨려 들어가는 것 같았는데, 벌써 예수님과 함께 공중으로 날기 시작했다.

저 멀리 지구가 보이고 지구를 둘러싸고 있는 대기권이 나타났으며 그곳을 통과하니 드넓은 우주가 보였는데, 수많은 별들이 밤하늘에 수를 놓고 있었다. 그곳을 지나니까 또 은하수가 있었고 그 다음에는 캄캄한 세계가 보였는데, 나는 겁이 덜컥 나서 예수님의 손을 꽉 잡았다. 예수님께서는 "조금 더 가자"고 하시면서 나를 이끄셨는데, 우리는 두 갈래 길 앞에 다다랐다. 주님께서는 왼쪽 길로 나를 데리고 가셨는데, 그곳은 매케한 냄새가 많이 났고 아주 지저분했으며 숨쉬기가 힘들 정도로 심한 악취가 났다.

"예수님! 사랑하는 예수님! 여기가 어디입니까? 앞이 잘 안보입니다"
라고 소리를 쳤는데 예수님께서는 나에게 "학성아, 놀라지 마라. 여기
는 지옥이다. 내가 너를 지켜 줄 터이니 걱정하지 말고 자세히 보거라"
고 하셨다.

불꽃이 지옥문을 벌겋게 달구었고 지옥에 들어가기 전부터 너무 강
렬하고 뜨거워서 나는 도저히 못 들어가겠다고 얼굴과 몸을 돌려서 버
티었다. "예수님, 저런 불구덩이 속을 어떻게 들어갑니까? 도저히 못
들어가겠어요"라고 하였다. 굳이 표현해 본다면 언젠가 포항종합제철
공장의 쇠를 불로 녹이는 장면을 TV에서 본 적이 있는데, 지옥의 입구
는 그러한 불구덩이보다 훨씬 더 뜨거운 것 같았다. 훨씬 더 강렬했다.

예수님께서 "내 손을 꼭 잡아라!"고 하시면서 손을 내미셨는데, 예수
님의 손을 잡으니 뜨거움은 한순간에 사라졌지만 얼마나 뜨거운지는
느낄 수 있었다. 예수님과 같이 간 곳은 너무 캄캄하고 아무것도 보이
지 않는 무슨 방 같았는데, 예수님께서 내 눈을 만져 주시자마자 앞을
환하게 볼 수 있었다. 거기에는 하얀 치마저고리를 입고 있는 어느 할
머니가 꼼짝하지 않고 절망스러운 표정으로 고개를 떨구고 있었다.
"학성아, 자세히 보거라!" 주님의 음성에 나는 더 가까이 가서 그 할머
니를 봤다. 그런데 그분은 몇 년 전에 돌아가신 나의 외할머니였다.

엄마가 집을 나가시고 난 뒤에 외할머니께서 나와 유경이, 유미를 모
두 키워 주셨다. 외할머니는 우리를 너무 사랑하셨고, 엄마대신 나와
동생들을 키워 주셨는데, 그 외할머니가 지금 지옥에 있다니! 나는 깜
짝 놀라 큰소리로 외할머니를 불렀다. "할머니! 저예요! 학성이에요! 아
니, 할머니같이 착하고 좋으신 분이 왜 여기 있어요? 빨리 나오세요!"라
고 했더니, 외할머니께서 나를 알아 보시면서 "학성아! 네가 여기 웬일

이냐? 어떻게 여기에 왔느냐?"고 놀라면서 물으셨다. "예수님이 저를 여기에 데리고 오셨어요. 할머니, 어서 나오세요" 하니까 외할머니는 우시면서 "학성아! 내가 나가고 싶어도 여기서는 아무도 마음대로 나갈 수가 없단다! 너는 여기 오면 안 된다. 빨리 가거라!" 하고 외치셨다.

나는 예수님께 울면서 부탁을 드렸다. "예수님! 우리 할머니 좀 나오게 해 주세요. 우리 할머니는 불쌍하신 분이에요." 순간 외할머니 다리 밑에서 큰 뱀이 나타나서 외할머니를 칭칭 감으면서 올라오기 시작했다. "으악!" 나는 크게 비명을 질렀다. 외할머니도 놀라서 "살려 주세요!" 하고 외쳤지만 소용이 없었다.

외할머니는 살아 계실 때 우리를 키우다 나이가 드셔서 병이 나 움직이시지 못하게 되었다. 그때 허리인지 엉덩이 부분에 욕창이 생겨 구더기까지 나왔는데, 나와 유경이는 외할머니께 밥을 차려 드리는 것이 귀찮아서 두드려 패기도 하고 변을 많이 볼까 봐 밥을 잘 주지 않았다. 그렇게 나쁜 짓을 많이 저지르다 보니 외할머니께서는 제대로 잡수시질 못해서 거의 굶어서 돌아가셨다.

나는 정말 못된 놈이었다. 내가 외할머니를 잘 모셨더라면 지금까지도 살아 계셨을 것이고 예수님을 꼭 믿게 만들어서 지옥에 오지 못하게 만들었을 터인데 오히려 외할머니를 돌아가시게 해서 지옥가게 만든 장본인이 되어 버렸다.

"예수님! 사랑하는 예수님! 나쁜 짓은 제가 많이 했는데, 어떻게 좀 해주세요, 네?" 예수님께서는 아무 말씀도 안 하시고 안타깝게 지켜 보고만 계셨다. 나는 계속 울고 또 울며 예수님께 간청을 했는데, 아무 소용이 없었다. 그 와중에서도 외할머니께서는 가족의 안부를 물으시며 걱정하셨다. "학성아! 동생들은 잘 있느냐? 너희 엄마는?" "네, 모두 다

잘 있어요"라고 하는 사이에 뱀은 할머니를 더욱 힘 있게 조이고 있었고 외할머니의 비명소리는 점점 더 커져 갔다.

"으악! 할머니! 어떻게 해요." 나는 엉엉 울고 또 울었다. 예수님께서는 내 손을 잡아 이끄시면서 "학성아! 이제 그만 가자! 라고 하셔서 외할머니의 외치는 소리를 뒤로 한 채 지옥을 나왔다. 예수님께서는 "지옥에는 육신의 세계보다 더 확실하고 또렷하게 오감이 살아 있다"고 하셨다. 목사님께서도 그런 말씀을 하신 적이 있었다.

그동안 말로만 들었던 지옥에 직접 와서 보니 경악과 충격 그 자체였다. 너무나도 끔찍한 장면과 역겹고 썩은 냄새는 잠시라도 있을 수가 없게 했다. 나는 교회에 도착하여 지옥에 있는 외할머니 생각에 펑펑 울었는데, 예수님께서는 "학성아, 울지 마라. 똑똑히 보았으니 앞으로 신앙생활 잘해야 한다. 알겠지?" 하면서 내가 다짐하도록 말씀하셨다.

✝ 학성이의 첫 번째 천국여행

예수님께서는 나에게 "학성아! 지옥은 너무 처참했지? 지금부터는 천국을 보여 주마" 라고 하셨는데, 주님께서 내 손을 잡자마자 나는 금세 밤 하늘의 우주를 날고 있었다. 수많은 별들이 순간적으로 엄청나게 빠르게 나를 지나가고 어느 사이엔가 천국의 환한 빛이 다가오더니 나는 벌써 천국에 와 있었다. 수를 헤아릴 수 없는 많은 천사의 무리들과 천국에 먼저 온 많은 분들이 나를 환영해 주었고, 나를 둘러싸고 있는 천사들과 예수님이 함께 손잡고 기쁨의 춤을 덩실덩실 추었다. 천국에 있는 모든 세계는 지옥의 현장과는 정반대였다. 천국에서는 보이는 모든 것들이 늘 새롭고 놀랍고 환상적이었다.

나는 천국에서 예수님께 부탁을 했다. "예수님! 목사님 아들, 요셉이 발에 무사마귀가 많이 퍼져 있어 잘 걷지를 못합니다. 나을 수 있도록 해 주세요. 그리고 우리 엄마 허리가 많이 아파요. 아프지 않게 해 주시고요. 교회 방에서 생활하는 오종석 형님의 직장도 빨리 구해 주시고 우리 주님의 교회도 부흥시켜 주세요." 예수님께서 "그래, 알았다"고 말씀하셔서 기분이 좋았다. 예수님께서는 나를 보시며 "학성아! 오늘은 그만하고, 이제 가자!"고 하셨다. 주님께서 내 손을 잡자마자 양팔이 저절로 벌어지면서 하늘을 통하여 우리 교회로 왔다.

다시 기도를 열심히 하고 있는데도 자꾸만 지옥에 있는 외할머니 생각이 나서 크게 울었다. 나는 너무 속상하고 괴로워서 계속 몸부림을 쳤다. "주님! 어떡하면 좋아요? 할머니는 저 때문에 죽으셨어요! 괴로워 죽겠어요! 할머니! 불쌍한 우리 할머니!" 울다가 지치다가도 또 울면서 부르짖었다. 나는 눈물이 잘 나오지 않는 편인데도 그러한 내가 이렇게 울다니……. 두 시간, 세 시간, 네 시간이 훌쩍 지나가 버렸다.

1부 기도회가 벌써 끝났는데도 나는 눈물을 멈출 수가 없었다. 그리고 나서 목사님께 무릎을 꿇고 울면서 그동안 속 썩이고 잘못한 것들을 모두 고백하고 간절하게 용서를 빌었다. 목사님께서는 웃으시며 "괜찮다. 벌써 다 잊어버렸다"고 하셨다.

성도들 모두에게 천국과 지옥을 갔다 온 간증을 하고 난 후 새벽 5시에 2부 기도회를 시작하여 오전 10시까지 했다. 목사님께서 말씀을 전하실 때는 내 눈앞에 예수님이 오셔서 목사님의 몸속으로 들어가셨다. 그러자 목사님의 설교는 더 강력해지기 시작했다. 하늘에서 천사들이 줄지어 내려와서 강대상의 양쪽 옆으로 와서 서 있었고 어떤 천사들은 무슨 받침대가 있는 빈 그릇들을 많이 가지고 와서 기도할 때와 찬양할 때, 그리고 목사님이 설교할 때와 우리가 "아멘! 아멘!" 하면 그릇을 내밀어 그것들을 담아서 가지고 갔는데, 그 일을 계속 반복했다.

오늘 아침까지 모든 예배가 끝났는데도 불구하고 나는 지옥에 있는 할머니 생각에 견딜 수가 없었다.

여섯째 날의 영적 체험

† 아홉 마리의 양

백봉녀 성도 - 목사님께서 설교를 하시는데 벌써 네 시간이 지났다. 목사님께서는 성령의 불을 토하고 계셨다. 성도 9명에게 그것도 목사님 가족을 제외하면 5명만 달랑 남는데, 왕초보 교인들에게 전혀 위축됨이 없이 너무나 씩씩하고 당당하게 설교하신다. 마이크를 잡고 왔다갔다하시면서 말씀을 전하는데 모두들 눈썹 하나 까딱하지 않고 벌써 새벽 2시인데도 "아멘!"으로 화답하고 있다. 5살짜리 미나까지 말씀을 경청하고 있다.

그런데 목사님을 주시하고 있는데 갑자기 예수님께서 강단 십자가 문으로 천사들의 한 무리를 이끌고 나타나셨다. 조금 있으니까 짐승들의 울음소리가 들리더니 예수님께서 양 아홉 마리를 이끌고 오셨다. 아니 이게 무슨 일인가! 무슨 조화란 말인가! 그 양들 중에 네 마리는 조금 작았는데, 맨 뒤에 따라오는 양은 제일 작은 새끼 양이었다. 모두 하얗고 곱슬곱슬한 털이 참 예뻐 보였다. 그러고 보니, 예수님께서 데려오신 양의 수와 우리 교회 기도회에 참석한 성도 수가 목사님까지 포함하여 꼭 일치하였다.

'유경, 요셉, 주은, 미나는 어리고 그중에서도 미나는 이제 겨우 5살인데 어쩌면 이렇게도 똑같을 수가 있을까?' 하고 생각하는데 예수님께서 '너희는 다 내 양이다! 내가 항상 보살펴 주고 있으니 걱정하지 말아라!' 하고 실물로 현장 교육을 하시는 것 같았다.

"그러므로 예수께서 다시 이르시되 내가 진실로 진실로 너희에게 말하노니, 나는 양의 문이라 …… 내가 문이니 누구든지 나로 말미암아 들어가면 구원을 받고 또는 들어가며 나오며 꼴을 얻으리라"(요 10:7,9).

아홉 마리 양들이 예수님 앞에 모두 무릎을 꿇고 있었고 예수님께서 그 양들을 모두 쓰다듬어 주셨다. 그 사이에 목사님의 설교는 점점 더 뜨겁게 달아올랐고 성령의 불을 토하고 계셨는데, 나는 마음속으로 '목사님께서는 항상 허리가 쑤시고 아프신데 저러다가 쓰러지지나 않을까?' 하고 걱정하고 있었다. 그런데 그러던 차에 양들 앞에서 앉아 계시는 예수님께서 벌떡 일어나셔서 목사님의 아픈 허리를 만져 주시는 모습이 눈에 들어왔다. 예수님은 목사님의 설교에 매료되어 크게 웃으시면서 "신난다! 잘한다! 우리 김 목사 잘한다!" 하고 외치셨다. 그리고 연신 싱글벙글 웃으시며 목사님 뒤를 계속 따라다니셨다.

목사님은 점점 **빠르고도** 크고 강하게 외치고 또 외쳤다. 그럴 때마다 성령불이 활활 타올라서 뜨겁게 전달이 되었다. 목사님이 왼쪽으로 가면 예수님도 왼쪽으로 가시고 오른쪽으로 가면 오른쪽으로 따라서 움직이셨다.

또 10명의 천사가 나타났는데, 그중 강단 오른쪽에 2명 왼쪽에 2명이 있었고, 강단 벽면 십자가가 걸려 있는 곳에는 또 다른 천사가 책을 펼쳐놓고 무언가를 계속 바쁘게 기록했다. 그리고 나머지 천사들은 그릇을 가지고 목사님 주위로 와서 설교한 내용들을 한 천사가 받아가면 또 다른 천사가 다시 받아가고 하는 등 정신없이 받아서 하늘로 가지고 올라갔다. 천사들이 정신없이 움직이니까 나도 신기했으며 구경하느라고 얼이 빠져 있었다. 예수님께서 좋아하시니까 천사들도 같이 좋아하는 것 같았다.

불과 며칠 전에는 기도할 때만 주님이 보였는데 이제는 영안이 확실하게 열려서 눈을 떠도 확실히 주님이 보였다. 학성이와 유경이도 확인해 보니 나와 같이 영안이 확실하게 열려 있었다.

설교가 끝나고 드디어 합심기도 시간이 되었다. 기도 시간에는 우리 교회 기도하는 사람들 9명 모두가 전쟁터에서 전투를 하는 것 같다. 주님을 찾고 부르짖고 회개하며 눈물과 땀으로 얼룩이 지는 전쟁터를 방불케 하였고 사탄에게 이기기 위해서는 처절하게 하는 수밖에 없었다. 이 추운 엄동설한에 난로까지 끄고 목이 터져라고 기도하고 있는데, 주님께서 내 이름을 부르면서 다가오셨다.

주님께서는 다른 교회와 비교를 해 가시면서 말씀을 하셨는데, "봉녀야! 평일 날 밤에는 붉은색 십자가 불만 켜 놓고 잠을 자는 교회가 많은데 주님의 교회의 너희들은 워낙 별나게 기도를 해 대니 내가 바빠서 정신이 하나도 없구나! 나는 지금 기분이 너무 좋다!" 하고 웃으셨다.

그리고 강대상의 십자가 문으로 천사들이 끝없이 내려오고 있는데 세 줄 종대로 무리를 지어서 왔다. 날개는 뒤로 젖혀져 있고 한쪽 발은 앞으로 뻗어 내밀고 한쪽 발은 약간 구부린 모습으로 오는데, 나는 너무나 신기해서 숫자를 세어 보았다.

하나, 둘, 셋, 넷, 다섯…… 한참 세어 보다가 천사들의 행렬이 끝이 안 보여서 그만 잊어버리고 말았다. 계속해서 끝없이 내려오는 그들은 제단 앞에서 우리 아홉 명이 기도하고 있는 내용들을 금 그릇에 받아서 올라가고 또 내려오기를 반복했다. 그 장면은 마치 가뭄이 들어서 사람들이 물통을 들고 긴 행렬을 지어 급수차가 오기만을 기다리다가 급수차가 오면 반갑고 기쁜 얼굴을 하면서 물통에 물을 담아가는 모습과도 같았다.

특이한 것은, 목사님께서는 강대상 있는 곳에서 항상 기도하시는데 목사님의 기도를 받아가는 천사들은 금그릇에 목사님의 기도가 가득 채워지면 가기 전에 고맙다는 듯이 꼭 머리를 숙여서 꾸벅 인사를 한 번씩 하고 가는 것이었다. 나는 궁금한 점들을 금그릇을 들고 오는 천사들에게 물어보았는데 그들은 자세하게 답을 해 주었다.

"요사이 우리들은 하는 일이 별로 없어서 빈둥빈둥 놀기만 한답니다." 나는 의아해서 그 이유를 물어봤더니 많은 목사님들과 성도들이 주님이 기뻐하시는 기도를 안 해서 천국으로 가져갈 만한 것이 별로 없다고 하였다. 천사들도 지상에서 재료들을 가지고 하나님께로 가지고 가야 하는데, 가져갈 것이 없는 천사들은 아버지 하나님께 꾸중을 듣는다는 것이다. 그런데 최근에 주님의 교회 성도들이 밤새도록 예배드리고 다짜고짜로 덤벼들 듯이 기도를 하니까 왜 그리 즐거운지 천사들에게 큰 일거리를 주어서 고맙다고 하면서 즐거워 어쩔 줄을 모르겠다고 하였다.

† 삼위일체 하나님의 특별회의

예수님께서는 어디를 갔다 오신 듯 하였는데, 내가 예수님께 여쭈어 보았다. "주님! 어디 갔다 오셨어요?" 했더니 천국에 갔다 왔다고 하셔서 "왜요? 무슨 일이 있으세요?" 하고 내가 여쭈어 보니까, 예수님께서 자세히 이야기해 주셨다. "지금 하늘나라에서는 극성스럽게 예배드리고 기도하는 너희들 때문에 특별한 회의가 열렸어! 애타게 부르짖고 밤새도록 예배를 드리는 너희들을 보고 아버지 하나님과 나와 성령이 모두 감탄하고 있단다! 장애자들을 데리고 어떻게 그렇게 오랜 시간 동안 기도회를 할 수가 있느냐? 지금 당장은 지구 상에서 그런 교회를 찾아보기가 어렵구나!" 하시면서 감동하셨는데 아주 특별한 선물을 주시기로 하셨다고 했다.

아버지 하나님께서 "내가 무엇을 줄꼬?" 하시면서 예수님에게 "아들아! 어떻게 하면 좋겠느냐?" 하고 물어보셨다. 예수님께서 "아버지 뜻대로 하십시오"라고 하자 아버지 하나님께서는 "좋아! 나는 저들에게 기름을 부어 주겠다. 그리고 저들이 기도하다 보면 지칠 수 있으니 아들아, 너는 저들에게 더 강력하게 능력을 주고, 성령은 불과 기름과 은사를 주자! 특히 주님의 교회 사모인 강현자 성도와 백봉녀 성도에게는 성령의 불과 병 고치는 은사를 주고 강력하게 성령춤을 추게 하자!"고 회의를 하셨다고 했다.

† 성령춤을 드디어 선물 받다_ "내가 너에게 불 세례를 주노라"

사모님은 성령춤을 추기 시작하면 보는 사람들이 넋을 잃게 한다. 성령님의 역사로 얼굴도 붉게 달아오르시고, 성령님이 이끄시는 대로 춤을 추셨다.

하나님께서는 나를 어딘가에 확 집어 넣으셨는데, 꼭 물속에 던져진 것 같았다. 허우적대듯이 내 몸의 손과 발은 따로 따로 움직였다. 정신이 하나도 없었다. 조금 있으니까 어디에선가 주님의 음성이 들려왔다. "내가 너에게 불 세례를 주노라!" 주님은 기름 속에 던지듯 나를 던지셨는데 온몸이 순식간에 불덩어리가 되어 버렸다.

사모님은 강대상 오른쪽 뒤에서, 나는 왼쪽 뒤에서 불덩어리가 된 채 성령님께서 이끄시는 대로 자유자재로 몸을 움직였다. 나는 오랫동안 지병인 허리통증으로 인해 거의 하루종일 누워있다시피 한다. 매일 계속되는 고통 때문에 약을 먹고 있다. 그런데 성령님께서 역사하시는 시간만큼은 전혀 아프지 않았다. 예수님과 대화를 하는 순간에도 안 아프다. 춤을 강력하게 춰도 허리가 멀쩡했다.

성령님께서는 나를 다시 불 속에다 집어넣으셨다. 입술이 바싹 타들어가고 목이 말라서 나는 연신 물만 들이켰다. 목이 타들어가고, 입술은 부르틀 대로 부르터 버렸다. 내 반대 쪽에서 춤을 추던 사모님 역시 동일하게 성령께서 역사하셨다. 예수님께서는 너무 좋으셔서 사모님 앞에 앉아 계셨다가 내 앞으로 오셨다. 그 다음엔 강대상 쪽으로 가셔서 손들고 기도하시고 있는 목사님 머리를 쓰다듬으셨다. 그리고 목사님의 손과 팔을 만지셨고 온몸을 두드리셨다.

예수님께서 내 쪽으로 다시 오셔서 또 가르쳐 주셨는데, "너희 교회 강현자 사모는 낮예배 때에 성령춤을 추는데 왜 손을 의자 앞 가림대 밑으로 숨겨서 추느냐? 손을 들고 해야 더욱 강력하게 역사가 나타날 텐데……" 하시면서 안타까워하셨다. 사람이 보는 것을 의식하지 말고 하나님 중심으로 하라고 당부하셨다. 기도회가 끝나고 사모님께 그 내용을 이야기했더니 사모님은 새신자들이 다르게 생각할까 봐 손을 숨기고 몰래 했다고 하셨다. 그러면서 손을 움직이지 않으려고 절제를 했더니 하나님께서도 싫어하신다며 "나도 죽을 맛이야!"라고 심정을 토로하셨다. "이제는 모두 알아 버렸으니 목사님께서도 인정하시고 아예 앞자리에서 양쪽에 둘이 앉아서 성령님이 인도하시는 대로 성령춤을 추자"고 해서 지금은 그렇게 하고 있다.

예수님께서는 갑자기 한국 교회와 목사님들에 대해서 말씀을 하셨다. 노기가 섞인 목소리로 이야기하셨는데, 왜 그 이야기를 하시는지 나는 잘 몰랐다. "교회만 덩그러니 지어놓고 십자가 불만 켜 있으면 뭐 하느냐? 영혼을 구원하라고 목회자들은 강단에 세워 놓았는데, 기도를 많이 하지 않아서 내가 가슴이 아프고 속상하다! 어떻게 하면 좋겠느냐? 마귀들이 설치고 돌아다니는데 눈만 한번 감았다 뜨면 수천수만여 명이 지옥으로 가고 있다."

들고 있던 나는 주님께 급하게 부탁을 드렸다. "주님! 저 지옥 좀 보게 해 주세요!" 예수님께서 "걱정 말아라! 너의 아들 학성이가 지옥에 가서 할머니를 보고 왔다!"고 하셨다. "학성이는 지옥에서 할머니를 보는데 저는 왜 안 됩니까? 엄마가 보고 싶어 죽겠어요" 하면서 막 울었더니 예수님께서 나에게 "지금 네가 지옥에 가서 네 엄마를 보면 가슴이 많이 아플 것이고 그 고통의 현장을 보면 충격을 크게 받을 거다. 너에게는 천국을 먼저 보여 줄테니 그 생각은 잊어버려라!"고 하셨다.

† 천국에 있는 백봉녀 성도의 집

성령춤을 계속 추면서 방언으로 기도하고 있는데 예수님께서 "봉녀야! 나와 같이 천국가자!"고 하시면서 손을 잡으셨다. 예수님의 손을 잡자마자 흰 세마포 옷이 입혀지면서 강단 십자가에는 둥근 문이 생겨 그 문으로 들어가게 됐다. 그곳에 들어서자마자 공중으로 올라가면서 나는 예수님과 함께 새처럼 날아가기 시작했다. '어쩌면 몸이 이렇게 가벼워질 수 있을까?' 높이 올라갈수록 지구는 점점 멀어져 갔다.

우주의 밤하늘은 정말 아름답고 경치가 좋았다. 한참을 더 날아가는데 은하수 세계가 나타났다. 은하수 세계를 지나니까 다시 캄캄해지면서 두 갈래 길이 나오는데, 주님과 나는 오른쪽 길로 가는 것 같아서 예수님께 여쭈어 보았다. "주님! 왼쪽 길은 어디로 가는 길이에요?" 했더니 지옥으로 가는 길이라고 하셨다. 오른쪽으로 한참 가는 것 같았는데 갑자기 눈을 뜰 수 없는 강렬한 빛이 쬐이기 시작하더니 눈을 제대로 뜰 수가 없었다. 천국은 그야말로 별천지 세상이었고 지상에서 사람들이 낙원이라는 말을 가끔씩 쓰는데 이곳은 정말로 세상의 언어로서는 표현할 방법이 없는 곳이었다. "이럴 수가! 어쩌면 이럴 수가!" 천국은 사람이 가히 상상할 수 없는 곳이었다.

수많은 천사들이 마중나와 나를 환영해 주었으며 나는 천사들의 대접을 받았다. 예수님께서는 "네가 마음을 정하여 결심하고 교회에 나갔으니 천국에 있는 너의 집을 보여 주겠다. 따라오너라!"고 하셔서 나는 예수님을 따라서 갔는데, 많은 천사들이 분주히 다니고 무슨 공사를 하고 있었다. 예수님께서는 나에게 "이곳이 너의 집이다!"고 하셔서 보니까 집은 없고 터만 깊이 파 놓고 천사들이 금으로 작업하는데, 기초 공사만 하고 있었다.

예수님께서 하시는 말씀이 "며칠 있으면 네 집이 많이 올라갈 것이다! 실망하지 말고 열심히 기도하고 믿음으로 살면 금방 올라간다. 네가 마귀를 섬겼고, 점을 치면서 많은 사람들을 미혹시켰지만 결단하고 나를 믿고 교회 열심히 다녀서 이 정도의 복을 받았다. 네가 너무 고맙고 기특해서 다른 성도들보다 더 빨리 상을 줄 테니, 기뻐해야 한다! 알겠느냐?"고 하셔서 나는 "주님, 감사합니다! 정말 감사합니다!"라고 하면서 머리 숙여 거듭 감사를 표시했다.

예수님께서는 "너에게 보여 줄 곳이 있으니 따라 오너라!"고 하시면서 나를 데리고 다른 곳으로 이동하셨다.

† 목사님과 사모님의 보물창고와 집

예수님께서는 나에게 다정하게 손을 잡으시면서 "사랑하는 봉녀가 왔으니 봉녀 너에게 복음을 전해서 나를 믿게 만든 너희 교회 김용두 목사와 강현자 사모의 보물창고와 집을 차례차례 구경시켜 줄 거다. 잘 보거라. 대충 땅에서 천 층 정도의 건물 높이라야 천국에서 1층 정도라 할 수 있으며 땅의 것으로는 천국에 있는 것을 제대로 무엇이든지 표현할 수 없다"고 하셨다.

예수님과 손잡고 한참 간 것 같은데 천국의 중심가로 이동하는 것 같았다. 눈앞에는 어마어마하게 넓고 큰 건물이 서 있는데 그 건물에서 뿜어져 나오는 빛이 너무 강렬해서 나는 고개를 제대로 들 수가 없었다. "주님! 빛이 너무 강해서 볼 수가 없어요. 왜 이런 거에요?" 했더니

"여기 있는 이 집이 김용두 목사의 집이다. 잘 보아라!" 예수님께서 오른손을 드니 조금 전까지 볼 수 없었던 것이 또렷하게 보였다.

목사님의 집에는 천사들이 너무 많아서 셀 수가 없었다. 집을 지키는 천사에서부터 시작해서 물건을 나르고 공사를 진행하는 천사, 수리하는 천사까지 집이 크면 클수록 일하는 천사도 많다고 하셨다. 공사하는 모든 재료는 황금과 보석들이었다. 주님께서는 "이 집은 금방 올라가지 않는다. 세상에서 살다가 숨이 끊어지는 순간에 완성되는 것이거든"이라고 말씀하셨다.

우리 목사님의 집은 340층이었는데, 나는 예수님께 평수는 얼마냐고 여쭈어 보았다. 예수님께서는 "천국에서의 평수는 세상에서 말하는 평수하고 많은 차이가 있어 감히 상상할 수가 없다"고 하셨다. 그래도 내가 궁금해하니까 "너희들이 말하는 세상의 언어로 표현하자면 대략 인천시보다 조금 더 크다"고 하셨다. 나는 큰소리로 "우와, 우리 목사님은 좋겠다! 정말 좋겠다!" 나는 목사님의 집이 너무 크고 멋져서 한없이 부러웠다.

예수님께서 "이번에는 김 목사의 보물창고로 가자!"고 하시면서 내 손을 잡으셨다. 예수님과 같이 걸어가는데 목사님 집과 보물창고의 거리가 우리 식으로 표현하자면 버스 정류장으로 한 서너 정거장 정도에 있는 것 같았다. 예수님께서는 천사를 불러서 "내가 지금 급히 가 볼 데가 있으니까 백봉녀 성도를 데리고 자기 교회 목사의 보물창고를 보여주어라!"고 명령하시고는 어디론가 가셨다. 그 천사와 함께 목사님의 보물 창고에 갔더니 상상을 초월하는 엄청난 보물이 보이는데 나는 깜짝 놀라 입이 쩍 벌어져서 다물어지지가 않았다. 또 거기에서 나오는 굉장히 밝은 빛 때문에 눈을 뜰 수가 없었다.

지상에서 표현한다면 수십만 평은 될 법한 넓이에 1층으로 되어 있는데, 그 높이도 굉장했다. 목사님의 보물창고는 수백 명의 천사들이 지키고 있어서 들어갈 수가 없었다. 4명의 천사가 입구를 지키고 있었으며 내가 그 문지기 천사들에게 양손으로 하트모양을 하면서 다리를 약간 굽혀서 사랑한다고 표현하니까, "지금 뭐하느냐? 그런 방법은 세상에서나 통하지 여기서는 안 통한다"고 냉정히 거절했다.

천사들이 보물창고를 지키고 있어서 들어가지 못하고 서 있는데 예수님께서 뒤에 나타나셨다. 예수님께서 나타나시자 문지기 천사들이 날개를 앞으로 축 늘어뜨리고 차려 자세로 머리를 숙여 크게 인사를 하였다. 여기에 있는 보물창고는 예수님의 허락을 받아야 했다.

보물창고로 들어가는 데는 절차가 복잡했다. 목사님의 보물창고는 총 50칸으로 되어 있는데, 첫째 방부터 자물쇠가 채워져 있었으며 첫째 칸은 문 입구 양쪽에 2명씩 4명의 천사가 지키고 있었고 큰 열쇠를 넣어 돌리니까 문이 열리는데 광채가 나서 볼 수가 없었다. 내가 "예수님! 눈이 부셔서 안 보여요" 하고 소리쳤더니 예수님께서 오른손을 들어서 천천히 움직이니까 빛이 조금 약해지면서 자세하고 환하게 보였다.

두 번째 칸의 천사들도 역시 예수님을 보자마자 차려 자세로 고개를 숙이면서 예수님께 순종했다. 두 번째 칸은 양쪽으로 4명씩 8명이 지키고 있었는데, 첫째 칸의 천사보다는 직급이 조금 더 높다고 말씀해 주셨다. 한 칸씩 들어갈 때마다 지키는 천사들은 배로 늘어났으며, 점점 직급도 높아갔다.

예수님께서는 "50칸을 지나야만 보물이 쌓여 있는 본칸이 나오는데 절차가 번거롭고 까다롭기 때문에 지금부터는 내가 직접 하겠다. 봉녀야, 잘 보아라!"고 하셨다. 처음 서너 칸은 절차를 밟으셨지만 그 다음은 예수님께서 직접 문을 향하여 오른손을 앞으로 펴서 '휘익!' 하고 움직이시자마자 50칸까지의 문이 한꺼번에 자동으로 열리는 것이 아닌가! 문마다 지키는 천사들이 깜짝 놀라면서 모두 예수님을 향하여 날개를 앞으로 늘어뜨리고 그 위엄 앞에 모두 고개를 숙였다.

보물창고 안에서 쏟아지는 찬란한 금빛과 오색찬란함은 그야말로 감탄 그 자체였다. "우와, 우리 목사님은 좋겠다. 목사님은 좋겠다!' 맨 마지막 50칸째에 해당하는 보물창고는 가장 높은 직급의 천사들이 지키고 있었고 귀중한 것이 많았다. 보물창고 안에는 헤아릴 수 없는 많은 천사들이 땅에서 올라오는 목사님의 재료들을 쌓느라고 정신이 없었다. 그 재료들은 하나같이 보석이요 황금덩어리들이었는데 천사들이 가로, 세로, 높이까지 정확하게 선을 따라서 빈틈없이 쌓아 올리고 있었다.

한번 입으로 '훅!' 하고 불면 무너질 것 같았는데 주님께서 벌써 내 속마음을 아시고, 자세히 설명해 주셨다. "이 건축 재료들은 절대로 무너지지 않는다. 천사들도 이 건축재료를 쌓을 때 조금이라도 잘못 하면 책망을 받아. 그리고 제대로 잘 쌓으면 그들도 칭찬과 함께 직급이 올라가기 때문에 온 마음과 정성을 다해서 쌓는단다."

목사님의 보물들은 높이 쌓여 있고 목사님이 돌아가셔서 천국에 오면 목사님의 집과 함께 완성된다고 하셨다. 나는 예수님께 "예수님! 우리 목사님은 왜 이렇게 집도 크고 보물이 많아요?' 했더니 주님께서는 "김용두 목사는 일찍 신앙생활을 했고 늘 기도하고 봉사를 많이 해서 이렇게 많이 쌓여 있지"라고 대답해 주셨다. 목사님의 보물창고는 외부에서 사오백 명 정도 되는 천사들이 지붕 위에서부터 보호막처럼 전체 둘레를 지키고 있어서 그 누구도 들어오지 못하고 침범할 수가 없다고 했다. 예수님께서는 시간이 부족하니 강현자 성도의 집과 보물창고도 얼른 보러 가자고 하셨다. 그리고 걸어서 가면 시간이 많이 걸리니 날아가라고 하면서 한 천사를 부르시고는 급한 일이 있다면서 사라지셨다.

사모님의 집 역시 엄청나게 넓고 높았지만 목사님의 집보다는 규모가 작았다. 사모님의 집에서도 환한 빛이 뿜어져 나오는 통에 나는 눈이 부셔서 제대로 볼 수가 없었다. 평수는 목사님 집의 2/3 정도에 가깝고 198층에서 200층을 향하여 쌓아 올리는 중이라고 하였는데, 천국의 집은 땅의 집처럼 일직선으로 되어 있는 것도 있지만 사모님 집은 지그재그 같은 모양으로 되어 있었다. 그리고 높이 올라갈수록 평수는 점점 넓어졌다.

잠시 후에 예수님께서 다시 오셨다. 나는 예수님께 사모님의 집도 광채가 나서 볼 수 없다고 말씀드렸더니 예수님께서 손으로 전에 목사님 집 앞에서 했던 것처럼 하시자 빛이 조금 줄어들어 자세히 볼 수 있었다. 사모님 집도 역시 천사들이 집 짓는 공사를 하느라고 정신이 없었는데 사모님의 보물 창고는 목사님의 것보다는 규모가 작았다. 보물도 절반 정도만 쌓여 있었다. 예수님께서는 목회자들이 부부싸움을 많이 하는데 부부싸움을 하면 어렵게 쌓아올린 집들이 와르르 무너진다고 하시면서 목사님 가정의 부부싸움도 언급하셨다.

우리 목사님과 사모님도 부부싸움을 가끔 하시는데, 목사님은 다투고 나면 금방 풀려 교회에 가서 바로 회개하고 기도하여 집이 다시 올라가는데, 사모님은 한번 다투면 쉽게 풀어지지 않아서 와르르 무너졌다가 다시 집을 올리는 데 시간도 많이 걸리고 금방 올라가지 않기 때문에 예수님께서는 부부싸움을 하지 말라고 전하라고 하셨다. "수많은 주의 종들의 가정을 보면 사모가 목회자를 사사로이 부릴 때가 있는데 그것은 내가 기뻐하지 않는 일이다! 주의 종들을 향하여 '방을 쓸고 닦아라!', '세탁기를 돌려라!', '이거해라! 저거해라!' 고 시킬 때가 있다. 주의 종들에게 세상의 일을 너무 많이 시켜서 자신들의 상급을 무너뜨리지 않으면 좋겠다"고 당부하셨다. 그리고 자녀들에게도 소리지르지 말고 사랑과 기도로 양육하라고 하셨다.

나는 예수님께 부탁하기를 "예수님! 보여 주신 김에 요셉이와 주은이의 집도 아예 보고 가겠습니다"라고 했더니 그곳으로 데리고 가셨다. 요셉이의 집은 2층으로 완성이 되어 있고 3층 건물로 올라가고 있는데, 동생과 자주 싸우는 바람에 무너지고 다시 집을 짓다가 또 무너지곤 한다고 하셨다. 그리고 기도가 많이 부족하니 기도를 많이 하라는 말씀을 하셨다. 또 요셉이는 성질이 급해서 '내가 알아서 다 한다' 는 식으로 소리를 자주 지르니까 회개를 많이 해야 된다고 당부하셨다. 주은이 집도 보았는데, 3층에서 4층으로 올라가고 있었고 20여 명 되는 천사들이 집을 지어가고 있었다. 주은이는 삐지거나 잘못을 자주 하는 통에 다시 3층으로 주저 앉아 버린 것이었다.

예수님께서는 나에게 "오늘은 시간이 없으니 여기까지만 보고 다음에 또 와서 보거라!" 고 하시고는 나를 교회까지 데려다 주셨다. 주님께서는 가시기 전에 한 말씀을 하셨는데, "내가 십자가에 못 박혀서 죽고 다시는 살지 못할 줄 알고 사람들이 나를 믿지 않고 교회도 다니지 않으며 다른 일들을 많이 하고 있다. 지금이라도 하늘에서 직접 내려와서 사람들에게 적나라하게 보여 주고 싶지만 나는 영이니 그럴 수가 없단다"고 하셨다. 주님께서는 "너에게 천국을 한꺼번에 다 보여 줄 수는 없으나 기도를 열심히 하면 언제나 내가 와서 자세히 보여 줄 것이니 기도 많이 하여라!"고 하시며 천국으로 가셨다.

김용두 목사 - 백봉녀 성도가 천국에 있는 우리 가정의 집과 상급에 대한 간증을 듣고 난 후에 사모와 요셉이, 주은이에게 변화가 생겼다. "목사님은 기도와 설교를 하시느라 힘드시니 우리가 풀어 드리자"고 하며 모두 달라붙어서 나의 온몸을 주무르기 시작했고 평소에는 자주 다투던 아이들이 스스로 자기 할 일을 하면서 자기 상급을 쌓는다고 열심이다. 기도하는 성도들 모두가 기도하면 할수록 재미있고 즐겁다고 하면서 주님의 은혜를 간절히 사모하였다

2부 기도회

설교본문 "세례 요한의 때부터 지금까지 천국은 침노를 당하나니 침노하는 자는 빼앗느니라. 모든 선지자와 율법이 예언한 것은 요한까지니"(마 11:12,13).

† 유경, 지옥에서 외할머니를 만나다

이유경 - 방언기도를 30분 정도 하고 있는데 예수님께서 십자가의 문을 통하여 들어오시더니 나에게로 오셨다. 예수님은 항상 빛나는 흰 세마포 옷을 입고 광채가 나면서 나타나신다. 예수님께서는 내 손을 잡고는 "유경아! 너랑 같이 갈 곳이 있다"고 하셨다. 내가 "네! 예수님 좋아요" 하고 대답을 하자마자 나는 하늘을 날고 있었다. 예수님께서는 "유경아! 지금부터 내 말을 잘 들어야 한다. 우리는 지금 지옥을 향하여 가고 있다. 그러나 절대로 놀라지 마라. 내 손만 꽉 잡고 있으면 된다. 그리고 내가 네 옆에 있으니 염려 말아라! 너를 보호해 줄 것이다! 너에게 보여 줄 사람이 있으니 잘 보도록 하여라"고 말씀하셨다.

지옥에 도착하자마자 이상한 타는 냄새와 송장이 썩는 온갖 냄새 때문에 구역질이 났다. 어두워서 앞이 잘 보이지 않았다. 예수님께서 손으로 한번 '확' 하시자 조금씩 환하게 보이기 시작하였다. 시커먼 방이 칸칸이 되어 있었다. 거기에서 울고 있는 한 노파와 마주쳤는데, 그분은 다름아닌 우리 외할머니였다. 외할머니는 우리 가족들을 모두 키운 분이다. 외할머니를 보는 순간 나는 소리쳤다.

"할머니! 거기서 뭐 하세요? 할머니가 왜 거기 계세요? 아무것도 없는 그 캄캄한 곳에서 어서 나오세요!' 나는 울면서 악을 썼다. "할머니! 정말 보고 싶었어요. 할머니, 사랑해요!' 외할머니도 우시면서 "오, 내 손녀 유경이구나! 네가 여기에는 웬일이냐? 나도 네가 보고 싶었단다" 라고 하셨고 말이 끝나기가 무섭게 내가 손을 외할머니 쪽으로 내밀었 더니, 할머니도 얼른 손을 내밀어 내 손을 잡으려고 했다.

그러자 예수님께서 내 옆에서 나를 잡아당겨, 손을 못잡게 하셨다. "유경아! 손을 잡으면 안 된다. 잡지 마라!'고 하시면서 끌어당기셨다. 외할머니도 울고, 나도 많이 울었다. "할머니! 정말로 많이 보고 싶었어 요" 했더니 외할머니도 "그래. 나도 네가 제일 많이 보고 싶었다. 그런 데 여기에는 왜 왔니?'라고 물으셨다. "할머니! 저는 예수님을 믿어요. 교회에서 이번에 특별 기도회를 하는데 예수님을 만났어요. 예수님께 서 저를 여기까지 데리고 오셨어요!' 외할머니는 "그래, 유경이 너는 좋겠구나!'라고 하시면서 우셨다.

"할머니! 오빠는 오늘 같이 못 왔어요. 오빠가 전에 할머니를 무시하 고 밥도 안 주고 해서 할머니를 돌아가시게 했어요!'라고 말을 했더니 외할머니께서 "그래 학성이 그놈이 내게 밥을 주지 않고 배가 고프면 자기 입에만 넣고 그랬지" 하면서 속상해하셨다.

한편 외할머니는 큰 외숙모를 향해 욕을 하시고 저주까지 하셨다. "지옥에 와서 억울해 죽겠다. 지금이라도 당장 천국 가고 싶은데 갈 수 가 없어서 치를 떨고 있어! 그런데 네 외숙모가 나한테 저주를 많이 했 어. '저 노인네 언제 죽나? 왜 빨리 안 죽을까?' 날마다 그렇게 저주를 했고 내가 욕창이 생겼을 때도 치료해 주기는커녕 화장지를 말아서 환 부에 쑤셔 넣어서 그 상태에서 내가 죽고 말았지! 그래서 내가 지금도 이곳에서 저주를 하고 있단다. 그년, 어서 빨리 죽어라! 몸이 아파서 죽든지, 사고가 나서 죽든지, 빨리 죽어라! 그래서 지옥에 오면 내가 용서하지 않을 테다!' 하면서 한이 맺혀 하셨다. 그런데 외할머니 다리를 큰 뱀이 칭칭 감고 있어서 외할머니는 움직이지 못하셨다. 나는 너무 놀라 큰소리로 울었다.

"예수님! 살려 주세요. 우리 외할머니 어떻게 해요?" 예수님께서는 울고 있는 나에게 "유경아! 울지 마라! 안 되겠구나. 이제 그만 나가자!" 고 하시면서 지옥을 나왔다. 그리고는 "지금부터는 울지 않게 해 줄테니 내 손을 꼭 잡아라"고 하셔서 예수님 손을 꼭 잡았더니 벌써 천국 하늘을 날고 있었다. "우와, 예수님! 여기가 천국이에요? 정말 멋있어요!"

천국의 하늘은 말로 표현할 수 없을 정도로 아름다웠다. 형형색색의 아름다운 빛깔……. 천국을 어떻게 설명할 수 있을까? 예수님께서는 울쩍했던 내 기분을 풀어 주시려고 노력을 많이 하시는 것 같았다. 천국에서 나는 예수님과 손을 잡고 한참 동안 춤을 췄다. 예수님과 천사들이 한데 모여 무슨 강강술래를 하는 것처럼 율동을 하고 춤을 췄다.

또 천국에서 예수님께서 노래를 해 보라고 하길래, 교회에서 배운 '찬양하라, 내 영혼아'를 반복해서 하고 있는데 예수님께서 "유경아! 오늘은 여기서 그만 하고 가자. 내가 바쁜 일이 있단다. 다음에 또 데려올께" 하시고 "유경이 네가 기도 열심히 하면 내가 너를 만나 줄 것이고 또 천국에 데려올 것이다!"고 하시면서 천사 한 명을 불러서 나를 교회까지 데려다 주라고 명령을 내리셨다.

교회에 다시 도착한 나는 기도하면서 울기 시작했다. 지옥에서 고통 받으시는 외할머니의 불쌍한 모습이 생각나서 엉엉 울고 또 울었다. 기도회가 끝나고 나서 나는 목사님께 하소연했다.

"목사님! 우리 외할머니가 지옥에 있어요! 어떻게 하면 좋아요? 너무 괴롭고 슬퍼요. 속상해요! 더 오래 사실 수 있었는데……. 착하신 우리 외할머니, 지팡이 짚고 내 손을 잡아 주시면서 돈도 주시고 맛있는 것도 많이 사 주셨던 우리 외할머니, 나에게 너무나 다정하셨던 우리 외할머니, 엄마 없을 때 엄마처럼 키워 주셨던 우리 외할머니가 지옥에 있어요! 목사님, 저는 어떡하면 좋아요? 목사님! 저 이제 절대로 교회 안 빠질거예요. 변덕도 안 부리고요. 저녁예배와 철야 기도회도 잘 나오구요. 목사님이 시키는 대로 무조건 순종할께요" 하면서 통곡을 했다. 목사님께서는 "그래, 그래야지" 하면서 같이 우셨다. 옆에서 내 이야기를 듣고 있는 사람들까지 모두 울면서 믿음의 결심을 함께했다.

일곱째 날의 영적 체험

설교 본문 "예수께서 그들에게 항상 기도하고 낙심하지 말아야 할 것을 비유로 말씀하여 이르시되 어떤 도시에 하나님을 두려워하지 않고 사람을 무시하는 한 재판장이 있는데……"(눅 18:1-8).

† 주은이의 영안이 열리다

김주은 - 유경이 언니와 학성이 오빠는 영안이 열려서 재미있게 기도하는데, 나는 그것이 정말 부러웠다. 나도 영안이 열리게 해 달라고 사모하면서 간절하게 기도했다. 방언으로 한 시간쯤 기도하고 있는데 눈앞에 갑자기 환한 빛이 있더니 흰옷을 입으신 예수님이 서 계셨다. 예수님께서는 갈색 머리에 빛나는 흰색의 세마포 옷을 입으셨고 내 이름을 부르셨다.

"주은아! 사랑하는 주은아! 내가 너를 사랑한다!" 예수님께서는 더욱 가까이 다가오셔서 말씀하셨다. 나는 깜짝 놀라서 "예수님 맞아요? 우와! 예수님! 정말 사랑해요! 정말 멋있어요" 하고 소리를 질렀고 기분이 너무 황홀해서 어쩔 줄 몰라 하니까 예수님께서 내 앞에 앉으셔서 머리를 쓰다듬어 주시고 등을 토닥토닥 두드려 주시면서 사랑한다고 하셨다. 나는 신이나서 "예수님, 진짜 사랑합니다"라고 했더니 "그래, 나도 너를 정말 사랑한다"고 하셨다. 예수님께서는 나에게 "기도 열심히 하면 너에게 나를 보여 줄 것이고, 또 천국에도 데려가 구경시켜 줄 것이다. 그러니 기도 열심히 하여라" 하고 사라지셨다.

† 악령들의 모습이 보여지다

예수님이 보이지 않자 나는 또 힘차게 방언기도를 했다. 그런데 오른쪽 앞부분에서 이상한 물체가 나타났는데, 그것이 나에게 달려오는 것이었다. '앗! 저게 뭐지?' 눈이 양쪽 모두 가늘게 찢어졌는데, 오른쪽 눈이 불가사리처럼 X자 모습으로 보였다. 흉터자국이 많이 있는 귀신이었다. 목사님께서 아까 설교 도중에 귀신들이 달려들면 예수님의 이름으로 물리치라고 하신 말씀이 생각나서 나는 "예수님의 이름으로 물러가라!"고 외쳤다. 그렇게 하니 귀신은 없어져 버렸다.

계속 기도하는데 이번에는 고양이 눈보다 더 가늘고 눈동자에 세로 줄무늬가 있는 것이 또 나타났다. 또한 박쥐 날개 모양을 하고 있었고 입을 쩍 벌리는데 위아래로 뾰족한 송곳니가 무섭게 튀어나왔다. 나를 향하여 입을 벌리며 겁을 주었지만 예수님의 이름으로 물리쳐 버렸다.

이번에는 어디선가 낯이 익은 귀신이 나타났는데, 누군가 했더니 스타크래프트를 처음 시작할 때 나오는 캐릭터 모습의 여자 귀신이 내 쪽으로 달려오는 것이었다. 그 귀신은 무섭게 보이려고 나를 더 째려보는 것 같았다. 조금 있으니까 더 무섭게 보이려고 머리카락까지 풀어 헤치면서 눈알을 양 옆으로 빠르게 굴렸다.

그런데 이상한 것은 다른 악령들은 예수님의 이름으로 물리치면 금방 달아났는데 여자 모습을 한 이 귀신은 금방 안 물러갔다. 몇 번씩 소리쳐서 쫓아내도 없어지지 않아서 나는 너무 무서워 목사님이 기도하는 강대상으로 쫓아 올라가서 목사님 옆에서 기도를 했다. 목사님께서 내 손을 잡고 손을 들고 같이 기도하니 귀신이 없어졌다. 목사님의 기도는 확실이 나보다 능력이 많이 있나 보다.

✝ 유경, 지옥에서 외할머니를 또 만나다

이유경 - 방언기도를 하고 있는데 예수님께서 오셨다. 함께 갈 곳이 있다고 하시길래 따라나섰는데, 주님께서 지옥엘 또 데리고 가셨다. 캄캄한 지옥은 너무 어두웠고 새빨간 불꽃이 타오르고 있었다. "유경아! 많이 뜨거우니 손을 꼭 잡아라"고 예수님이 말씀하셨다.

예수님과 같이 간 곳은 엄청나게 큰 그릇이 뜨거운 불에 달궈지고 있는 곳이었는데, 그 불그릇 속에는 뜨거운 물이 부글부글 끓고 있었고 그 안에도 시뻘건 불이 있는 듯했다. 거기에는 수많은 사람들이 알몸으로 들어가서는 뜨겁다고 아우성이었는데, 그 안에서 누군가 "유경아!" 하며 내 이름을 불러서 쳐다보았더니 우리 외할머니가 큰소리로 울면서 뜨겁다고 소리치고 있었다. 나는 깜짝 놀라서 "할머니! 할머니가 왜 거기 있어요? 할머니는 캄캄한 방에 있었잖아요. 거기에는 왜 있는 거에요? 빨리 나오세요" 하고 외쳤는데 그 순간 외할머니의 온몸이 녹아

버리고 해골과 뼈다귀로 변해 버리는 것이었다. 그런데도 외할머니의 해골은 나에게 손을 뻗으면서 소리쳤다. "유경아! 아이고 뜨거워! 나 좀 살려 주라. 주님께 얘기해서 나 좀 꺼내 주라. 부탁한다"고 애원했다.

나는 예수님께 급하게 부탁했다. "예수님은 저를 사랑하시잖아요. 우리 할머니 좀 구해 주세요, 네?" 하면서 내가 손을 내밀어 외할머니의 뼈만 남은 손을 잡으려고 하니까 예수님께서는 "안 된다! 잡으면 안 된다!"고 하시며 가로막으셨다. 옆에는 엄청나게 큰 뱀이 똬리를 틀고 혀를 내밀면서 지키고 있었는데, 작은 뱀들도 수북히 쌓여서 이 사람들을 지키고 있었다.

나는 무서워 벌벌 떨고 있는데 예수님께서 내 손을 꼬옥 잡아 주시면서 "유경아! 내가 네 옆에 있으니 걱정 말아라"고 하셨다. 외할머니가 고통당하고 있는 그곳은 너무나도 무서웠다. 그릇 안에 있는 물도 시뻘겋게 달아올랐는데, 그 지경에서 외할머니는 또 외숙모를 저주하면서 욕을 하고 계셨다. "네 이년! 내 허리에 욕창이 생겨서 구더기가 뜯어먹고 있을 때, 치료는커녕 휴지 뭉텅이를 집어넣어? 게다가 그 휴지도 못 빼게 만들어? 휴지가 몸에 붙어 버렸는데 또 쑤셔 넣었지? 두고 보자! 지옥에서 보자!" 하시면서 이를 부드득 갈았다. "유경아, 너는 다시 여기 오지 마라! 천국에 가거라. 뜨거워 견딜 수가 없다. 괴로워 죽겠다! 악! 뜨거워!"

✝ 지옥을 나와 천국으로

할머니의 비명을 뒤로 한 채, 예수님과 지옥을 나왔다. 그리고 예수님께서는 나를 천국으로 데리고 가셨다. 천국에서 나는 천사들과 같이 원을 그리면서 찬양을 하였고, 예수님께서는 많은 책들을 보여 주셨다. 그중에 굉장히 큰 책이 있었는데, 내가 "예수님, 이 책은 무슨 책이에 요?" 했더니, 가르쳐 주시지는 않고 "한번 들어 보렴" 하고 말씀하셨다. 그 책은 너무 무거워서 잘 들리지가 않았다.

예수님께서 나에게 "유경아! 너 구름타고 싶지 않니?"라고 하셔서 나는 "네! 너무너무 타고 싶어요"라고 대답했다. 예수님이 내 손을 잡자마자 저쪽 한곳에서 조그만 구름이 오더니 내 앞에 멈췄다. 주님과 나는 그 구름 위에 사뿐히 올라탔다. 만화영화에서나 나오는 일들을 나는 직접 예수님과 같이 체험했는데, 믿을 수 없는 꿈만 같은 일을 해 본 것이다. '혹시 구름을 타고 가다가 떨어지면 어떻게 하지?' 염려했지만 전혀 그렇지 않았다. 예수님과 같이 구름을 타고 밤하늘을 구경했다.

천국의 하늘과 은하수 세계, 우주공간 등 별이 빛나는 우주는 정말 아름다웠다. 천국의 하늘은 우주공간이나 은하수 세계보다 훨씬 크며 더 아름답고 찬란했다. 예수님께서 "오늘은 그만 구경하고 다음에 또 보자!"고 하셔서, 예수님과 손잡고 다시 내려왔다.

여덟째 날의 영적 체험

설교 본문 "너는 일어나서 백성을 거룩하게 하여 이르기를 너희는 내일을 위하여 스스로 거룩하게 하라 이스라엘의 하나님 여호와의 말씀에 이스라엘아 너희 가운데에 온전히 바친 물건이 있나니 너희가 그 온전히 바친 물건을 너희 가운데에서 제하기까지는 네 원수들 앞에 능히 맞서지 못하리라"(수 7:13).

† 사탄의 시험

김용두 목사 - 작정기도를 한 지 일주일째 접어들고 있는데, 영적인 시험도 많이 있었지만 육신적인 시험은 거의 매일 있다시피 했다. 기도의 용사들의 영안이 차례로 열리고 신령해지기 시작하자 마귀들이 총 공세를 퍼부었다.

개인적으로는 화낼 일이 집중적으로 생겼는데, 첫날은 늘 운전하고 다니는 스타렉스 차량 바퀴의 알루미늄 휠 옆의 부드러운 부분이 재생하지 못하게끔 찢어져 있었다. 수리가 잘 안 되어 어렵게 수리했는데, 다음날은 앞바퀴 타이어 오른쪽 옆이 또 찢겨 있었다.

주차 할 수 있는 넓은 공간인데도 불구하고 누군가 의도적으로 그렇게 한 것 같았다. 낡아 빠진 타이어를 모처럼 광폭타이어로 새롭게 교체한 지 두 달이 채 못 되었는데 성질 급한 내가 참으려니까 정말 답답했다. 그래도 하나님께 불평하지 않고 "할렐루야!"를 외치면서 마음속으로 감사기도를 하였다. 그랬더니 그 다음날은 아침에 기도회를 마치고 차량 있는 곳으로 갔는데 아침 7시쯤이었는데도 견인차량이 와서 차를 견인해 가 버렸다. 이쯤 하면 화가 날 법도 한데 사모와 성도들이 "목사님, 이것도 참으세요!"라고 하는 것이었다.

차량보관소에 찾아가서 웃으면서 "참으로 부지런하시네요. 이렇게 아침 일찍부터 힘들게 고생을 하다니요? 대단하십니다"라고만 하고 그냥 와 버렸다. 나는 혼잣말로 중얼거리며 '와우! 김 목사야! 너 웬일이냐? 너 화 안 내고 참는 것 보니까 사람되어 가는 구나?' 하면서 웃었다.

집에서 주님께 기도를 하면서 "주님! 이런 일들이 마귀가 하는 짓이라면 끝까지 승리하게 하시고 이기게 하옵소서!" 하고 기도를 드렸다. 그런데 다음날에는 차량 뒷부분의 브레이크 불 들어오는 부분을 누군가 부서뜨려 놓았고, 그 다음날은 날카로운 것으로 차량 옆부분을 끝에서 끝까지 긁어 놓았다. 나는 그저 아무 할 말이 없어서 그냥 "주여!" 하면서 그런 시험들을 이겨가고 있다.

김주은 - 주일 낮예배 합심기도 때 피아노 의자에 앉아 통성기도를 하고 있는데 검은 그림자가 내 주위에서 왔다갔다하면서 어지럽게 만들었다. 나는 두 손을 들고 더 강력하게 기도했는데 이번에는 발 밑으로 무언가 꼬물꼬물 움직였다. 자세히 보니 검정색과 회색이 섞인 줄무늬 뱀이 피아노와 내 발 사이에 숨어 있었다. 깜짝 놀라서 크게 "이 더러운 마귀들아, 예수의 이름으로 물러가라!" 하고 소리쳤더니 한순간에 모두 사라져 버렸다. 눈을 뜨면 악령과 귀신들이 안 보였고 눈을 감으면 보이는데 얼마나 많이 나타나는지 모른다.

마귀들이 사라지니 예수님께서 빛난 옷을 입으시고 환한 빛과 함께 나타나셨다. 예수님께서 오시자마자 갑자기 내 코를 찌르는 고소한 냄새와 말로 표현할 수 없는 향기로운 냄새가 진동했다. 예수님은 너무나 잘 생기셨다. 내 눈에 보이는 예수님은 정말로 또렷하게 잘 보여서 얼굴을 잘 알 수 있다. 예수님의 얼굴은 약간 갈색 계통이었고 머리카락이 어깨까지 내려왔으며 수염도 조금 있으셨고 눈은 쌍꺼풀이 있는데 정말 매력만점이셨다. 어서 빨리 저녁예배 시간이 되어서 빨리 기도했으면 좋겠다.

† 성령께서 인도하시는 자유로운 예배

김용두 목사 - 백봉녀 성도, 이학성, 이유경, 김주은, 이들 4명에게 주님께서는 집중적으로 나타나셔서 이들을 데리고 천국과 지옥을 수시로 드나들면서 많은 것들을 보여 주시고 있다. 모두에게 영분별의 은사를 비롯해 방언은 기본이고 예언, 지식, 지혜, 믿음의 은사가 주어졌고 병고침과 능력 행함도 조금씩 나타났으며 귀신을 쫓아내는 표적까지 주어졌다.

교회에서 진행되는 예배는 성령께서 인도하시는 형태로 되어 갔다. 그동안 교회 주보에 실려 있던 '성령이 역사 하시는 절정의 시간' 이란 말을 지워 버렸고 지금은 실제적인 성령님의 인도로 예배를 드리고 있다. 찬송과 기도, 설교, 헌금 순서가 들어 있는 형식은 없애 버리고 성령님을 의지한 채 성령께서 인도하시는 대로 찬양과 기도, 말씀 선포가 자유롭게 이루어지고 있다.

주일 오전예배는 11시에 시작하여 오후 1시 혹은 1시 30분까지 진행된다. 1부, 2부 예배가 따로 없기 때문에 조금 늦게 끝나더라도 자유롭게 설교하고 있다. 매일 철야기도하는 성도들은 주일날 드리는 예배만으로는 믿음의 분량이 채워지지 않는다고 하소연을 하기도 한다. 그럴 수밖에 없는 것이 매일 밤 기도하는 그들은 밤 9시나 10시에 시작하여 다음날 아침까지 연결되는 찬양, 말씀, 기도에 흠뻑 취해 있기 때문에 주일만 교회 오는 성도들과 믿음의 차이는 생겨날 수밖에 없어서 이 점이 가장 염려스러웠다.

교회에서 진행되는 모든 예배와 기도회에 예수님께서 늘 오셔서 설교한 내용과 찬양, 기도, 그리고 예배드리는 사람의 태도를 불꽃 같은 눈으로 주시하고 계신다. 예수님께서는 때로는 기뻐서 어쩔 줄을 몰라 하시고 박수도 치시며 호탕하게 웃기도 하시고 설교하는 나의 허리와 등을 어루만져 주셨으며, 심지어 농담까지 하시고 장난끼를 발동하셔서 내가 유머러스하게 설교한 부분을 흉내 내기도 하신다. 그러한 모습들이 날마다 보이니까 매일 철야기도하는 팀들은 아침까지 졸지않고 버틸 수 있다. 그리고 마귀들이 쉴 새 없이 공격하니 그들을 쫓으려면 긴장하여 한눈을 팔 수 없게 되는 것이었다.

주일 저녁예배

설교본문 "하나님이 말씀하시기를 말세에 내가 내 영을 모든 육체에 부어 주리니 너희의 자녀들은 예언할 것이요 너희의 젊은이들은 환상을 보고 너희의 늙은이들은 꿈을 꾸리라……"(행 2:17-21).

김주은 - 뜨겁게 방언기도를 하고 있는데 예수님께서 "주은아, 사랑한다!" 하고 말씀하시며 다가오셨다. 그리고는 "주은아, 더 열심히 기도하면 내가 네 손을 잡고 천국에 데려갈 테니까 열심히 기도하거라! 천국을 많이 보여 줄께. 알았지?"라고 말씀하시고, 강대상 쪽으로 가셔서 목사님의 벗겨진 머리 부분을 쓰다듬어 주고 계셨다. 그리고는 곧바로 사라지셨다.

† 마귀들이 차례로 덤벼 기도를 방해하다

예수님께서 안 계시니 마귀들이 떼를 지어 나타났다. 박쥐 날개를 펄럭거리면서 왔는데 머리에 뿔이 두 개 달려 있고, 눈은 고양이 눈처럼 생겼다. 그리고 눈 안에는 또 삼각뿔처럼 뾰족하게 튀어나온 마귀가 빠른 속도로 날아왔다. 그놈이 쏜살같이 날아와 입을 쩌억 벌리는데, 입속에는 드라큘라 이빨처럼 날카로운 것이 있었다. 또 손톱과 발톱이 너무 길어서 무엇이든 찌르면 다 죽을 것 같았고 눈도 충혈되어 있었다. 그리고 입안의 끈적끈적한 액체를 흘리면서 나를 삼킬 듯이 달려들었는데 내가 큰소리로 "예수님의 이름으로 명하노니, 이 추악하고 더러운 귀신아! 물러가라!" 하니까 없어졌다.

조금 있으니까 얼굴이 파랗고 주먹만한 눈을 크게 뜬 귀신이 다가왔는데, 너무나 소름이 끼치고 무서웠지만 나는 "예수님의 이름으로 물러가라!"고 외쳤다. 그런데도 그 귀신은 가지 않고 눈을 가늘게 뜨면서 나를 계속 째려보았다. 내가 무서워서 소리를 지르니까 옆에서 기도하는 백봉녀 성도님이 큰소리로 "예수님의 이름을 물러가라!"고 외치니까 없어져 버렸다.

또 계속 기도하는데, 이번에는 너무나 무서운 괴물이 나타났다. 무시무시하게 큰 붉은 용이 나에게 오는데 얼마나 큰지 쳐다보는데도 한참이 걸렸다. 눈동자는 초록색이고, 뿔이 머리 양쪽으로 길고 날카롭게 뻗어 있었으며, 큰 이빨이 날카롭게 촘촘히 박혀 있었다. 그리고 콧구멍에서는 연기 같은 것이 있어서 숨 쉴 때마다 소리가 나왔다. 그 붉은 용은 송곳니가 제일 무서웠는데 나를 집어삼킬 듯이 달려들었지만 나는 조금도 물러서지 않고 방언하면서 예수님의 이름으로 물리쳤더니 사라졌다. 너무 통쾌했다. 예수님의 이름이 이렇게 대단한 줄 전에는 몰랐다.

이번에는 징그럽고 흉측스러운 얼굴에 살은 하나도 없는 것이 낄낄 거리면서 나를 조롱하듯이 눈앞에 서 있었다. 해골 가운데는 뿔 세 개가 박혀 있는데 나에게 계속 악을 올렸다. 나는 역시 방언하면서 예수님의 이름으로 쫓아 버렸다. 그리고는 예수님이 십자가에 못 박힌 장면을 생각하면서 기도하고 있는데 갑자기 주님이 나타나셔서 "주은아! 조금만 더, 조금만 더 기도하여라!"고 말씀하셔서 네 시간 정도 기도를 하고 마무리했다.

† 발바닥 무사마귀를 고쳐 주세요

김요셉 - 발바닥에 50개 이상 나 있는 무사마귀 때문에 제대로 걸을 수가 없어 아프고 괴로웠다. 예수님이 치료해 주시기만을 간절히 기도했고, 학성이 형과 유경이 누나한테도 기도 부탁을 했다. 목사님께서도 간절하게 안수기도해 주셨고 엄마도 중보기도해 주셨다. 그러나 본인인 내가 하는 기도가 제일 중요하다고 생각하여 강하게 방언하면서 부르짖었다. 백봉녀 성도님과 학성이 형, 유경이 누나, 그리고 내 동생 주은이는 예수님을 만나고 은사도 받았다. 그 얘기를 듣는 나는 그들이 너무나 부러웠다. '나도 더 열심히 기도해서 꼭 은사를 받아야지' 다짐을 했다.

아홉째 날의 영적 체험

설교 본문 "오순절 날이 이미 이르매 그들이 다 같이 한곳에 모였더니 홀연히 하늘로부터 급하고 강한 바람 같은 소리가 있어 그들이 앉은 온 집에 가득하며 마치 불의 혀처럼 갈라지는 것들이 그들에게 보여 각 사람 위에 하나씩 임하여 있더니 그들이 다 성령의 충만함을 받고 성령이 말하게 하심을 따라 다른 언어들로 말하기를 시작하나라"(행 2:1-4).

(※ 오종석 형제는 기도의 응답으로 취직이 되어서 이날 월요일부터 출근을 하였다.)

이학성 - 마귀들의 집중 공격이 시작되었다. 어제 주은이가 말했던 그 붉은 용이 나에게 나타났다. 얼마나 큰지 너무 무서웠다. 초록색 눈알, 콧구멍에서 나오는 시커먼 연기, 뿔과 같은 날카로운 송곳니의 그 용은 긴 발톱을 세웠고 꼬리가 엄청나게 길었다. 그러나 강력하게 기도하니까 곧 없어졌다.

조금 있으니까 소복을 입은 처녀 귀신이 머리카락을 풀어헤치며 "이 히히히!" 소리를 내면서 나타났는데 입 전체에 많은 피가 묻어 있었고 이빨은 늑대 이빨 같았다. 또 내 뒤에서 많은 군인들의 행진하는 군화 소리가 뚜벅뚜벅 크게 들리기 시작하였고 그것들이 시커먼 그림자가 되어서 내 주위를 휘감았다.

귀신들의 소리, 검은 그림자들의 군화 소리에 놀라 나는 계속 울면서 "주님! 도와주세요. 제발 도와주세요" 하고 주님을 불렀는데 예수님께서 빛 가운데 나타나셨다. 주님이 오시자마자 악령들은 모두 없어졌다. 예수님께서는 내 손을 잡아 주셨으며 주님과 함께 나는 빙글빙글 돌면서 춤을 추었고 노래를 불렀다. 나는 망설이면서 "예수님! 할 말이 있어요" 했더니 해 보라고 하셔서 "우리 목사님은 허리가 많이 안 좋으신데 허리 좀 낫게 해 주세요. 그리고 우리 엄마 허리도 아프지 않게 해 주세요. 또 요셉이와 주은이는 학원도 끊고 기도하는데 공부 잘하게 해 주시고요. 요셉이 발 빨리 낫게 해 주세요"라고 했더니, 예수님께서 "그래, 알았다!"고 말씀하셨다.

† 이학성, 천국여행에 푹 빠지다

예수님께서 나에게 "학성아! 우리 천국 갈래?" 하면서 내 손을 잡아 주셨는데 정말 부드럽고 따스했다. 주님이 내 손을 잡자마자 내 몸에는 어느새 날개 달린 하얀 세마포 옷이 입혀졌고, 몸이 공중으로 뜨더니 강대상 쪽 십자가에 동그란 문이 생겼고 그쪽에서 하얀 안개가 나오더니 나는 그 속으로 빨려 들어갔다.

나의 양손은 마치 십자가처럼 되어 공중을 날아갔고 한쪽 손은 예수님께서 잡아 주셨다. 하늘나라의 천사들도 미리 마중을 나와서 우리는 새처럼 날았다. 밤하늘과 우주 공간을 지나니 은하수 세계가 나오고 또 다시 캄캄한 곳을 지나니 빛나는 세계가 내 눈앞에 펼쳐졌는데, 그 위용에 감히 고개를 똑바로 들 수가 없었다. 천국은 한마디 말로 표현할 수 없는 별천지 그 자체였다. 나는 무슨 꿈 속에 있는 것이 아닌가 했으나 그곳은 우리가 사는 세상보다 더 정확하고 확실했다.

천국의 모든 것들은 황금색으로 도배한 것 같았다. 온통 사방이 빛나지 않는 곳이 없었다. 엄청나게 많은 천사들과 구원받은 사람들은 모두가 바쁘게 움직이는 것 같았다. 많은 천사들이 나를 환영해 주었고 예수님께서는 그들을 나에게 일일이 소개시켜 주셨다. 내가 예수님께 "예수님! 여기에 저의 집이 있는지 보고 싶어요" 하고 부탁을 드렸더니, 천사 2명을 시켜서 가서 보여 주고 오라고 하셨다. 내 집은 크지는 않았지만 벽들이 모두 금덩어리였고 조그만 보석들이 박혀 있었다.

1층 정도 올라가는 공사를 천사들이 하고 있었고 주님께서는 열심히 기도하면 많이 올려 줄 거라고 하셨다. 또 여기 온 김에 요셉이와 주은이, 그리고 내 동생 유경이 집도 보고 싶다고 하니 차례로 보여 주셨다. 요셉이의 집에 가니 본인이 아니면 안으로 못 들어가게 천사들이 지키고 있었는데, 밖에서 보니 2층을 지으려고 공사를 하고 있었다. 나는 또 예수님과 천사들과 함께 주은이 집으로 향했다.

주은이 집은 6층 정도였으며, 유경이 집도 구경했는데 3층 정도 올라가 있었다. 나는 궁금해서 예수님께 여쭈어 보았다. "주은이는 나이도 어린데 왜 이렇게 집이 높아요?" 하니까 주님께서는 "주은이는 어린 나이에 기도도 잘하지만 교회에서 피아노 반주를 통하여 하나님께 영광을 돌리기 때문에 상급도 다른 사람들에 비해서 빨리 올라간 거다"라고 하셨다.

그리고 엄청난 꽃밭을 보았는데 끝이 보이지 않는 풀밭에는 형형색색의 꽃들이 왜 그렇게 많은지 모르겠다. 나는 꽃밭을 보는 순간 뒹굴고 싶은 마음이 들어 달려가서 이리저리 뒹굴었다. 얼마나 미친듯이 데굴데굴 굴렀는지 모른다. 아름다운 꽃들을 보고 진동하는 향기를 맡으니 너무 좋아서 어린아이처럼 펄쩍펄쩍 뛰었다.

세상으로 다시 돌아가고 싶지 않았다. 예수님께서 가자고 하실까 봐 마음을 졸이고 있는데, 아니나 다를까 "학성아! 오늘은 시간이 없으니 그만 가자!"고 하시는 것이 아닌가? 거역할 수 없는 주님의 음성에 아무 말도 못하고 다시 세상으로 돌아왔다. 천국에서 오는 중간에 나는 목사님에게서 배운 '찬양하라, 내 영혼아'를 수도 없이 부르면서 주님께 영광을 돌렸다.

교회에 다시 도착하여 기도가 끝날 때까지 간절하게 기도하였고, 기도회를 마치고 사모님이 준비해 오신 주먹밥과 김치를 먹었는데 정말로 꿀맛이었다.

✝ 상처를 치유해 주시는 예수님

이유경 - 방언으로 뜨겁게 기도하고 있는데 마귀가 내쪽으로 다가왔다. 오른쪽 눈에 X자로 꿰맨 자국이 있고 왼쪽 눈은 너구리처럼 새카맣게 생겼으며 남자같이 생긴 마귀였는데, 내가 "예수님의 이름으로 물러가라!"고 외치니 단번에 없어졌다. 그리고 해골귀신이 왔는데 머리에 뿔이 세 개가 달려 있고 온몸이 뼈다귀로 되어 있었다. 그것도 역시 예수님의 이름으로 물리쳤더니, 이번에는 특이하게 생긴 귀신이 다가왔다.

온몸에 박쥐 날개를 단 그것의 코는 완전히 한쪽으로 삐툴어져 있고,

한쪽 날개가 부러진 채 강아지 꼬리를 달고 날개를 푸드덕거리면서 말을 걸어왔다. "내가 너한테 무엇을 잘못했길래 나를 귀찮게 하느냐?"고 하면서 무릎을 굽히는데 고양이 발톱처럼 날카롭게 숨겼던 것을 갑자기 나한테 할퀴듯이 들이댔다. "야! 내가 다시는 안 올테니까 너의 몸속에 잠깐만 들어갔다 나올게!" 하면서 애원을 하였다. "야! 이 더러운 귀신아! 예수의 이름으로 꺼져라!" 하니까 사라져 버렸다.

그리고 서너 마리의 다른 귀신들을 물리치고 난 후에 갑자기 향기로운 냄새가 나더니 예수님이 나타나셔서 내 이름을 불러 주셨다. 예수님께서 "유경아! 손을 내밀어라!"고 하셔서 손을 내밀었더니 내 손을 잡아 주셨는데 주님의 손은 따뜻하고 감촉이 좋았다. 내가 "주님! 어깨가 많이 아파요!" 했더니 예수님께서 어깨를 만져 주셔서 아픈 곳이 바로 나았다.

예수님의 손은 약손 같았다. 나는 예수님께 부탁을 드렸다. "예수님, 주은이한테도 가셔서 만나 주시고 손도 잡아 주세요. 아까 주은이가 예수님 손을 잡아보고 싶다고 했어요" 했더니 주은이 곁에 가셔서 손을 잡아 주시고 다시 오셔서 "유경아, 내 손을 잡아라!"고 하셔서 손을 잡았더니 전에 하던 대로 날개 달린 세마포 옷을 입고 은하수 세계로 날아 가서 주님과 손잡고 찬양하였다.

예수님과 함께 공중에 있다가 우주공간, 은하수 세계를 왔다갔다하면서 찬양도 하고 이야기도 나누었다. 우리가 사는 지구를 보는데 너무 작았지만 참 아름다웠다. 우주의 밤 하늘은 정말 멋있었다. 예수님께서는 나에게 자꾸만 노래를 해 보라고 하시는데 나는 예수님께 "저는 노래를 잘 못해요" 했더니 주님이 계속 재촉하셔서 어쩔 수 없이 '찬양하라, 내 영혼아'를 두 번 불렀더니 주님께서는 "아유! 유경이는 노래를 왜 그렇게 잘하니?"라고 하면서 기뻐하시며 등을 두드려 주시고 뒷머리를 만져 주셨다.

또 예수님께서는 "오늘 날씨가 많이 추웠는데 학성이, 요셉, 주은이, 너 4명이 나가서 전도하는 모습을 지켜 보았다. 내가 기분이 너무 좋다. 너희들한테 큰 상을 줄 것이다. 그런데 내일도 전도할거냐? 어디서 할 건데?" 하고 물어보셔서 "네, 근처 공원에서 할거에요" 했더니 "추운데 고생하는구나!" 하시면서 감동하여 웃으셨다. 예수님이 웃으시니까 나도 기분이 무척 좋았다.

나는 우리 교회 사모님 자랑을 했다. "예수님, 우리 교회 사모님은 참 좋아요. 반찬도 맛있게 하시고요. 커피도 맛있게 타시고요. 우리에게 다정하게 잘 대해 주세요"라고 말을 하니까 주님께서 "그래, 그러니까 너희들을 주님의 교회로 보낸 거란다"고 하셨다.

예수님의 명령으로 천사들 4명이 주님 앞으로 왔는데 나에게 같이 천국에 가서 구경하자고 해서 같이 천국에 갔다. 나는 천국에서 예수님이 자주 가시는 방을 구경했는데, 거기에는 금으로 만든 많은 책들이 있었고 책을 펼치면서 구경을 하니 신기한 책들도 많이 있었다.

나는 주님께 "생리할 때마다 배가 아파요. 주님! 아프지 않게 해 주세요"라고 부탁을 드렸더니 예수님께서는 내 배를 만져 주셨다. 그리고 "예수님! 요셉이에게도 나타나 주세요" 했더니 주님께서는 "그래! 요셉이는 기도도 잘하고 목소리가 엄청 큰데 기도하다가 자주 눈을 뜬다. 가서 요셉이에게 말하여라. 눈감고 기도하다가 이상한 것이 보여도 겁먹지 말고 기도 많이 하라고!" 라고 하셨다.

† 별명을 지어 주신 예수님

예수님께서는 교회에서 철야기도하고 계신 성도님들과 나에게 별명을 하나씩 지어 주셨는데 너무 재미있었다. 예수님께서는 내가 점이 많이 있으니까 '점순이', 주은이는 주근깨가 있으니까 '깨순이' 라고 지어 주셨다. 예수님께서는 주은이에게도 가서서 오빠와 요셉이의 별명을 또 지어 주셨다.

주은이가 예수님께 "주님! 왜 우리들만 별명이 있고 오빠들은 없어요? 오빠들에게도 지어 주세요!' 라고 하자 주님은 "그래? '삼돌이' 와 '먹돌이' 라는 별명이 재미있지 않니? 이 둘 중에 누구를 삼돌이라 하고 먹돌이라 할까?' 라고 하시면서 "옳지! 학성이는 마당쇠 같은 얼굴 모습을 하고 있으니 삼돌이가 좋겠구나! 그리고 요셉이는 먹는 것을 많이 밝히니 먹돌이가 좋겠다!' 고 하셨다.

예수님과 주은이와 나는 별명을 지어놓고 한참 웃었다. "먹돌이와 삼돌이, 깨순이와 점순이!' 예수님께서는 "껄껄껄!' 웃으시면서 "유경아! 점순아! 기분이 좋으냐?' 하시길래 나는 조금 언짢아서 "아니요"라고 했더니 예수님께서는 "그래? 웃으라고 하는 말이다. 웃어 보렴" 하셨다.

예수님은 나에게 "내가 유경이한테 들어가 있으니 너무 편하다"고 하시면서 나를 위로하는데 "우리 유경이가 지옥에 가 있는 할머니를 만나서 너무 많이 울었구나?' 하며 걱정해 주셨다. 주님께서는 나에게 "유경아! 내가 너를 지옥에 데리고 가서 그곳을 보여 주면 아무리 할머니라 해도 손을 절대로 잡지 말아라! 거기서는 손 잡는 게 아니란다!' 고 하셨다. 또 "너 우는 모습은 싫구나. 힘들어도 항상 웃어야 한다!' 며 나의 머리를 쓰다듬어 주셨다.

나는 나중에 예수님께서 지어 주신 별명 이야기를 목사님께 했더니, 목사님께서는 설교하시면서 시도 때도 없이 우리 네 사람의 별명을 부르신다. 그럴 때마다 폭소가 쏟아지고 웃음을 참지 못한다. 목사님께서는 우리들 흉내도 잘 내시는데 설교를 워낙 재미있게 하셔서 코미디언 같기도 하다. 그래서 밤새도록 설교를 들어도 졸리지 않는다. 목사님께서 설교를 하시면 예수님께서도 강대상 위에 서서 같이 흉내도 내시고 박수도 치시며 좋아하셨다. 우리가 예배드리려고 준비하면 주님은 항상 미리 오셔서 기다리고 계셨다.

내가 생각해도 우리 목사님은 정말 재미있다. 이제는 목사님께서 우리들의 별명을 활용해서 한 글자만 불러도 모두 "아멘!" 하고 크게 대답한다. "삼, 먹, 점, 깨" 하고 소리치시면 우리들 네 명이 한꺼번에 큰 소리로 "아멘!" 하는데 그러면 목사님께서 더욱 신이 나시는지 "마당쇠야!" 하고 더 크게 부르신다. 그 말이 끝나기가 무섭게 학성이 오빠는 "아멘!" 하고 화답하고 있다.

† 백봉녀 성도, 지옥에 가다

백봉녀 성도 - 교회에서 한참 성령춤을 추고 있는데 예수님께서 오셔서 다정하게 내 손을 잡으셨다. "사랑하는 봉녀야, 나와 함께 갈 데가 있다. 같이 가자." 예수님의 손을 잡자마자 또 전처럼 하늘을 날기 시작했는데, 밤하늘, 우주공간, 은하수 세계를 지나서 캄캄한 곳을 지나자마자 왼쪽으로 뻗은 길로 들어가셨다. 나는 오싹해지면서 긴장되기 시작했다. 그러나 주님께서는 금방 내 마음을 알아차리시고 "걱정하지 마라! 내가 너와 함께 있고 네 손을 잡고 있으니 안심해라!"고 하셨다.

지옥에 도착하니 모든 것들이 캄캄하고 한치 앞을 내다볼 수 없었으며 매캐한 냄새와 구역질 날 것 같은 시체 썩는 냄새가 진동했다. 아무 것도 보이지 않았는데 예수님께서는 잘도 길을 찾아서 내 손을 잡고 앞으로 가시는데, 불안해하는 내가 한가닥 희망을 거는 것은 오직 예수님과 손을 잡았다는 것뿐이었다.

주님과 나는 아주 좁은 길에 들어섰는데 시골의 드넓은 평야 지대에 논과 논이 붙어 있는 논두렁 같은 좁은 길을 가고 있는 것 같았다. 두 사람이 손잡고 가기에는 길이 너무 좁았다. 그 길은 끝이 안 보일 듯이 이어졌고 길 양쪽은 수천리 벼랑길이었다. 조금이라도 방심하여 한순간 발을 잘못 디디면 그것으로 끝이었다. 길 양쪽에는 수를 헤아릴 수 없는 뱀들이 우글우글 쌓여 있어 나를 계속 노려 보았다.

그렇게 깊은 낭떠러지 벼랑 속에 있는 것들은 정확하게 내 시야에 들어왔는데, 내가 불안하고 무서워서 "주님! 무서워 죽겠어요" 하고 외쳤더니 예수님께서는 "내가 있으니 괜찮다!"고 하시며 위로해 주셨다. 조금 더 앞으로 가다가 오른쪽을 보았는데, 그곳은 얼마나 깊은지 나는 화들짝 놀랐고 그 밑에서는 해골들과 뼈다귀들이 뒤엉켜서 부르짖고 울면서 괴성을 지르고 있는 것이었다. 그들은 "살려 달라", "억울해 죽겠다"고 크게 외쳐 댔다.

그 소리들을 뒤로 한 채 계속 나아갔는데 이번에는 엄청나게 큰 용이 눈앞에 나타났다. 용은 크기를 분간할 수 없을 만큼 컸는데, 시퍼런 색에 몸통은 하나인데 꼬리가 50개 정도 붙어 있으며 다리는 한 40개~50개는 족히 되어 보였다. 뿐만 아니라 얼굴은 사람의 모양을 하고 있었고 머리 역시 40개~50개 정도 달려 있었다. 또 무서운 이빨이 있었고 발가락은 개구리의 물갈퀴 같았다. 그것은 도마뱀 같은 모습으로 기어 다니는데 머리에는 큰 뿔이 사방으로 나 있었다.

용이 혀를 내밀 때마다 그 혀가 길게 늘어나서 사람들을 휘감고는 뜨거운 불 속으로 집어던져 버렸다. 그 참혹하고 무서운 현장을 어떻게 상상할 수 있으랴! 예수님께서는 나에게 "유심히 잘 보거라!"고 하셔서 다시 쳐다보았는데 두 번째로 지옥에서 큰 마귀가 많은 사람들을 혓바닥으로 칭칭 감고 던지고 있는 가운데 한 여자가 내 눈에 들어왔다.

† 지옥에서 엄마와의 만남

저 여자가 누구일까? 생각하면서 보는데 나와 그 여자의 눈이 마주치는 순간 온몸이 얼어붙어 버렸다. 그 여자는 다름아닌 내가 제일 보고 싶은 사랑하는 나의 어머니였다. 그토록 애타게 사모하고 보고 싶었던 우리 엄마……. 가정을 버려두고 나갔던 나를 대신하여 내 아이들을 키워 주신 그 엄마를 마귀가 혀로 휘감고 있었다. 나는 엄마를 보자마자 소리쳤다. "엄마! 엄마가 왜 거기 있어요?" 그러자 엄마도 나를 보며 소리지르고 있었다. "봉녀야! 네가 여기 웬일이냐?"

엄마의 말이 끝나기가 무섭게 지옥에서 두 번째로 높은 마귀는 엄마를 펄펄 끓고 있는 시커먼 물속으로 던져 버렸다. 썩은 물이 고여 있는 그곳은 뜨거운 불로 이미 달구어져 있어서 한번 들어가면 뼈와 살이 전부 다 녹아 버리는 곳인데, 엄마는 그 속에 던져져서 점점 깊이 들어가면서 비명을 질렀다. "으악! 뜨거워! 봉녀야, 주님께 얘기 잘해서 나 좀 꺼내 주라. 살려 주라. 제발……." 그 말을 하자마자 그 마귀의 다른 입에서 또 혀가 나왔는데 엄마의 입과 얼굴을 전부 막고는 휘어감아 뜨거운 물로 던졌는데, 이상하게도 눈만큼은 들어가지 않고 나를 쳐다보게 끔 해 놓았다.

나는 예수님께 미친 듯이 소리쳤다. "예수님! 나의 주님! 우리 엄마 좀 꺼내 주세요, 네? 부탁드립니다. 주님, 제발 구해 주세요" 하고 간절하게 울면서 애원을 했으나 예수님은 단호하게 "안 된다!"고 말씀하셨다. 나는 다시 소리지르며 "예수님! 제가 대신 들어갈 테니 우리 엄마는 꺼내 주세요. 엄마는 죄가 없어요. 죄는 제가 더 많아요. 제발요!" 예수님께서는 "너무 늦었다!"고 말씀하시며 안타까운 모습으로 보고 서 계셨다.

예수님은 나에게 말씀하셨는데 "봉녀야! 너의 엄마가 세상에 살 때 나를 믿고 교회에 다녔으면 구원을 받았을 테고 내가 천국으로 데려갈 수 있었겠지만 믿지 않았고 믿음도 없으니 내가 도와주고 싶어도 도와 줄 수가 없다"고 예수님은 안타까워하면서 말씀하셨다. 나는 정말 괴로워서 견딜 수가 없었다.

† 지옥에서 아버지와 남동생을 만남

지옥의 마귀 혀에 감겨 있는 또 다른 낯익은 얼굴이 보였는데 자세히 살펴보니 돌아가신 아버지와 26살 때 약 먹고 자살했던 남동생이었다. 그들도 나와 눈이 마주쳤다. "봉녀 누나! 여긴 어떻게 들어왔어? 여기는 누나가 올 곳이 못 돼! 으악! 나를 봐 줘. 봐!" 동생의 비명소리에 내 몸은 마비되는 것 같았다. 동생은 벌거벗었고 아버지도 역시 알몸이었다. 동생은 지옥의 뜨거운 물속에 들어가면서도 나에게 부탁을 했다. "누나! 주님께 기도해 봐. 빨리 부탁해서 벗어나게 해 줘. 천국 갈 수 있도록 해 줘. 어서!" 소리지르는 말과 함께 동생은 뜨거운 물구덩이 속에 부글부글 소리를 내며 들어갔는데 동생의 몸도 역시 살과 뼈가 녹아 버리고 오직 눈만 남아서 그 눈이 나를 쳐다보았다.

생전에 아버지는 어렸을 때부터 유난히 나를 미워하고 학대하셨는데 그런 아버지도 나에게 말을 걸어왔다. "봉녀야! 내가 세상에 있을 때 너한테 잘못한 것이 너무 많았다. 그래서 내가 이곳에 왔나 보다! 정말로 미안하다!" 나는 어렸을 때부터 유난히 아버지에게만큼은 따뜻한 말 한 마디 못 들어보고 자랐다. 맞지나 않으면 다행이었다. 나는 옛날 생각이 나서 아무 말도 하지 못하고 눈물만 흘리면서 아버지를 바라보았다. '저분이 과연 내 아버지였던가.' 자꾸만 지난 일이 생각나서 견딜 수가 없었다.

나는 예수님께 여쭈어 보았다. "주님, 우리 아버지는 어떻게 이곳에 와 있습니까?" 주님이 말씀하시기를 "너희 아버지는 죄를 많이 지었다. 예수 믿지 않은 죄도 있지만 땅에서 매일같이 노름만 했고 네 엄마가 네 동생을 임신했을 때 한 달만 있으면 자연스럽게 태어날 수 있는 생명을, 배를 주먹으로 때려서 아기가 뱃속에서 충격을 받아 죽었다. 나중에 아기가 나와 보니 그 갓난아기의 손과 발은 이미 썩어 있었다. 네 아버지는 죽지도 않은 아이를 너에게 산에 가서 묻어 버리라고 강제로 시켰다. 너도 알고 있지 않느냐? 그런 무서운 죄를 짓고도 회개하지 않았으니 지옥에 오는 것은 당연하다" 하시는 주님의 음성은 노기가 띠어 있었다. 주님의 말씀이 끝나기가 무섭게 아버지는 뜨거운 물속으로 던져졌다.

† 지옥에 있는 사돈의 당부

그리고 다른 낯익은 얼굴도 눈에 띄었는데 얼마 전 시집을 간 내 막내 여동생의 시어머니도 역시 같은 방법으로 고통을 당하고 있었다. 그분은 나에게 신신당부를 하셨다. 땅에 내려가면 며느리한테나 친척들한테 예수 잘 믿고 기도 많이 해서 이런 지옥에 절대로 오지 말고 천국에 가라고 하셨다. 그러면서 "나는 정말로 지옥이 있는 줄 몰랐고 이렇게 뜨겁고 고통스러운지 알지 못했다. 옛날에 나는 교회에서 집사의 직분을 맡고 있었는데 제대로 집사 노릇을 해 본 적이 없었고 우상을 숭배하고 타락해서 이렇게 되었어"라고 하면서 "정말로 원통하다!"고 소리쳤다. "이 무익한 종을 바깥 어두운 데로 내쫓으라. 거기서 슬피 울며 이를 갈리라 하니라"(마 25:30). 그 사돈도 역시 같은 방법으로 뜨거운 물속으로 던져졌다.

나는 너무 무섭고 참혹해서 견딜 수가 없었다. 눈물이 뒤범벅되었고 매캐한 냄새 때문에 숨을 가쁘게 몰아쉬고 있었다. 지옥은 온통 사방으로 꽉 막혀 있었다. 구역질 나는 이곳을 빨리 벗어나고 싶었다. 우리는 또 다른 곳으로 이동했다.

그곳은 여유있게 사람이 10명 정도 들어갈 수 있는 구덩이 앞이었는데, 그 안에서는 무엇인가 꿈틀꿈틀 움직이는 것 같았다. 십여 명 정도 되는 알몸의 남자와 여자들이 날뛰고 있었는데 그들은 서로 자기 몸을 할퀴고 있었다. 그리고 몸에 붙어 있는 좁쌀만한 구더기들이 눈, 코, 입,

귀 등 구멍이 있는 부분에 집중적으로 들어갔다. 구더기들의 두 눈에서는 번쩍번쩍 빛이 났다. 벌레들은 사람 몸속에 들어갔다 나왔다를 반복하면서 괴롭혔다. 그럴 때마다 그들은 견딜 수가 없어서 비명을 질렀고 길길이 날뛰었다. "악! 그만! 날 좀 내버려 둬."

내가 주님께 여쭈어 보았다. "주님! 저 벌레들 눈에서 빛이 나오는데 저것들은 안 죽어요?" 했더니 주님은 나에게 "성경에도 나와 있지 않느냐? 저 구더기들은 영원히 죽지 않는다"고 하셨다(막 9:48). 주님과 말하는 순간 그 구더기들은 벌써 사람의 키 높이만큼 차 있었다. "주님, 징그럽고 무서워요! 빨리 갔으면 좋겠어요. 다시는 지옥에 오고 싶지 않아요" 했더니 주님께서는 "알았다. 한 군데만 더 보고 가자!" 면서 내 손을 이끄셨다.

주님과 같이 간 곳은 엄청나게 큰 가마솥이 있는 곳이었다. 그 안에서 무슨 국물 같은 것이 보글보글 끓고 있는데 끓는 소리가 얼마나 크게 들렸는지 모른다. 가마솥의 밑부분에서는 거대한 불이 가마솥을 활활 달구고 있었으며 솥 자체가 새빨갛게 물들었다.

솥 안에는 많은 사람들이 알몸으로 던져졌는데, 내가 그 솥을 보았을 때는 지옥의 사자들이 우리 엄마와 내 동생의 시어머니인 사돈을 던질 준비를 하고 있었다. 엄마와 나는 또 눈이 마주쳤다. "봉녀야! 네가 또 여기 웬일이냐? 다시는 여기 오지 말랬는데, 왜 또 왔어? 이 엄마가 고통당하는 모습이 그렇게 보기 좋으냐? 어서 가거라!" 그 옆에 있는 사돈 역시 외쳤다. "사돈! 세상에 가면 우리 자식들에게 예수님 믿고 천국에 가라고 꼭 전해 주세요. 부탁합니다." 그 말이 끝나기도 전에 지옥의 사자가 소리치면서 "이것들이 무슨 소리를 지껄이는 거야?" 하면서 엄마와 사돈을 번쩍 들어서 가마솥으로 휙 던져 버렸다.

"으악! 뜨거워. 아악! 살려 주세요!" 그곳에 던져지는 순간 엄마와 사돈은 살이 다 녹아 버렸고 해골과 뼈다귀만 남아서 흉측스러운 몰골로 변해 버렸다. 그 모습을 본 나는 온몸을 부르르 떨면서 이를 갈았다. "주님! 우리 엄마 어떻게 좀 해 보세요, 네? 살려 주세요. 제발요." 아무리 외치고 울면서 매달려 보아도 예수님은 "안 된다. 너무 늦었다"는 말씀만 하셨다.

내가 너무 많이 울고 있어서 그런지 몰라도 주님도 계속 눈물을 흘리셨다. 주님께서는 나에게 당부의 말씀을 하셨다. "천국 갈 수 있는 기회는 육신의 세계에 있을 때밖에는 없단다." 나는 엄마와 사돈이 들어가 있는 곳을 그저 속수무책으로 바라볼 수밖에 없었다.

그 모습을 보면서 땅에 있을 때 엄마와 식당에 가끔씩 가서 갈비탕과 감자탕을 먹었던 장면이 떠올랐는데, 지금은 지옥에 있는 엄마 생각 때문에 갈비탕을 잘 먹지 않는다. 길을 지나다니다가 갈비탕과 감자탕을 하는 식당이 보이면 영락없이 지옥의 모습이 떠오른다. 집에서나 어디에서나 시뻘건 불만 보면 지옥이 연상되곤 하여 늘 괴롭고 슬펐다. 지옥의 불은 육신의 세상에 있는 불과는 감히 비교할 수가 없었다.

예수님께서는 나에게 그 옆에 있는 다른 쪽을 보라고 하면서 손으로 가리키셨는데, 그쪽에는 크고 넓은 검정색 그릇이 보였다. 그릇 밑에서 살아 있는 불길이 소리를 내면서 그릇을 뜨겁게 달구는데 색깔이 빨갛다 못해 샛노랗게 변해 있었다. 수많은 사람들이 벌거벗은 채 "뜨거워! 견딜 수가 없어"라고 부르짖으며 괴로워하면서 별의 별 소리를 다하며 날뛰고 있었다. 서로 부딪치며 욕하는 모습들은 시장에서 많은 사람들이 뒤엉켜 싸우는 모습 같았다.

그런데 또 나의 사랑하는 동생이 거기에도 있었는데, 나와 눈이 마주

첬다. "누나! 너무 뜨거워! 나 좀 살려 줘! 제발 어떻게 좀 해 봐. 주님께 말씀드려서 나 좀 건져 줘. 내가 불쌍하지도 않아?" 동생이 아무리 외쳐도 별 소용이 없었다. 아버지도 그 자리에서 고통을 호소하고 있었는데, 아버지는 옛날에 나한테 했던 행동 때문인지는 몰라도 뜨겁다고만 소리질렀고 말을 걸어오지는 않았다. 달궈진 그릇 속에는 썩은 물이 펄펄 끓고 있었는데 그 물은 사람들의 입에까지 차 올랐다.

나는 예수님께 울면서 간청했다. "예수님, 우리 엄마와 동생을 꺼내주지도 않으시면서 왜 저를 지옥에 데려와 고통을 주는 거에요? 예수님이 미워요." 예수님께서는 아무 말도 하지 않으셨다. 그리고 조금 더 지켜보신 후에 주님은 "이제 되었으니 나가자!"고 하시면서 축 늘어진 나를 부축해서 함께 지옥을 나왔다. "주님! 이제 제발 지옥에는 오지 않게 해 주세요!" 부탁을 드렸는데 주님께서는 아무 말씀을 안 하시고 나를 교회로 바래다주시고 기도하는 성도들을 모두 한 번씩 쓰다듬어 주시고는 가셨다.

✝ 예수님 모습으로 가장한 마귀

이유경 - 교회에서 아침 7시 30분까지 기도하고 집에 와서 잠을 청했는데 내 옆에 누군가가 있는 것 같아서 눈을 떴다. 아무것도 안 보이는데 눈을 감으니 예수님께서 내 옆에서 다리를 뻗고 앉아 계셨다. 그런데 웬지 모를 두려움이 찾아오기 시작했고 겁이 나면서 온몸에 소름이 쫙 돋았다.

나는 큰소리로 방언기도를 했는데 예수님의 모습이 금방 검정색의 마귀의 모습으로 변해 버렸고 시퍼런 눈알을 굴리면서 두 손을 들고 주문을 외우면서 "귀신들아, 일어나라!"고 외치고 있었다. 그 마귀는 가지도 않고 학성이 오빠와 나 사이에 앉아서 쭉 뻗은 두 다리를 위아래로 정신없이 흔들어 댔다. 나는 무서워 죽겠는데 오빠는 정신없이 자고 있었다. 내가 목소리를 가다듬어 숨을 고른 뒤에 큰소리로 "마귀야, 예수님의 이름으로 물러가라!"고 외쳤더니 한순간에 사라져 버렸다

열째 날의 영적 체험

설교 본문 "내가 너희에게 말하노니 비록 벗됨을 인하여서는 일어나 주지 아니할지라도 그 강청함을 인하여 일어나 그 소용대로 주리라. 내가 또 너희에게 이르노니 구하라. 그러면 너희에게 주실 것이요 찾으라. 그러면 찾을 것이요 문을 두드리라. 그러면 너희에게 열릴 것이니……"(눅 11:8-13).

† 사탄아, 예수의 이름으로 물러가라

김주은 - 방언기도를 강하게 하면서 부르짖었는데 시뻘건 용이 나타났다. 내가 보자마자 용은 째빠르게 씩씩거리며 나에게로 달려들었다. 악어 같은 눈알에 굵고 뾰족한 발톱을 세워서 겁을 주는데 코에서 나오는 콧김의 역겨운 냄새가 전달되었다. "이 추악한 사탄아! 예수님의 이름으로 물러가라!" 나는 정신없이 소리를 질렀다. 그랬더니 얼굴과 눈을 옆으로 돌려 째려보면서 내 옆에서 기도하고 있는 학성이 오빠한테로 갔다.

학성이 오빠가 갑자기 큰소리로 방언하는 것 같았는데 아마 그 용의 모습을 보고 놀라서 그랬을 것이다. 학성이 오빠도 역시 같은 방법으로

"사탄아! 예수 이름으로 물러가라"고 소리치니 다시 나에게로 그 용이 다가왔다. 이번에는 변신을 순간적으로 하면서 왔는데 빨간색의 용이 시커멓게 검정색으로 바뀌어 히죽히죽 웃으면서 나에게 말을 거는 것이었다.

"야! 기도하지마! 너는 눈을 잘 뜨잖아? 눈 떠. 눈을 떠! 왜 눈감고 기도하냐? 빨리 눈 떠! 왜 오늘 따라 기도를 그렇게 열심히 하느냐?" 하면서 내 주위를 빙빙 도는데 갑자기 발자국 소리를 크게 하여 기도에 집중을 못하게 만들었다. 나는 속으로 무서웠지만 내색하지 않고 큰소리로 "더러운 사탄마귀, 예수님의 이름으로 물러가라!" 하고 외쳤는데도 잘 물러가지 않아서 더욱 크게 악을 쓰면서 예수님의 이름을 외쳤다. 그랬더니 그 검은 용이 얼굴을 옆으로 돌리면서 나를 계속 째려보았고 이빨을 위아래로 부딪치며 부득부득 갈면서 물러갔다.

한숨을 돌리면서 방언을 천천히 하고 있는데 하얀 물체가 바람에 흩날리듯이 한쪽 구석에서 나를 계속 바라보고 있다가 내 쪽으로 움직이기 시작했다. TV에 나오는 소복을 입은 처녀 귀신이 다가오는데 무섭고 소름이 끼쳤다. 꿈속에 나타날까 봐 두려웠다. 그런데 신기한 것은 그전에는 TV나 영화에 처녀 귀신이 나오는 장면을 보고나면 생각만 해도 무서웠는데 기도를 하고 난 뒤에는 나도 모르게 점점 겁이 없어지고 담대해지는 것이었다.

그래도 나의 속 마음은 여전히 두려웠다. 두려운 표정을 하면 귀신은 더욱 무섭게 달려들기 때문에 애써 겁이 없는 표정으로 기도하며 마귀들과 싸우고 있다. 그래서 나를 비롯하여 기도하는 모든 성도들은 모두 단골 찬송이 찬송가 388장 '마귀들과 싸울지라' 와 복음성가 '성령 받으라' 가 되었고 속도가 느린 찬송가와 복음성가는 우리의 영적인 상태와는 맞지 않았다.

　소복을 입은 긴 생머리의 귀신은 보기만 해도 무서워서 생각하기도 싫다. 어른들도 그 귀신의 모습을 보면 아마 엄청 무서울 것이다. 그런데 그 귀신은 그렇게 무서워서 벌벌 떨게 하는 목적으로 우리에게 오기 때문에 절대로 내색을 해서는 안 된다. 처녀 귀신은 오른쪽 입가와 왼쪽 입에 피를 묻힌 채 피를 뚝뚝 흘리며 머리를 길게 풀어헤친 채 음산한 소리를 내고 있었다. 내가 "예수 이름으로 물러가라!" 하면서 크게 외치니까 귀신은 없어졌고 나도 모르게 회개의 눈물이 나오기 시작하여 울면서 기도하는데 예수님께서 사랑스럽게 나의 별명을 부르시면서 입가에 미소를 띠고 나타나셨다.

† 십자가 고난을 받으시는 예수님의 모습

　"깨순아! 깨순아!" 하고 내 별명을 부르시는 예수님을 보면 나는 너무 좋아서 어쩔 줄을 모르겠다. 예수님은 오시자마자 나를 꼭 껴안아 주셨다. 예수님은 내가 아직 어리고 작아서 그런지 계속 나의 등을 토닥토닥 두드려 주셨고 손을 잡아 주셨는데, 그럴 때마다 나의 온몸은 뜨거워진다.

　"깨순아! 나를 잘 보렴!" 하시자마자 내 눈앞에 갑자기 엄청나게 많은 사람들이 나타났는데, 예수님께서는 그 사람들 한가운데서 아무 말 없이 서 계셨다. 주위에는 엄청나게 큰 궁전 같은 것이 보였는데 많은 사람들이 데모하듯 크게 소리를 지르면서 예수님이 서 계신 곳을 향하여 온갖 쓰레기와 찌꺼기들을 쉴 새 없이 던졌다. 딱딱한 것들을 던지는 사람들도 많았는데 주님은 아무 말씀도 안 하시고 눈을 감고 계셨다. 나는 크게 소리치기 시작했다. "왜 우리 예수님을 괴롭히는 거에요? 안 돼요! 그러지 마세요!" 정신없이 뛰어다니며 말렸지만 소용이 없었다.

뿐만 아니라 누군가 가시로 만든 모자를 가지고 와서 주님의 머리에 세게 누르면서 씌워 버리자 주님의 머리 사방에서 피가 흘러나와서 옷이 온통 핏물로 적셔졌고 머리에는 핏덩어리가 보였다. 멈추지 않고 계속 흐르는 피는 땅바닥까지 많이 흘러내렸다. 예수님께서는 고통을 참으셨고 인상을 찡그리시는 모습도 보였다. 우리 주님이 너무 불쌍해서 견딜 수가 없었다. 예수님은 채찍에도 아주 많이 맞으셨는데, 그 몸으로 십자가를 지고 골고다 언덕을 오르면서 수도 없이 쓰러지셨다. 쓰러질 때마다 병사들은 가지고 있는 채찍으로 사정없이 주님을 때렸다.

예수님께서는 매를 맞으시고 십자가를 지고 가시면서 쓰러지셨다. 그리고 영화에서 보는 것처럼 모자에 깃털이 있는 병사가 예수님을 때리기 시작했는데, 예수님은 너무 많이 맞으셔서 못 일어나셨다. 언덕에는 구덩이가 세 개 파져 있었는데, 십자가를 눕혀서 예수님을 그 위에 놓고는 대못으로 예수님의 손과 발을 '쾅! 쾅!' 박아 버렸다.

그 대못은 굵기가 가래떡만하게 두껍고 30cm~40cm 정도로 길었으며 못을 박자마자 예수님은 크게 비명을 지르셨다. 그 모습을 보는 나는 너무 슬퍼서 크게 울었다. 예수님은 신음소리를 내셨고 부르르 떠시면서 너무 아파하셨다.

십자가가 세워지고 강도들도 옆에 매달렸고 죽어갔다. 예수님께서는 피를 너무 많이 흘리셔서 나중에는 피가 나오지 않았고 십자가 밑에는 모든 것이 다 핏물로 색칠한 것 같았다. 나는 계속 울었는데 그 장면이 없어지면서 예수님께서는 다시 나에게 오셔서 말씀하셨다. "사랑하는 주은아, 기도를 열심히 하여라!" 나는 "네, 예수님" 하고 대답을 하고 울면서 열심히 방언으로 기도했다.

조금 있으니까 예수님의 모습이 또 눈에 들어왔다. 그런데 이번에는 어딘가 모르게 조금 이상했다. 느낌이 별로 좋지 않았고 무서운 생각이 들면서 점점 온몸에 소름이 끼치기 시작했다. 목사님께서 마귀도 천사의 모습으로 변장할 수 있으니 조심하라는 말씀을 하셨는데, 알 수 없을 때는 방언기도와 하나님의 말씀으로 시험하라고 하셔서 일단 방언을 크게 해 보았다. 그 순간 주님의 얼굴이 점점 일그러지더니 검정색으로 바뀌어 버렸다. 마귀가 예수님의 모습으로 변장하여 찾아온 것이었다. 그 마귀는 눈알을 정신없이 굴렸고 가지 않고 나를 괴롭혔으며 정신을 산만하게 만들었다. 그래서 내가 더욱 크게 소리치며 "나사렛 예수님의 이름으로 물러가라!"고 외치니까 없어져 버렸다. 그리고 옆에 기도하던 유경이 언니가 말을 걸어와서 기도를 마무리했다.

✝ 천국에서 강현자 사모의 친할머니와 외할머니를 만나다

백봉녀 성도 - 밤마다 성전에서 기도하다 보면 지옥에서 고통당하고 있는 부모님과 사랑하는 남동생 때문에 눈물이 안 나올 수가 없다. 이 고통을 어떻게 하란 말인가! 오늘도 정신없이 울면서 방언하고 성령춤을 추고 있는데 예수님께서 내게로 오셨다. "주님! 주님!" 하면서 내가 막 울었더니 주님께서는 속상하다는 듯이 "그만 울어라. 내가 너를 천국에 데려가려고 왔다. 나와 같이 가자구나!" 하시고 내 손을 잡으셨다.

전에 하던 대로 예수님과 나는 교회 십자가의 문으로 공중을 날아서 우주를 지나 은하수 세계를 통과하여 천국에 다다랐다. 신비로운 천국은 갈때마다 느끼는 것이지만 보이는 것마다 끝이 없고 환상 그 자체인데, 영원히 보아도 다 보지 못할 것만 같았다. 주님께서 천국에 있는 교회로 가 보자고 하셔서 나는 주님께 여쭈어 보았다. "주님! 천국에도 교회가 있어요?" 하자 "그럼, 있고 말고. 네가 직접 확인해 보거라!" 고 하셨다.

주님의 말씀대로 천국의 교회에 다다르자 나는 입이 다물어지지가 않았다. 이토록 장엄하고 크고 멋진 예배당이 있을 수 있을까! "우와!" 내 입에서는 탄성이 저절로 나왔다. 천국에 있는 교회는 우선 그 크기와 규모 면에서 어마어마했다. 너무 커서 하늘 끝까지 닿을 것 같았다. 내가 성전 입구에 도착했을 때는 아마도 예배가 이제 막 끝나는 것 같았는데 어떤 젊은 두 사람이 예배를 마치고 다정하게 손을 잡고 웃으면서 나왔다. 주님께서는 그들에게 가서 인사하라고 하시며 소개를 시켜 주셨다. 그분들이 "나는 당신이 누군지 모르는데 왜 인사를 합니까?" 하고 의아해하길래 주님께서 다시 한 번 나를 소개해 주셨다.

"백봉녀 성도는 땅에서 지금 왔는데 인천 주님의 교회를 다니고 있고 그 교회 목사 이름이 김용두이고 부인은 강현자 성도이다. 백봉녀 성도는 지금 교회에 다닌 지가 두 달 정도밖에 안 되었다" 고 소개를 해 주시자 두분이 하는 말이 "아하! 우리 손녀와 손녀 사위 교회에 다니는 구나!" 하시면서 좋아하셨다. 그런데 여기는 어떤 일이냐고 하시길래 "우리 목사님과 사모님이 천국에 가면 친할머니와 외할머니가 계시는지 확인해 보라고 부탁을 하셨어요"라고 했더니 감격해하시면서 자신들의 이야기를 해 주셨다.

친할머니가 먼저 이야기를 하셨다. "나는 95세에 죽었는데, 그 해에 내 아들과 며느리가 미국에 있는 손자에게 갔다 온다고 했지. 나는 나이가 많아 갈 수가 없어서 아들 내외가 미국으로 떠나면 다른 자식에게로 잠깐 거처를 옮겨야 했어. 그런데 다른 자식들이 서로 힘들고 어렵다고 핑계를 대는 바람에 내가 갈 곳이 없는 거야. 그때 손녀 사위인 김용두 목사가 현자에게 말을 해서 15일 정도 손녀 사위 집에서 있게 되었지. 그때 김 목사가 나를 업고 다니면서 교회에서 매일 예배드리게 한 거야.

'손녀딸과 같이 할머니도 천국 가시고 거기에서 상을 얻으려면 교회 청소도 하고 전도도 해야 한다' 며 95세에 잘 걷지도 못하는 나를 공원으로 데리고 다니면서 강제로 전도를 시켰는데 그때는 내가 속으로 서운한 마음이 들었어. '아니 100세 늙은이를 이렇게 고생을 시키나!' 하고 말이지. 그런데 그때 내가 예수를 믿어서 구원을 받았던 거야. 그리고 전도한 그 일 때문에 주님께서 특별히 내 집을 1층으로 만들어 주셨어. 나는 예수 믿지 않고 평생을 살았는데 죽기 전 15일 정도 손녀 사위 집에 있을 때 주님을 믿어서 아슬아슬하게 겨우 천국에 왔지" 하면서 손녀 사위한테 가서 정말 고맙다고 꼭 전해 달라고 하셨다.

그리고 사모님의 외할머니라는 분도 비슷한 얘기를 하셨다. 당신의 아들들이 예수님을 믿지 않아서 걱정이라고 하셨고 빨리 주님을 믿어야 천국에 올 텐데 안타깝다고 하셨다. 그분들의 말이 아직까지도 귓가에 맴돌았다.

예수님께서는 나에게 "봉녀야! 이번에는 천국의 하늘 꼭대기를 구경해 볼까?" 하시면서 내 손을 잡고 이끄셨는데 주님은 그 순간 다른 모습으로 변하셨다. 뜨거운 사막을 여행할 때 하늘 여행객처럼 머리에 손수

건 같은 빛나는 천에다 그 위에 머리띠를 하셨는데, 나는 주님 손을 잡고 하늘 높이 높이 올라갔다. 끝이 보이지 않을 만큼 높이 올라가 주님과 나는 천국의 하늘 꼭대기에서 천국의 많은 부분을 보았다.

수많은 천사들이 집을 짓고 있었고 엄청나게 넓은 꽃밭에서는 종류를 다 알 수 없는 꽃들이 춤을 추었으며 유리같이 맑은 바다는 끝없이 펼쳐져 있었고 바다 위에는 다양하고 멋진 많은 배들이 둥둥 떠 있었다. 천사들이 노를 저으니까 물이 일곱 색깔 무지개 빛처럼 빛이 났다. 또 천국의 교회에는 조그맣고 네모난 구멍이 있는데 주님은 그곳으로 나를 데리고 들어가서서 그 문을 통하여 주님의 교회로 다시 왔다.

주님이 가시고 나서 방언기도를 하고 있는데 지옥에 있는 가족 생각이 나서 눈물을 한참 동안 쏟았다. 흐르는 눈물을 주체할 수가 없는데 천사들의 한 무리가 내 눈에 보였다. 그들은 15명 정도 되어 보였는데 나에게 가까이 다가왔다. 내가 그들에게 여기엔 어쩐 일이냐고 물어보니 그들이 대답하기를 "주님께서 지상에 내려가 백봉녀 성도를 찾아가서 위로해 주라고 명령을 하셔서 왔다"며 나를 중심으로 빙 둘러서서 울지 말라고 위로를 해 주며 달래었고 눈물을 닦아 주고 있었다.

† 보이는 영안과 보이지 않는 영안

쉬지 않고 기도하고 있는데 갑자기 하늘문이 열리면서 하늘의 보좌에 앉아 계시는 아버지 하나님께서 내게 말씀을 하셨다. "이제 그만 울고 빨리 성령춤을 추어라!"고 하셨는데 성령님께서도 내게 오셔서 속삭이듯이 말씀해 주셨다. "강현자 성도와 너에게 병고치는 은사와 성령의 불을 줄 터이니 강하게 사모하고 성령춤을 추어야 뜨거운 불이 임하니 걱정 말고 열심히 추어라!'고 하셨다.

예수님께서도 하나님 아버지 앞에 계셨는데 나에게 "봉녀야, 기도하다가 지치면 언제든지 기도의 능력을 주겠다"라고 말씀하시면서 힘내라고 위로해 주셨다. 그리고 예배 시간에 성도들이 본다고 위축되거나 부끄러워하지 말고 맨 앞 의자에 앉아서 성령춤을 추어서 하나님을 기쁘시게 하라고 당부하셨다. 또 찬양곡조에 성령춤을 너무 잘 맞춰서 하려고 하지 말고 성령의 인도대로 하라고 하셨다.

나는 성령춤을 조금 무식하게 추는 것 같다. 그런데 성령춤이 조금씩 부드럽게 정리가 되어 가는 것 같기도 했다. 예를 들어서 하나님 아버지를 나타낼 때에는 두 팔을 모아서 위로 손을 올리게 되며 예수님을 이야기할 때는 자연스럽게 양손을 옆으로 벌리게 되고 성령님을 나타낼 때는 양손이 꽈배기 꼬이듯이 사정없이 비틀어졌다. 그리고 그 이후에는 수영하듯이 자세가 반복되면서 계속 진행된다.

나는 영안이 열리는 것 때문에 예수님께 여쭈어보았다. "예수님! 저는 예수님을 믿은 지 이제 겨우 두 달이 넘었는데 주님의 은혜로 영안이 열어져서 이렇게 주님과 매일 만나다시피 하잖아요. 그런데 왜 우리 목사님과 사모님의 영안은 열어 주지 않습니까?" 주님께서는 "하나님 아버지께서 안 된다고 하신단다"고 하셨다. 내가 다시 "왜 안 되는데요?" 했더니 "목사와 사모는 천국이 열어지기 시작하면 천국의 세계만 동경하게 되고 거기에 빠져들어서 성도들에게 제대로 신경을 쓰지 못하고 천국만 자나깨나 생각할 것이기 때문에 목회가 잘 안 될 것이다!'고 하셨다.

나는 그 말이 무슨 말씀인지 이해가 잘 되지 않았다. 그런 나의 마음을 아시고 주님은 계속 말씀을 해 주셨다. "강현자 사모는 성령춤을 강하게 추고 있으니 걱정하지 말아라! 보여지는 영안이 있고 안 보이는 영안이 있는데 강현자 사모는 점점 보여질 것이니 안 보인다고 좌절할 것도 없고 실망해서도 안된다. 나는 항상 같이 있기 때문이다. 걱정하지 말라고 전해 주거라! 그리고 성도들에게만 보여 주는 것도 이유가 있다. 그것은 목사와 사모는 안 보여 주어도 기도를 열심히 잘하지만 성도들에게는 믿음을 주기 위하여 보여 준다. 그러니 투정해서는 안 된다"고 하셨다.

† 단축되는 예배 시간, 그것을 좋아하는 성도들

예수님께서는 나에게 특별히 엄한 목소리로 당부하셨는데, 목사님들 중에는 예배를 형식적으로 드리는 분들이 많고, 설교를 지나치게 짧고 간단하게 하는 분들이 많다고 하셨다. 찬송도 짧고 예배드리는 시간이 짧아져서 주님이 많이 속상하다고 하셨다. 보통 한 시간, 어떤 때는 한 시간도 채우지 못하고 급하게 마친다고 하셨다. 주님께서는 목사님들의 몸속에 들어가서 강하게 역사하고 싶은데 목사님들이 스스로 절제하여 인간적으로 짧게 하고 위축된 상태로 설교를 한다고 했다.

그러다 보니 예배는 짧게 드리고 시간만 나면 성도들과 함께 놀러 다니고 먹으러 가는 데만 치중하는 목사님들도 많이 있다고 하셨다. 또 어떤 분들은 교회에서 예쁜 여자 성도들이나 괜찮게 사는 성도들이 많이 대접하면 거기에 휘말리고 기도다운 기도를 제대로 하지 않아서 예수님께서는 안타깝다고 하셨다. 그리고 성령님이 이끄시는 대로 설교

를 하지 않고 성경 지식으로 설교하다보니 예배 시간이 짧고 성도들의
요구에 자꾸만 끌려 다닌다고 하셨다.

예수님께서는 목사님들을 더 성령으로 강하게 달구어서 쓰고 싶으
신데 목사님들이 스스로 포기하고 절제해서 주님의 마음을 느끼지도
않는다고 비통해하셨다. 그리고 성전건축을 해 놓아도 그것을 자신의
기념물인양 생각하고 기도는 별로 하지 않고 물질만 탐하는 목회자들
이 부지기수라고 걱정 어린 표정으로 말씀하셨다. 땅에서는 건축했다
고 자랑하지만 하늘나라에서는 전혀 통하지 않으며 땅에서 생각하는
것과는 많은 차이가 있어서 그런 사람은 천국에서는 인정을 못 받는다
고 하셨다.

"다 그런 것은 아니지만 수를 헤아릴 수 없는 주의 종들이 매 맞고 지
옥불에 던져져서 더 심한 고통을 받는 경우가 많다. 곧 너는 지옥에 가
서 그러한 종들을 보게 될 것이다"고 하셨다. 나는 주님이 또 지옥에 데
리고 갈까 봐 "싫어요! 지옥은 정말 싫어요! 안 갈거에요!" 하고 외쳤다.

† 주님께서 내려 주시는 이단에 대한 진단

나는 궁금한 것에 대하여는 반드시 물어보고 캐내는 버릇이 있는데,
예수님께 이단에 대해 여쭈어 보았다.

"예수님, 저는 우상을 숭배하고 점치는 일을 하다가 김용두 목사님
이 전도해서 교회에 오게 되었고 목사님의 집중적인 지도로 3주만에
저희 가족 모두 세례를 받았어요! 삼위일체 하나님에 대해서, 구원의
확신에 대해서, 천국과 지옥, 영생과 영벌에 대해서 배웠으며 교회 오

는 첫날 목사님의 집중적인 기도로 성령의 불 세례와 함께 방언까지 받고 거의 매일 천국과 지옥을 드나들어요. 근처에 아는 사람이나 교회 다니는 사람들은 저에게 이단 교회에 나간다고 쑥덕거리고 그런 곳은 위험하니까 가지 말라고 합니다. 그런데 이단이 뭐에요?

그리고 제 주위에 신앙생활을 몇십 년 한 사람들도 천국과 지옥은 죽어서나 가지 무슨 사람들이 살아 있는 상태에서 천국가고 지옥엘 가느냐고 말도 안 되는 소리 하지 말라고 합니다. 우리 딸 유경이에게도 사람들이 자꾸만 이단 교회 나가지 말고 자기네 교회로 오라고 합니다. 우리 교회는 문제가 많은 교회이고 또 먹을 것이 없다나요? 자기네 교회를 와야 뭐라도 먹을 것이 있다고 합니다. 그리고 무슨 기도회를 밤부터 아침 7시, 8시까지 하느냐고 비꼽니다. 우리 목사님도 이단이고 우리 교회도 이단이라면 우리 가족과 저는 어떻게 되는 거에요?'

주님께서는 갑자기 크게 웃으셨다. 그리고는 진노하시는 모습으로 엄하게 말씀을 하셨다.

"무엇이 이단이란 말이냐? 교단과 교파가 틀리고 교리가 다르다고 서로를 정죄하고 비판하고 죄를 지으니 내가 견딜 수가 없구나! 너희가 밤새도록 울부짖고 기도하여 삼위일체 하나님을 감동시켜서 흔치 않은 선물을 너희에게 주었다. 그런데 성령춤 추고 병을 고치며 귀신을 쫓아내는 능력을 받고 성령이 인도하는 대로 사는 사람들을 이단으로 몰아가는 사람들은 내가 직접 가서 모조리 회개시켜 하나님의 살아계심을 체험하게 만들고 싶구나!

남을 정죄하는 사람들은 무서운 심판을 당한다. 무슨 이단이 삼위일체 하나님을 믿으며 주일을 거룩하게 지킨단 말이냐! 그러면 너희들이 믿고 기도하던 내가 이단의 왕이란 말이냐? 너는 그런 말에 현혹되지 말아라. 아침까지 꼬박 철야하면서 기도하는 이단들을 보았더냐? 가난하고 헐벗고 굶주리고 장애까지 있는 너희들이 하는 기도는 너무 처절하여 내가 한두 번 감동을 하는 것이 아니다. 걱정 말아라. 내가 기도하는 너희들과 교회를 지켜 줄 것이다.

교회들마다 성도들 모두에게 나를 나타내어 신령한 은사를 주고 싶은데 영적으로 제대로 길을 찾아오는 영혼들이 많지 않구나. 대부분 내 뜻과 상관없는 기도로 일관하니 어쩌면 좋으냐? 응답이야 해 주겠지만 땅의 것이 전부인양 이 세상에다 마음과 정성을 쏟고 살고 있구나!'

근심 어린 표정을 지으시는 주님께 나는 우리 교회에 대해서도 여쭈어 보았다. "예수님, 우리 주님의 교회는 어떻게 될까요? 우리 교회 이야기 좀 해 주세요" 주님께서는 다음과 같이 말씀하셨다.

"나는 전 세계에 있는 모든 교회를 다 사랑하고 있다. 하지만 주님의 교회는 특별히 사랑한단다. 그 이유는 너희 교회는 나의 손이 많이 가기 때문이기도 하고 이 추운 겨울에 초저녁부터 아침까지 기도하는 교회가 별로 없기 때문이며 혹시 있다 하더라도 주님의 교회에서는 장애가 있는 가운데서도 소망을 잃지 않고 기도하는 성도들이 있기 때문이지. 너도 주님의 교회에 왔으니까 망정이지 다른 곳에 갔더라면 성격상 얼마 다니지 못했을 것이다.

주님의 교회 목사는 사모와 늘 철야기도를 해 왔기 때문에 너도 교회에 오자마자 성령이 충만하게 임해서 방언을 받았고 영안도 그만큼 빨리 열렸다. 그러므로 너는 목사 말에 항상 순종하며 주님의 일에 열심을 내야 한다! 그리고 김용두 목사의 허리는 내가 서서히 낫게 해 줄 것이고 설교도 점점 강하고 뜨겁게 되어 성령의 불을 던질 것이다! 또 요셉이는 주의 종이 될 것이니 기도를 열심히 하라고 하고 주은이는 영안이 활짝 열어져서 천국과 지옥을 자세히 보여 주고 나와는 수시로 만나게 해 줄 것이다."

✝ 목사님에게 기름을 쏟아부으시는 하나님

우리 교회 김용두 목사님은 밤을 지새우는 우리들에게 성령의 능력으로 강하게 설교하신다. 기도하는 우리들이 다음날 아침까지 한순간도 졸지 않는 이유는 뜨거운 찬양과 말씀의 선포, 불같은 기도에 힘입은 바가 크다. 목사님께서 매일 저녁에 설교하시는 내용들은 바로 기도 시간에 이루어진다. 처음에는 그 내용들에 대해서 믿지 못했는데 이제는 기도하는 우리들 모두가 확신에 차 있고 목사님께서 한마디를 선포하시면 모두 "아멘!" 하며 저절로 아멘부대가 되어 버렸다.

목사님도 느끼셨겠지만 오늘따라 목사님은 더욱 강하게 설교하셨는데 얼굴이 시뻘겋게 달아오르셨고 순식간에 목사님의 얼굴이 예수님의 얼굴로 바뀌어져 있었다. 나는 깜짝 놀라 눈을 비비고 다시 보았지만 여전히 주님의 얼굴이셨다. 목사님의 뜨거운 외침 가운데 갑자기 하나님의 엄청난 보좌가 나타났다. 성부 하나님이신 아버지께서 위에서 기름을 쏟아붓고 계셨으며 예수님께서는 목사님의 몸속에 들어갔다 나왔다를 반복하셨고 목사님은 숨을 쉬는 데 지장이 있어 보였다. 거친 호흡 소리가 얼마나 급하고 빠른지 감당하시기가 힘드신 것 같았다. 목사님이 다시 숨을 가다듬으면 주님께서 목사님 몸에서 잠깐 나오셨고, 다시 들어가시면 뜨겁고 강력하게 말씀을 선포하셨다.

성령님께서는 바람처럼 나타났다가 없어지셨는데 목사님의 몸을 불로 달구시는 것 같았다. 예수님께서는 목사님의 몸에서 나오셔서 강대 상의 오른쪽에 서 계시는데 목사님의 설교하시는 내용을 경청하고 계셨다. 하나님은 목사님을 향하여 다시 불과 기름 같은 모양들을 계속 붓고 또 부으셨는데 설교가 얼마나 능력이 있고 재미있는지 모른다.

목사님이 벼를 타작하는 탈곡기가 돌아가는 모습을 흉내 내며 깨순이, 점순이, 삼돌이, 먹돌이의 얼굴 표정 흉내를 기가 막히게 내시니 예수님께서도 손뼉을 치며 웃으시는데 천사들에게 빨리 저 모습을 그대로 기록하라고 하셨다. 천사들도 많이 내려와서 목사님의 흉내 내는 모습을 보면서 웃었고 재미있어서 넋이 빠져 있었다. 책에 기록하는 천사에게는 주님께서 "너는 부지런히 기록해라!"고 하시자 천사가 머리 숙여 순종을 했다. 예수님께서는 "내가 주님의 교회에 오면 정말로 기분이 좋고 재미있다!"고 말씀을 하셨다.

† 우리 교회 집사님들에 대한 책망

예수님께서는 우리 주님의 교회 집사님들에 대해서 엄한 표정으로 책망의 말씀을 하셨다. "너희 교회 여자 집사 세 명은 집사의 자격이 없는 사람들이다. 집사라는 이름은 빼고 성도라는 직분만 붙여서 말해야 한다"고 하셨다. 그래서 내가 "그래도 그렇지 집사님이라고 계속 부르다가 성도님이라고 부르면 그분들이 속상해하고 시험에 들잖아요?"라고 했더니 주님은 "그것은 중요치 않다!"고 단호히 말씀하셨다.

"무슨 집사가 주일 낮 예배만 참석하고 오후에는 다른 일 하느라 정신이 없고 기도도 하지 않고 돈만 벌러 다니냐? 죄만 더 크게 짓고 심판도 점점 더 크게 받으니 차라리 안 하는 것이 낫지 않겠느냐? 너희 교회만이 아니라 많은 교회에서 직분을 맡은 자들이 주일 성수를 하지 않고 있으며 오락과 불법도 괜찮다는 듯이 자기 착각 속에 형편을 내세우면서 교회에 다니고 있다"고 하셨다.

그리고 부르기 애매한 사람들에게 '선생'이라고 부르지 말라고 하셨다. "선생은 선생 노릇을 해야 부르는 것이지 그 마음속에는 사탄이 꽉 차 있는데 선생이라고 부르니 속에 있는 마귀가 얼마나 좋아하는지 모른다. 차라리 성도라고 부르던지 형제나 자매라고 하던지 해라!"고 말씀하셨다.

"내 형제들아, 너희는 선생 된 우리가 더 큰 심판을 받을 줄 알고 선생이 많이 되지 말라!"(약 3:1)

† 기독교를 표방하는 종교

나는 십자가를 세워놓고 우리와 비슷하게 예배드리는 곳을 이야기하면서 예수님께 여쭈어 보았다. "주님! 우리나라에도 그런 곳이 지역마다 널리 퍼져있고 세계 곳곳에도 많이 있는데 그런 곳도 예수님을 믿는 것 같은데요? 그리고 교회보다 오래되어서 더 크다고도 이야기하던데요? 그곳에는 사람들도 엄청나게 많아요!" 했더니 주님께서는 분명하게 말씀을 하셨다.

"물론 그들 중에 진실하고 똑바로 믿는 사람들은 구원을 받을 수 있다. 그러나 그곳은 이단교회나 마찬가지야. 하나님을 믿는 사람들이 술을 마시고 담배를 피워가며 우상의 제사를 지내는 집단이 구원을 받겠느냐? 결단코 그런 일이 없느니라. 그들은 믿음의 시작부터 틀린 곳이며 삼위일체 하나님을 변질시켰다. 그들의 우두머리는 이단집단과 똑같이 왕 마귀가 움켜쥐고 있기 때문에 구원받는 경우가 극히 희박하다"고 단호히 말씀하셨고 하나님의 말씀을 세상 것과 섞어서 변질시켰다고 하셨다. 기독교를 가장하는 그곳을 얘기하는 순간에 왕 마귀가 나타났는데, 정체가 드러나는 것을 두려워한 나머지 안절부절하며 내게 다가왔다.

† 왕 마귀의 정체

예수님께서는 "하나님을 믿는다고 하는 많은 사람들이 마귀와 그에게 속한 귀신들의 실체에 대해서 너무 모른 채 신앙생활을 하고 있다. 다시 세상에 내려가서 마귀의 정체에 대하여 더 자세하게 가르쳐 주고 더 보여 주고 싶은 마음이 얼마나 간절한지 모른다. 그러던 차에 너희들이 작정하여 매일 밤마다 강하게 부르짖어 영적인 깊은 세계에 들어왔으니 얼마나 다행인지 모른다! 이제는 주님의 교회를 통해서 사탄의 실체가 더 자세하게 드러났으니 정말로 다행한 일이다. 그러나 마귀의 많은 방해가 있을 것이니 힘을 내어라. 천국에서는 아버지 하나님과 성령과 내가 좋아서 어찌할 줄을 몰라서 무슨 선물을 줄지를 의논하고 있고 천국의 성도들과 천사들까지 기뻐하고 있다. 한편 지옥에서는 왕 마귀와 그의 부하들이 우왕좌왕하면서 분을 품고 있으니 각별히 조심하기 바란다"고 하셨다.

오후에는 목사님 댁에 갔더니 목사님께서 밤새 기도하며 체험했던 것들을 녹음한 테이프를 들으시며 책에 쓸 것을 기록하고 계셨다. 목사님은 계속 쓰시고 사모님과 내가 그 옆에서 기도하고 있는데 주님께서도 오셔서 우리들을 지켜 주셨다.

사모님과 내가 기도하며 이야기하는데 어마어마하게 큰 용이 시뻘겋고 번쩍번쩍한 모습으로 왔는데, 너무나 커서 몸 전체를 다 볼 수가 없었다. 그 마귀가 사택의 입구에까지 들어와서 신발장 있는 곳에 서 있는데 하늘 꼭대기까지 닿을 것 같은 모습이었다. 그 용은 화가 있는 대로 많이 나서 코를 실룩거렸는데 나는 깜짝 놀라서 어지러웠다. 그 왕 마귀는 머리가 300개~500개 정도 달린 것 같았고 눈이 시뻘겋게 충혈되어 튀어나와 있었다.

용이 입을 쩌억 벌리자 거기에서 무서운 불꽃이 나왔다. 꼬리는 300개 정도 되는 것 같았고 발은 양쪽으로 3000개 정도 달려 있는 것 같았다. 등에는 박쥐 날개 같은 것이 달려 있었고, 날개의 모서리 부분에는 날카로운 칼 모양의 가시가 수도 없이 많이 붙어 있었으며 날개를 오므렸다 폈다를 반복하니 날개에 붙어 있는 칼 모양의 가시가 공중으로 날아가서 지옥의 영혼들에게 박혀 그들의 괴성이 들렸다.

그리고 지옥의 이쪽 끝에서 저쪽 끝까지 엄청나게 크고 긴 의자가 흔들거리는 모습을 보여 주면서 기도하는 나에게 겁을 주었다. "내가 네 몸속에 들어가려고 하는데 어디서 까부느냐? 내가 지옥에서 제일 큰 왕이다. 내가 한마디만 하면 지옥의 제일 밑바닥에 있는 내 부하들까지 꼼짝을 못한다. 그런데 어디서 감히 너 따위가 내 정체를 폭로시키고 까부느냐?"고 하였다.

그러면서 "아하! 이제야 알겠다. 나의 바로 밑의 동생 마귀인 머리가 50개 달린 놈에게 지상에 내려가서 많은 사람들을 지옥에 끌고 오라고 했는데 빈털터리로 와서 '너 왜 그냥 오느냐?' 고 물었더니 '형님이 직접 내려가서 보시면 알게 될 겁니다! 저도 지상에 내려가면 편하게 사람들을 죽여서 영혼들을 끌고 오려고 했는데 우리 생각보다 훨씬 강한 교회가 있어서 그냥 왔어요' 라고 했다. 그 교회가 바로 너희들이었구나! 나는 '그럴 리가 없다! 그게 무슨 말이냐? 내가 직접 가 보겠다!' 하고 왔더니 내 동생 마귀가 하는 말이 사실이었구나!' 하고 소리쳤다.

그런데 아무리 왕 마귀가 소리를 쳐도 예수님께서 우리를 보호하고 계시니 별수없었다. 마귀가 또 소리쳤다. "에이! 이게 뭐야!" 그때 주님께서 드디어 말씀하셨다. "네가 여기가 어딘데 와서 행패를 부리느냐? 여기 있는 성도들과 주님의 교회 식구들을 한 명이라도 건드리면 가만두지 않겠다! 만약에 건드리거나 행패를 부리면 내 아버지께서 너를 박살내 버릴 것이다!' 고 외치시니까 마귀는 눈에 독이 오를 대로 올라서 갔다.

주님께서 하시는 말씀이 "저 마귀는 지옥에서 두 번째로 큰 마귀인데 자기를 첫째인 것처럼 꾸며서 여기에 나타났다. 더 큰 사탄은 따로 있단다. 조금 전에 보았던 그 마귀도 지옥에서 지시하고 명령만 하고 있다가 지상에 직접 내려온 것은 여지껏 처음이다! 그러므로 기도 많이 하고 매사에 조심하여라!' 고 말씀하셨고 언제나 삼위일체 하나님이 보호해 주시니 걱정하지 말라고 하셨다.

✝ 믿음으로 출발하는 능력 전도!

김용두 목사 - 화요일 오후 5시, 영하 7도 체감온도 영하 15도. 세차게 몰아치는 칼바람에도 아랑곳하지 않고 학성이와 유경이, 요셉과 주은이 4명이 사택에서 두 손 들고 불같이 통성으로 기도한 뒤에 두툼하게 무장하여 전도하러 길을 나섰다. 주님께서는 아이들 4명 모두에게 불같이 역사하셨고 특히 요셉이는 발바닥에 무사마귀가 퍼져 있어서 제대로 걷지 못했는데도 절뚝거리면서 전도를 하게 하셨다.

누가 시키지도 않았는데 자기들 스스로 은혜를 받더니 4명이 머리를 맞대어 무슨 역적모의라도 하듯이 전도하면 상급을 쌓는다고 하면서 이렇게 추운 날씨에도 불구하고 손을 호호 불어가면서 전도를 하였다. 밤 9시가 다 되어서 4명이 늦게 돌아왔는데 날씨가 추워서 다음부터 전도하러 안 나가겠다고 할 줄 알았는데 그들 4명은 성령과 기쁨이 충만하여 흥분한 채 서로 전도 체험의 말을 먼저 하려고 정신이 없었다.

전도를 한참 하고 있는데 우리 교회에 전에 나왔던 남자 성도 한 사람이 내가 거의 매일 찾아가서 권면을 해도 나오지 않았던 사람이었는데도 아이들이 전도하는 모습을 보고 감동하여 곧 가족들과 함께 교회 나올거라면서 돈 만 원을 주면서 오뎅국물이라도 사 먹으라고 주었다는 것이다. 또 근처 병원에 가서 전도를 하였는데 병원에 있는 어떤 성도가 감동하여 즉석에서 만 원 정도를 주었고 "추운데 수고가 많다"고 위로를 해 주었다고 했다. 아이들은 "목사님! 전도가 왜 그렇게 재미있고 즐거운지 모르겠어요" 하였다. 이들에게 무슨 말이 더 필요하랴!

주님께서는 전도를 마치는 순간까지 이들과 함께 다니셨으며 책을 기록하는 천사와 수호천사들까지 모두 이 아이들과 동행하였다. 학성이와 유경이, 주은이는 영안이 이미 열려서 주님과 천사들까지 볼 수 있었던 것이다.

이들에게는 남들에게 얼마든지 있을 수 있는 좋은 조건이나 환경은 없다. 그저 날마다 어렵고 찌든 환경만 있을 뿐이다. 그럼에도 불구하고 기도회에 참석하여 은혜 충만하고 영적인 행복을 매일 느끼는 중이었던 것이다. 이들은 오늘 전도하다가 생긴 물질을 자신들의 이름으로 감사헌금을 드리고 밤부터 다음날 오전까지 진행하는 기도회에 변함없이 참석하였다. 기도와 전도에 있어서는 내가 말려도 말을 잘 듣지 않는다. 그것은 천국에 가서 본인들의 보물창고와 집 짓는 현장을 보고 난 후부터 주의 일이라면 앞뒤를 가리지 않는 전천후 용사로 바뀌었기 때문이다.

열한 번째 날의 영적 체험

설교 본문 "믿는 자들에게는 이런 표적이 따르리니, 곧 그들이 내 이름으로 귀신을 쫓아내며 새 방언을 말하며 뱀을 집어올리며 무슨 독을 마실지라도 해를 받지 아니하며 병든 사람에게 손을 얹은즉 나으리라 하시더라"(막 16:17,18).

김요셉 - 다른 성도들은 기도할 때마다 주님과 대화하고 천국과 지옥을 구경하는데 그런 말을 들을 때마다 나도 영안이 열려서 주님과 함께 천국과 지옥에 가고 싶은 마음이 더욱 커져 사모하게 되고 부르짖게 된다. 하지만 회개의 눈물을 달라고 기도하는데도 눈물은 한방울도 나오지 않았다. 나는 걷지 못할 정도로 발이 아파서 치료해 달라고 간구하였는데 성령님께서 역사하셔서 온몸이 불처럼 뜨거워지기 시작했다. 그리고 눈앞에 뭔가가 번쩍거렸고 누가 나의 머리와 발을 만지는 듯한 감촉이 느껴졌다. 기도를 마치고 주은이에게 물어보니 예수님께서 만져 주셨다고 했다.

김주은 - 방언기도를 10분 정도 큰소리로 하고 있는데 눈이 초승달처럼 생기고 눈동자는 검정색과 빨간색 모양으로 보이는 마귀가 머리를 풀어헤치고 징그럽게 낄낄거리며 나를 보고 웃고 있었다. 그 마귀는 내가 "야! 마귀 왕이 우리 집에 왔다가 쫓겨 갔는데 너 같은 졸병 마귀는 아무것도 아니야! 예수님의 이름으로 명하노니 이 추악한 마귀야, 물러가라!' 하니까 없어졌다.

조금 더 기도하고 있는데 이번에는 용의 눈알같이 생긴 큰 눈동자 두 개가 사람처럼 내 쪽으로 걸어왔다. 나는 소스라치게 놀랐으나 마음을 가다듬고 또 외쳤다. "야! 너 같은 것들은 아무것도 아니야! 예수 이름으로 당장 떠나가라!' 하니까 없어져 버렸다.

미가엘 반주기에서는 '성령 받으라' 는 복음성가가 빠르게 흘러나왔는데 찬양소리에 맞춰서 두 손을 들고 찬양하면서 방언으로 간절히 기도했더니 성령님께서 강하게 역사하시는데 무릎 꿇고 있는 발바닥에서부터 불이 '쉬익' 소리를 내더니 머리 끝까지 번지기 시작하였다. 내 몸은 불덩어리가 되었고 난로를 다 끄고 기도하는데도 너무 뜨거워서 숨을 제대로 쉴 수가 없었다.

정신없이 한참 기도하는 중에 밝은 빛이 비추는 가운데 예수님이 내 앞에 나타나셔서 내 이름을 부르시고 부드럽게 이야기하셨다. "주은아! 사랑한다! 기도 열심히 하여라! 더 기도해야 한다! 내가 너의 손을 잡고 천국에 데려가려고 하는데 네가 기도하다가 손을 자꾸만 내려서 잡고 싶어도 못 잡겠다! 힘들겠지만 손을 높이 올려서 기도하거라! 그래야 내가 잡는다." 예수님의 말씀이 끝나자마자 나는 번쩍 손을 올렸더니 손이 따뜻해지면서 예수님이 더 자세히 보였다.

아하! 이래서 예수님께서 손을 들고 기도하라고 하셨구나? "우와! 이제 예수님이 더 잘 보인다! 예수님! 너무너무 좋아요"라고 큰소리를 치니까 나의 뒷머리가 움직이더니 머리카락이 흩날렸다. 기분이 너무 좋았다. 그런데 기분에 사로잡혀서 기도를 조금 방심했더니 세 개 머리에 뿔이 달려 있는 검은 마귀가 다시 찾아왔다. 그 마귀는 가면을 썼는데다 박쥐 날개가 달려 있고 발로 땅바닥을 치면서 위협을 주었지만 정신을 똑바로 차리고 "야! 너도 별 볼일 없다! 예수 이름으로 물러가라!'고 하면서 물리쳐 버리고 계속 방언으로 기도하였다.

이학성 - 통성기도를 하고 있는데 눈앞에서 번개불이 번쩍거리더니 나의 온몸으로 성령의 불이 훑으면서 지나갔다. 내 몸은 순식간에 불덩어리가 되었다. 우리 교회는 아무리 추워도 기도를 시작할 때는 난로를 꺼 버린다. 아니나 다를까 성령의 불이 역사 하니까 뜨거워서 견딜 수가 없고 입고 있는 잠바는 물론 조끼까지 모두 벗어 버렸고 이제는 시작부터 티셔츠 하나만 입고 기도에 들어간다.

기도에 들어가니 마귀들이 하나둘씩 다시 나타났다. 셋이 한꺼번에 왔는데 저마다 특색이 있었다. 하나는 박쥐 같은 날개를 쭉 펴고 날아왔는데, 고양이 눈처럼 생긴 눈과 강아지 입처럼 튀어나온 입과 시커먼 몸을 하고는 다가왔다. 나는 예수 이름을 부르며 즉석에서 물리쳤다. 두 번째 마귀는 이마에 눈이 세 개 달려 있고, 코는 뾰족하고 입은 쑥 들어갔으며 발톱을 날카롭게 세워서 겁을 주었으나 나는 눈 하나 깜빡하지 않고 물리쳐 버렸다. 마귀들은 예수님의 이름으로 강하게 소리치면 하나같이 겁먹고 줄행랑을 쳐 버린다.

세 번째 마귀는 너무 웃기게 생겨서 나는 웃음을 참지 못하고 크게 웃어 버렸다. 사람과 똑같이 생겼는데 교회 벽면에 농구대가 보이더니 혼자서 자기 머리를 공처럼 튀기면서 농구를 했다. 땅에 튀길 때마다 입에서는 녹색의 액체가 징그럽게 흘러나왔다. 그 마귀는 혼자서 하는 농구가 심심했던지 나에게 말을 걸어왔다. "야! 같이 농구 한 판 할래? 얼마나 재미있는지 아니?" 말하자마자 내가 "예수님의 이름으로 없어져라!" 고 외치니 도망가 버렸다. 예수님께서 나에게 오셔서 머리를 쓰다듬어 주셨다.

이유경 - 크게 방언기도를 하고 있는데 눈꺼풀이 길게 앞으로 나온 마귀가 내 앞에서 울었다. 그 마귀는 내 말 좀 들으라는 식으로 "아! 춥다. 나 너무 추워. 나 좀 따뜻하게 해 줘, 응?" 하길래 내가 "더러운 마귀야! 예수님의 이름으로 물러가라!" 하고 물리쳤다.

그리고 이번에는 귀가 당나귀처럼 크게 달린 마귀가 박쥐 날개를 달고 나타났다. 마귀는 양쪽 날개를 사선으로 기울여 폈다가 접었는데 눈은 개구리같이 튀어 나왔으며 드라큘라 이빨에 피가 온몸에 많이 묻어 있었다. 그놈은 손톱이 길고 날카로우며 손가락이 3개씩 있었는데 나를 할퀴려고 겁을 주었다. 나는 무서워서 "예수님! 도와주세요!" 하면서 "마귀야, 예수님의 이름으로 없어져라!" 했더니 사라졌다.

또 이상하게 생긴 마귀가 나타났다. 사람의 모습인데 남자 같은 형상이었다. 한쪽 귀는 있는데 다른 쪽 귀는 없었고 눈알에는 눈동자는 없고 흰자만 있어서 소름끼치도록 무서웠다. 나는 소리를 내서 울었는데 예수님께서 천사들과 같이 나타나자마자 없어져 버렸다. 예수님께서 다정하신 목소리를 들려 주셨다.

"유경아, 겁먹지 말아라! 내가 항상 너와 같이 있으니 염려하지 말아라! 왜 우느냐? 그까짓 마귀들 무서울 것 하나도 없으니 걱정 말아라! 내가 꼭 지켜 줄게" 하시면서 내 손을 잡으셨다. 예수님께서는 내 손을 꼭 잡으면서 같이 하늘로 올라가서 노래하자고 하셨는데, 천사들과 같이 십자가 문으로 들어가서 우주에서 주님과 함께 찬양을 하였다.

주님이 십자가 모양으로 양손을 펴라고 하셔서 그렇게 했더니 뜨거운 불이 어깨에서부터 온몸으로 뜨겁게 퍼져 들어왔다. 나는 견딜 수 없을 정도로 뜨거워서 양손으로 부채질을 하고 있는데 예수님께서는 그것도 참으라고 하셨다. 한참 동안 몸이 뜨거워지고 불덩이처럼 된 후에 예수님이 다가오셔서 팔짱을 끼시고 또 나를 꼭 안아 주셨다.

예수님의 품은 너무나도 따스하고 정감이 넘쳤다. 나는 예수님과 언제나, 그리고 영원히 함께하고 싶었다. 예수님께서는 나에게 잠깐 기다리라고 하시고 어디론가 가셨다가 다시 오셨는데 곱슬곱슬하고 귀여운 새끼 양을 안고 나타나셨다. 그 새끼 양은 "매애" 하고 울었는데, 예수님이 만져 보라고 하셔서 만졌더니 흰 털이 푹신푹신하고 감촉이 좋았다.

주님과의 만남은 언제나 좋고 기다려진다. 예수님께서는 "유경아, 이제는 가야할 시간이다"고 말씀하셨는데 나는 예수님께 "예수님! I Love You" 하면서 내 마음을 표현했다. 주님도 좋으셔서 "그래, 나도 너를 사랑한다!"고 말씀해 주셨고 나를 교회로 데려다 주고 가셨다.

† 천국에 있는 예수님의 집

백봉녀 성도 - 방언기도를 집중적으로 하고 있는데 예수님께서 내 이름을 부르시며 오셨다. "봉녀야! 나와 같이 천국에 갈까?" 내가 얼른 "네, 주님" 하고 대답하니 주님은 벌써 세마포 날개옷을 준비하셔서 입혀 주셨다. 주님과 나는 강단 십자가를 통해 하늘을 날아서 한걸음에 천국에 도착했다.

천국은 올 때마다 느끼는 것인데 언제나 환상 그 자체이다. 인간의 말로 다 표현할 수가 없다. 주님께서는 나에게 "이곳에도 내 집이 있는데 구경 한번 해 보지 않겠니?"라고 말씀하셨다. 나는 "네, 주님!" 하고 대답했다. 주님은 천국에 어느 허름한 집 앞으로 나를 데리고 가셨는데 "아니! 천국에도 이런 집이 다 있어요?" 나는 깜짝 놀랐다. 지상에서 보는 초라한 집이 천국에도 있다니! 믿어지지가 않았다.

'천국의 모든 집들은 금으로 만들었고 보석으로 장식되어 있다. 어떤 집들은 지상에 있는 빌딩처럼 쭉쭉 뻗어 있기도 하고 어떤 집들은 블록 장난감처럼 생긴 등 여러 모양의 집들이 펼쳐져 있는데 이곳에 있는 주님의 거하시는 집이 이렇게 초라하다니!' 의아해하고 있는 나에게 주님은 설명을 해 주시지 않고 들어가 보라고 하셨다. 주님의 집안에 들어가 보니 땅에 있을 법한 지푸라기들이 널리 어지럽게 깔려 있었다. 나는 궁금해서 물어보지 않을 수 없었는데, 주님께서는 그런 내 마음을 벌써 다 아시고 다정하고도 걱정스런 음성으로 말씀하셨다.

"이곳은 내가 육신의 몸을 입고 태어났던 베들레헴의 마굿간이다. 내가 이곳으로 옮겨와서 이곳이 나의 보금자리가 되었다. 봉녀야, 나는 이곳이 너무 편하다." 나는 다시 주님께 여쭈었다. "아니, 그래도 그렇지! 어떻게 주님이 이런 곳에 계세요? 주님이 어떤 분이신데요……." 주님께서는 근심스러운 표정으로 말씀하셨다.

"세상에 있는 많은 영혼들이 나를 알지 못하고 믿지 않아서 지옥 가는 영혼이 헤아릴 수 없이 많고 신앙생활을 하는 성도들조차 제대로 믿지 않는 경우가 허다한데 내가 어떻게 마음 편하게 천국의 좋은 집에서 살고 있겠느냐? 구원받을 영혼들이 천국에 오기까지 나는 여기에서 기거할 것이다! 너도 땅에 다시 내려가거든 전도를 많이 해서 영혼을 구원하는 데 힘써 나를 기쁘게 해 다오"라고 당부하셨다.

주님이 계시는 그곳에는 지금까지 듣기만 했던 구유도 여럿 있었는데, 나는 여기저기 살펴보면서 마음이 아팠고 많이 괴로웠다. 주님이 거하시는 그 집은 자물쇠로 채워져 있었고 문 앞에는 천사들이 지키고 있었다. 주님께서는 다시 말씀을 이으셨다. "네 부모가 지옥에서 고통받는 모습을 보고 네가 하도 많이 울길래 네 마음을 위로해 주기 위해서 내가 이곳에 데려왔으니 울지 말고 힘을 내라!" 나는 주님의 배려에 감사하고 기뻐서 몸둘 바를 몰랐다.

† 삼위일체 하나님의 형상

예수님의 집에서 한참 찬양하고 있는데 갑자기 어디에선가 장엄한 음악소리가 크게 나더니 성령님께서 오셨다. 예수님이 거하시는 곳에서 나오자마자 어느새 하나님 아버지의 보좌 앞에 서 있었던 것이다. 나는 하나님 아버지의 위엄과 크신 영광 앞에 고개를 들 수 없었으며 머리가 저절로 숙여졌다. 하나님 아버지의 모습은 감히 상상할 수 없을 정도로 크고 위대하시다. 나는 호기심 때문에 고개를 들었지만 다시 숙일 수밖에 없었다.

아버지 하나님은 빛이시다. 그것도 상상이 안 되는 엄청난 빛 속에 계신 것 같았다. 어떻게 보면 사람의 형상 같으신 분이 하늘나라의 끝에서 끝까지 닿는 것 같았고 무지하게 큰 보좌에 앉아 계신 것 같았으며 그 보좌도 역시 천국의 이 끝에서 하늘 저 끝까지 닿았다. 뿌연 안개나 구름 같은 모양이 위쪽에 항상 가려 있고 위에서는 태양보다 빛난 광채가 쏟아져 내렸다.

나는 아버지 하나님 앞에서 먼지보다 작은 것 같았다. 한편 성령님은 사람의 그림자 같다는 생각이 들었다. 그러나 성령님은 항상 뿌옇고 흐리셨는데, 나타나고 사라지는 그 모습은 빛보다 더 빠른 것 같았다. 그리고 그 목소리는 아주 부드럽고 고운 음성같이 내게 들렸다. 얼떨결에 본 것은 성령님의 눈인데, 아주 예쁜 눈 모양의 모습이 있는 것 같기도 했지만 정확하게는 보지 못했다.

성령님께서는 나에게 속삭이듯이 말씀하셨다. "나와 함께 노래를 하자꾸나." 그리고 노래를 부를 때는 '성령님께서 은사를 주셨다' 고 하지 말고, '성령님이 병 고치는 불의 은사를 주셨다' 는 노래를 하라고 하셨다. 내가 곡조가 안 맞게 노래를 한참 동안 불렀는데도 성령님은 정말 좋아하셨다. 아버지 하나님께서도 '기름의 불로 병 고치는 은사를 주셨다' 고 노래하자고 하셔서 그 노래도 하였다. 예수님은 노래를 하다가 힘이 약해지면 '예수님이 능력 주셨네' 를 반복해서 찬양하라고 하셨다.

삼위일체 하나님의 말씀이 모두 비슷했지만 어찌 되었든 나는 삼위일체 하나님께서 각각 내게 원하시는 노래를 할 수밖에 없는 상황이라서 열심히 불렀다. 한참 동안 춤추고 난 뒤에 주님께서 나에게 "봉녀야, 지옥에 가자"며 손을 내밀었다. 나는 우리 부모에게 또 갈까 봐 얼른 "지옥은 무서워요. 싫어요. 안 갈거에요"라고 했는데 주님께서는 "너희 부모에게 가지 않으니 걱정 마라"며 웃으셨다. "정말이에요? 주님 진짜지요?" 하는 말이 끝나기가 무섭게 주님과 나는 지옥의 하늘을 날고 있었다.

✝ 지옥의 우글거리는 벌레들

주님과 함께 곧장 지옥에 도착한 나는 엄청나게 큰 바위 앞에 도착하였는데, 그 바위에는 상하좌우 할 것 없이 사방에 날카로운 가시덩굴이 뒤엉겨 나 있었고 크고 작은 벌레와 독충들이 바글바글했다. 사람들의 모습이 많이 보였는데, 수를 헤아릴 수 없을 만큼 많았다. 그들은 손만 양쪽으로 길게 모두 묶여 있었다. 그들은 처음에는 나와 똑같이 살과 피와 뼈가 있는 정상인의 몸으로 보였지만, 점차 흉한 해골 모습으로 바뀌었는데, 그것은 벌레들 때문이었다.

그 벌레들은 생전 처음 본 것인데, 몸에는 하얗게 솜털이 났으며 무슨 애벌레 같기도 했다. 벌레들의 눈에서는 불빛이 번쩍거렸고, 엄청나게 큰 바위 덩어리에 붙어서 바위 자체를 하얗게 물들이고 있을 만큼 많이 있어서 사람들의 몸을 물어뜯고 있었다. 그런데 그 벌레들은 사람들이 움직이지 않으면 물어뜯지 않았는데, 벌레들이 흐물흐물 기어오르니 사람들은 움직이지 않을 수 없었고, 움직일수록 더 많은 벌레들이 달라붙어서 살 속과 뼛속으로 파고들어 갔다.

그러면 그들이 소리를 지르고 욕을 해 대며 발버둥을 치는데, 그럴수록 벌레들은 더 좋아서 난리였다. 영혼들은 움직이지 않으려고 애를 쓰는데도 소용이 없었다. 벌레들이 물고 뜯고 살과 뼛속으로 파고들어 갈 때마다 그들은 해골로 변해 버렸고, 가시덩굴 색깔이 이리저리 변해서 꼭 요술을 부리는 것만 같았다. 너무 흉측스럽고 징그러워서 볼 수가 없었다. 그 사람들은 모두가 벌거벗은 모습이었다.

"주님! 왜 이 사람들이 여기에 있어요? 어떻게 하다가 여기 오게 된 것입니까?" 주님께 여쭈어 보았더니, 그 영혼들은 등산을 좋아하던 사람들인데 등산을 하다가 남편과 아내 몰래 서로 간음하고 못된 짓을 많이 하였으며, 이렇게 등산하는 기분으로 있으라고 해서 고통을 주고 있다고 했다. 그리고 가시덩굴에는 눈이 달려 있어서, 뱀처럼 변하기도 하였고 개구리 같은 모양으로 수시로 변신이 가능했다. 나는 주님께 "주님, 더 이상 징그러워서 보기 싫어요. 다른 데로 가고 싶어요"라고 하자 "주님은 한군데만 더 보자"고 하시면서 나를 데리고 가셨다.

이번에는 캄캄한 터널 같은 곳으로 들어갔는데, 앞이 잘 보이지 않아서 잔뜩 긴장이 되었다. 나는 겁이나서 주님의 손만 꼭 잡고 가고 있는데 갑자기 도깨비 불 모양 같은 것이 번쩍거리더니 흰옷을 입은 사람들이 보였다. 예수님과 함께 지나가니까 그들이 입고 있는 흰옷이 검정색으로 변해 버렸고, 굴속에 검은 문이 있는데 주님께서 문을 열어 주셔서 보니, 사람들의 비명소리가 아주 크게 들려왔다. 그들은 늑대나 여우 같은 소리를 내면서 "아이고, 억울해서 못살겠다! 괴로워!" 하면서 더욱 크고 강하게 울부짖었는데, 여우 소리, 호랑이 소리 등의 으르렁거리는 소리가 귀에 붙을 정도로 들렸다.

나는 화들짝 놀라서 문 앞에서 더 이상 들어가지도 못하고 서 있었는데, 그곳을 지키는 마귀가 나에게 다가와서 말을 건넸다. "아니 이곳까지 구경을 왔으면 들어가서 놀다가 가지 왜 들어가지 않느냐?" 나는 "야, 너희들은 마귀고, 많은 사람들을 꼬드겨서 아프게 하고 병들게 해서 죽게 하는데 내가 왜 들어가냐?"고 했다. 그리고 예수님께 "예수님, 너무 무서워요! 빨리 가요?" 하니까 예수님께서 걱정하지 말라고 하시며 "내 손을 보아라"고 하시면서 손짓하자마자, 마귀들이 모두 재가 되어 폭삭 주저앉아 버렸다.

† 교회 가는 길을 막아서는 마귀 떼들

예수님께서는 "됐다"고 하시며 "이제 그만 떠나자"고 하셨다. 그리고는 다시 천국으로 나를 데리고 오셨다. 그리고 한 천사를 불러서 나를 주님의 교회에 데려다 주라고 하셔서 그 천사와 함께 지상으로 내려오는데, 우주 공간쯤을 지나자 마귀들이 나타나서 우리를 뒤쫓아왔다.

그들의 모습은 너무 무섭고도 흉측스러웠는데, 나를 데리고 동행하는 천사가 아무리 빨리 가는데도 그들은 빨리 뒤쫓아왔다. 날개 달린 용과 도깨비처럼 생긴 마귀, 강아지 머리를 하고 있는 마귀, 뱀 같은 마귀, 또 개구리 머리를 한 것과 또 한 놈은 사람의 얼굴 모습을 했는데 나를 보고 쫓아오면서 웃었다. 그리고는 갑자기 이마에서부터 턱까지 수직으로 쫙 갈라지는데, 벌어진 사이에 세로로 상어 이빨 같은 것이 양쪽으로 붙어 있었고 입술은 붉은색이었는데 벌렸다 오므렸다를 반복하였다.

나는 무서워서 "천사님, 더 빨리 갈 수 없어요? 빨리빨리요!" 했는데 마귀는 벌써 우리 앞에 와서 교회 가는 길을 막아서고 있었으며 뒤따라오는 마귀들도 속속들이 도착하여 우리를 공격할 태세를 갖추었다. 그 순간에 나는 목사님께서 설교하셨던 말씀이 생각이 났다. 우리가 기도하면 공중에서는 사탄의 부하들과 우리의 기도를 상달시키려는 천사들과 일대 격전이 벌어진다고 하신 내용이다.

"그가 내게 이르되 다니엘아, 두려워하지 말라. 네가 깨달으려 하여 네 하나님 앞에 스스로 겸비하게 하기로 결심하던 첫날부터 네 말이 응답 받았으므로 내가 네 말로 말미암아 왔느니라. 그런데 바사 왕국의 군주가 이십일 일 동안 나를 막았으므로 내가 거기 바사 왕국의 왕들과 함께 머물러 있더니 가장 높은 군주 중 하나인 미가엘이 와서 나를 도와주므로"(단 10:12,13).

제일 빨리 가로질러 우리 앞길을 막았던 사람 모양의 마귀가 내 앞에서 입을 쩍 벌리는데 나는 놀라서 사시나무 떨듯이 떨었다. 내 옆의 천사가 큰소리로 다급하게 "주님, 빨리 와 주세요!" 하고 부르니까 예수님께서 금방 우리 앞에 오셨다. 주님께서는 쩌렁쩌렁한 목소리로 말씀하셨다. "여기가 어디인데, 감히 나의 성도를 덤비느냐? 어서 가라." 그들은 순식간에 없어져 버렸다.

✝ 불덩어리가 되어버린 교회와 성도들

다시 교회에 도착하여 방언과 성령춤을 강하게 추었는데 성령님께서는 우리 모두를 불로 훑으시면서 지나가셨다. 교회 밖의 기온은 영하 10도 정도였고 새벽이라서 체감온도는 훨씬 더 낮았다. 기도하고 있는 성전에서도 손이 시려워서 손 들고 기도하기가 상당히 힘들었는데도 저마다 두꺼운 옷을 하나둘씩 벗어가며 땀에 흠뻑 젖은 채 기도하고 있었다. 성령님께서는 강현자 사모님과 나에게 연신 성령의 불을 쏟아 부으셨다.

성령님의 불이 가슴으로, 머리로, 팔로, 계속 내 속으로 들어왔다. 사모님을 보았는데 사모님도 감당 못할 정도로 뜨겁게 성령춤을 추었다. 오늘따라 왜 그리 천사들이 많이 나타나는지 모르겠다. 기도의 향을 받아 가는 천사들도 정신없이 움직이고 있었다. 주님께서는 나에게 "너희들의 체력이 많이 떨어졌으니, 지금부터는 조금 쉬고 오늘 저녁에 다시 기도해라"고 하시면서 천국으로 가셨고, 우리는 기도를 마무리했다. 기도회를 마쳐서 시간을 보니 시계 바늘이 아침 7시 30분을 가리키고 있었다.

열두 번째 날의 영적 체험

설교 본문 "강한 자가 무장을 하고 자기 집을 지킬 때에는 그 소유가 안전하되 더 강한 자가 와서 그를 굴복시킬 때에는 그가 믿던 무장을 빼앗고 그의 재물을 나누느니라. 나와 함께 하지 아니하는 자는 나를 반대하는 자요 나와 함께 모으지 아니하는 자는 헤치는 자니라"(눅 11:21-23).

김용두 목사 - 요셉, 학성, 유경, 주은 4명 모두 체감 온도가 영하 15도가 넘는 추운 날씨에도 아랑곳하지 않고 전도하러 나갔다. 요셉이는 중에게 가서 전도를 했다고 했다. 요셉이가 중한데 가서 "예수님을 믿으면 천국에 갑니다. 그런 거(시주)하면 지옥에 갑니다"라고 했더니 중이 하는 말이 "야! 너는 학생이 되어서 역사도 모르냐? 기독교는 우리나라에 들어온 지 백 년밖에 안 되지만 우리 불교는 몇 천 년이 됐는지 모른다. 조상을 무시하지 마라"고 소리쳤다고 했다. 그러나 요셉이가 끝까지 포기하지 않고 "예수 믿어야 천국 갑니다. 예수님을 믿고 천국 가세요"라고 했더니 화를 벌컥 내면서 "야, 하늘이 무섭지 않냐? 역사를 똑바로 배워라"고 하면서 귀찮다는 듯이 지나가 버렸다고 했다.

요셉이는 그래도 끝까지 쫓아가서 전도를 했다고 하면서 의기양양

해했다. 네 명이 모두 추운 날씨에 얼굴과 손이 빨갛게 얼어서 들어왔다. 오후 4시에서 저녁 8시 30분까지 전도를 했는데도 양이 차지 않는다고 했다. 이들은 시장과 병원, 상점 할 것 없이 매일 지역을 누비고 다녔다.

✝ 천사와 주님으로 가장한 마귀

백봉녀 성도 - 방언기도를 시작한 지 30분 정도 지났는데 공중에서 천사 다섯이 나를 향해 날개를 펄럭거리며 날아오는데 나는 장난끼가 발동하여 시험해 보고 싶은 생각이 들었다. 가까이 다가올 때까지 방언을 속으로 했다. 그들은 가까이, 더 가깝게 친구처럼 웃으면서 다가왔다. '방언기도를 강하게 하는데도 변하지 않으면 천사이겠지' 라고 생각하면서 있는 힘껏 방언기도를 했더니 천사들이 입고 있던 흰색 세마포 옷들이 검정색으로 바뀌면서 날개가 없어지고 그들은 엄청나게 큰 지네로 변신해 버렸다.

수없이 많이 달린 징그러운 발과 꼬리를 길게 늘어뜨리고 허우적거리며 몸을 비틀고 있었다. 내가 더욱 강력하게 방언을 하자, 공중에서 번개처럼 바닥으로 '쿵!' 소리를 내면서 떨어져 버렸다. 정말로 하나님이 주시는 방언의 은사는 대단했다. 나는 방언기도가 이렇게 힘이 있는 줄은 미처 생각지 못했다. '신앙생활한 지 이제 겨우 두 달 되었는데 내가 무엇을 알 수 있겠는가?' 잠깐 동안 이런 생각을 하고 있는데 만화영화에나 나올 법한 괴물들이 계속 나타났다. 손톱을 길게 늘어뜨린 귀신, 도마뱀처럼 생긴 귀신, 뱀 등 흉측한 것들이 오늘따라 유난히 많이 왔다.

그들이 아무리 많이 와도 예수님의 이름 앞에 줄줄이 나가떨어졌고, 꼬리를 감추며 도망가 버렸다. 그러는 중 갑자기 예수님이 오시는데 "봉녀야, 내가 주님이다. 내가 너의 주님이다. 나를 믿어라"고 말씀을 하셨다. 그런데 아무래도 말소리가 이상했으며, 행동이 특이했다.

주님께서는 "내가 주님이다"라고 말씀을 하지 않으시고 나에게 잠잠히 오신다. 그리고 주님이 오시면 내 마음은 따스해지고 평안한데, 이번에는 웬지 불안하고 두려운 마음이 들 뿐만 아니라 머리털까지 쭈뼛쭈뼛 서는 것이 아닌가! 번개같이 '아! 마귀가 주님으로 가장해서 왔구나'라는 생각이 들면서 급하고 강하게 주님을 부르짖고는 "예수님의 이름으로 물러가라"고 외쳤다.

그랬더니 예수님으로 가장한 마귀는 갑자기 무서운 짐승으로 변해 버렸는데 생전 처음 보는 놈이었다. 눈 속에 눈이 또 있었으며, 다시 그 속에서 또 눈이 나오고, 그 안에 작은 눈알이 또 있고, 그런 모양과 함께 손은 갈고리 모양으로 바뀌어서 나를 할퀴려고 달려들었다. 내가 깜짝 놀라서 급하게 예수님의 이름으로 물러가라고 외치고 또 외쳤더니 조금있다가 뒤로 주춤하더니 없어져 버렸다.

✝ 예쁜 여자로 가장한 마귀

이번에는 내가 생각하는 것과는 전혀 다른 모습을 한 사람이 나타났다. 나도 여자이지만 '어쩌면 저렇게 예쁜 여자가 있을 수 있을까?'라는 생각이 들 정도였다. 금발 미인들은 아무것도 아닐 정도로 멋있고 늘씬하고 세련된 여자가 고급 양장의 투피스를 입고 공손하고 세련되게 다가오는 것이 아닌가! 그리고 그 여자는 고개를 숙여 인사를 꾸벅하며 나에게 정중하게 말을 건넸는데, "이 교회 오신 지 얼마나 되셨어요?" 하는 것이었다. 나는 대꾸도 하지 않고 방언기도만 계속 하는데 가지 않고 내 옆에 사뿐히 무릎을 꿇고 앉았다.

그 여자는 겉으로는 영락없이 요조숙녀였지만 나는 온몸이 닭살 돋듯 소름끼쳤다. 그리고는 갑자기 내 얼굴 쪽으로 자기 얼굴을 내밀면서 입을 쫙 벌렸는데 그렇게 아름다웠던 얼굴이 이마에서부터 턱까지 가운데가 쫙 벌어져고 입술도 위아래로 찢어져서 윗입술은 위쪽으로 뒤집어져 벌름거리고 아랫입술은 아래로 뒤집혀서 벌름거리는데, 그 상태에서도 말을 하는 것이었다.

"네가 아무리 해 봐라! 기도가 잘 되나 해 봐라! 나는 안 물러간다"고 외쳤다. 그리고 쪼개진 얼굴 사이에는 내가 엊그제 보았던 마귀처럼 상어 이빨 같은 톱날이 양쪽에 세로로 맞물려 있어서 너무 무서웠다. 그래도 쉬지 않고 기도하는데 마귀는 물러가지 않았다. 그런데 주님께서 내 안에 어느 사이엔가 들어오셔서 말씀을 하셨다.

"봉녀야, 쉬지말고 기도를 열심히 하여라. 저 마귀는 내가 혼을 내서 박살을 내겠다"고 하셔서 나는 그저 열심히 기도할 수밖에 없었다. 그런데 갑자기 그 마귀가 공중으로 올라가더니, 지극히 아름다운 모습으로 바뀌었다. 웨딩드레스를 입고 예쁜 꽃무늬 신을 신고 있는 모습은 정말 보기가 좋았다. 그 마귀는 쌍꺼풀의 눈을 끔뻑이면서 나에게로 다시 내려왔다.

주님께서 속삭이듯 말씀하셨다. "저 예쁜 신부가 변하는지 안 변하는지 방언기도를 강하게 해 보렴." 나는 주님이 시키는 대로 강력하게 부르짖었다. 그랬더니, 순식간에 그렇게 예뻤던 눈에서 검은 눈물이 주루룩 흘러내렸고 붉은 입술은 까맣게 바뀌었으며, 손톱 발톱이 귀신처럼 날카롭게 되었다. 그리고 입에서는 도마뱀의 혓바닥처럼 시뻘건 긴 혀가 길게 뻗어 나와서 내 앞에까지 와서 낼름거렸다. 그러나 강력한 방언기도를 하니 나가떨어지고 말았다.

† 목사님의 재미있는 설교

2부 새벽예배를 드리면서 목사님께서 설교를 뜨겁게 하시는데 예수님께서 천사들의 무리와 함께 나타나셨다. 우리 목사님은 건강체질이신 것 같다. 설교를 강대상 앞에서 조용히 하지 않으시고 와이셔츠만 입고는 이쪽저쪽을 왔다갔다하면서 설교를 하시는데, 설교하실 때마다 성령님의 불이 나에게 쉴새없이 들어왔다. 설교 또한 재미있고 즐거워서 아침까지 말씀을 들어도 시간이 부족하여 아쉬울 뿐이었다.

목사님이 설교를 뜨겁고 강하고 재미있게 하니까 주님께서 목사님 옆에 계셔서 양손으로 목사님을 향하여 계속 부채질을 하시면서 크게 감탄하셨다. "어이구, 신난다! 더 강하게! 더 뜨겁게!" 예수님께서 목사님의 몸에 손으로 부채질을 하시며 불을 집어 넣으시는 것 같았다. 목사님께서는 "아휴, 뜨거워" 하시고는 펄쩍펄쩍 뛰면서 설교를 하셨다.

그리고 코미디 설교를 하시는데, "앞뒤 꼭지 삼천리, 왔다 갔다 육천리, 뺑 돌아(빙 돌아서) 구천리!"를 외치면서 자신의 머리 모양이 어렸을 때부터 왕짱구라서 동네 어른들(전남 순천시 남정동)이 매일같이 머리를 만지면서 놀렸고 초등학교 다닐 때는 친구들이 꽁치라고 별명을 부르는 바람에 스트레스를 많이 받았다며 그때 상황을 재현하는 것이었다.

목사님은 흉내를 기가막히게 잘 내셨다. 목사님 본인이 하시는 말이 "내 머리는 지금 가뭄이 들어서 머리에 풀이 빠지고 있는데, 상하좌우로 튀어나온 못생긴 머리에다가 머리털까지 다 빠져가니, 어쩌면 좋으냐?"고 울상이 되는 모습이 너무 웃겨서 모두들 한참 동안 배꼽을 잡고 웃었다. 그런데 예수님께서도 크게 한바탕 웃으시면서 "아니다. 김 목사의 머리는 참 예쁘게 생겼고, 귀여워 죽겠다"고 하면서 손으로 만지시며 또 한번 크게 웃으셨다.

내가 그 이야기를 목사님께 했더니, 목사님께서는 세 살짜리 어린아이처럼 "아잉! 주님, 제 머리를 많이 쓰다듬어 주셔서 대머리 좀 안 되게 해 주세요" 하고 애교를 떨었는데 주님께서는 "아하! 아니야. 너는 대머리가 잘 어울린다"고 하시면서 계속 크게 웃으셨다. 예수님께서는 나에게 "봉녀야, 정말 재미있다. 아니 어떻게 이렇게 설교를 재미있게 하니?" 하며 좋아하셨다.

예수님께서는 오늘 하신 목사님의 설교에 크게 감동하시고 또 감격하셨다. 나는 그 모습을 정확하고 확실하게 볼 수 있었다. 주님께서는 목사님이 강단 이쪽저쪽을 뛰어다니며 설교를 하실 때에는 너무 좋으셔서 뒤따라서 바쁘게 쫓아다니셨다. 그리고 나에게 "야, 너희 교회 김 목사는 천국을 가 보지 않았고, 천사들도 못 보았는데, 어떻게 저렇게 흉내를 잘 내느냐?"고 하시면서 정말 좋아하시니 덩달아 천사들도 같이 즐거워했다. 그리고 템포가 빠른 찬송을 하거나 예수님의 피에 대한 노래를 할 때는 천사들이 강대상 옆에서 한꺼번에 몰려나와서 덩실덩실 춤을 추었다.

목사님의 설교가 끝나고 다시 기도에 들어갔다. 기도중에 주님께서는 나에게 오셔서 "봉녀야, 천국가자"고 하시면서 손을 잡으셨는데, 주님과 나는 곧장 하늘로 날기 시작하여 천국에 도착하였다. 주님께서는 천국에 있는 주님의 집으로 나를 데리고 가셨다.

주님은 나에게 "마굿간이라서 안 좋지?" 하고 물으시길래, "아니에요. 저는 괜찮아요"라고 대답하면서도 마음속으로는 가슴이 아팠다. 예수님은 천국에 와 계시면서도 땅에서 구원받을 영혼들을 위하여 마음 편하게 있지 못하시고 구원받을 영혼들의 수가 적어질 것에 대해 노심초사하며 바쁘게 다니셨다. 나는 주님의 마음을 풀어 드릴 수 있으면 좋겠는데 그 방법을 잘 모른다. 아는 것이라고는 그저 교회에 열심히 나가서 예배드리고 기도하면서 순종하는 것밖에는 없다.

주님께서는 이런 내 마음을 벌써 아시고 "봉녀야, 참으로 고맙고 기특하구나" 하시면서 나를 위로해 주셨다. 예수님께서는 오늘 나에게 아버지 하나님의 특별한 모습을 보게 될 것이니 잘 보라고 하시면서 성부 하나님이 계시는 보좌 앞으로 데리고 가셨다.

✝ 지구의 공전과 자전, 사계절, 그리고 날씨 변화

하나님 앞에서 주님과 같이 서 있는데 하나님 아버지의 발등상이 보였지만 그것마저도 제대로 볼 수가 없었다. 나의 머리 위에서는 엄청난 광채가 내리쬐이고 하나님은 빛 가운데 계신 것 같았는데 희미하게나마 겨우 뵐 수 있는 특권을 주셨는데도 나는 제대로 볼 수가 없었고 고개를 들 수도 없었다. 하나님께서 보좌에 앉으셔서 몸을 오른쪽으로 약간 움직이시니까 빛이 훤하게 비치면서 낮이 되었고 반대편은 어두워졌다. 다시 왼쪽으로 조금 움직이시자마자 왼쪽이 밝아지면서 낮이 되고 오른쪽은 밤이 되었다.

예수님께서 나에게 자세하게 설명을 해 주셨다. "지구의 낮과 밤을 하나님께서 이렇게 다루시며 지구를 돌리고 계신단다"(창 1:16-18). 더 잘 보라고 해서 나는 다시 보았는데 이번에는 아버지 하나님께서 조금 슬픈 표정을 지으시자 지구에는 구름이 끼고 우리가 사는 곳에는 비가 왔다. 어떻게 보면 꾸며내는 이야기 같기도 하고 말도 안 되는 내용들이었다. 여러 가지 의문점들도 많이 있었지만, 감히 하나님 앞에서 나의 좁은 소견으로는 말을 할 수가 없다.

주님께서는 삼위일체 하나님에 대해서 짧게나마 다시 설명을 해 주셨는데, "봉녀야, 잘 들어라. 땅에 사는 사람들에게 말하는 것은 한계가 있단다. 땅에 있는 성도들이 나중에 죽어서 천국에 오면 말을 안 해도 다 알게 돼. 지금은 완벽하게 이해가 되도록 설명을 해 줄 수 없지만 잘 들어라"고 하셨다.

예수님의 말씀인즉슨, 아버지 하나님께서 천국에서 눈을 한 번 감았다 뜨면 엄청나게 크고 강한 빛이 내리쬐여서 계절마다 춥고 더운 것도 하나님께서 다 하는 일이라고 하셨다(시 74:17). 또 하나님께서는 항상 이 모든 것들을 뜻을 세워서 계획하시고 작정하신다고 하셨다. 그리고 예수님은 우리 인간들을 구원하시기 위하여 직접 세상에 내려가서 대신 고통을 받으시고 십자가에서 죽으셨으며 구원을 이루셨고 하나님 앞으로 누구든지 올 수 있는 길을 열어 주셨다고 했다. 또 보혜사 성령님께서는 하나님의 영으로서 우리와 항상 함께한다고 말씀해 주셨다.

그렇게 주님께서 말씀하시는 가운데 갑자기 성령님께서 영으로 오서서 내 앞에 서 계셨다. 성령님과 대화하는 가운데 예수님께서 다가와서 "지옥 구경 한번 더 하자"고 하면서 내 손을 잡자마자, 벌써 순식간에 캄캄한 지옥의 현장에 내가 있었다. 주님은 나를 지옥에 데려다 놓고 어디론가 가셨다.

† 윤락업소에서 죄 지은 사람들의 참혹한 모습

나는 두려움이 밀려오면서 불안에 떨기 시작했다. 나는 주님이 계시지 않으면 불안해서 살 수가 없다. 이렇게 복잡하고 불안한 마음을 가지고 앞으로 가는데, 어마어마하게 큰 잿빛 색깔을 띤 큰 산이 내 눈앞에 나타났다. 그런데 그 산에는 나무가 한 그루도 없었으며 무슨 돌 같은 모양이 딱딱하게 서 있는 것 같기도 하고 항아리같이 보이기도 하는 것들이 둘씩 짝을 이루며 마주보고 세워져 있었다. 그것들은 너무 많아서 셀 수가 없었다.

궁금해서 더 가까이 다가가 보기로 하였다. 점점 다가가서 보니 그것은 돌도 아니요 항아리도 아닌 사람이었는데, 벌거벗은 남녀가 서로 마주보고 서 있는 것이 아닌가! 그리고 그들의 몸에는 3cm 정도의 조그만 흰 벌레가 있었는데, 쥐며느리같이 생긴 벌레가 그들의 온몸에 덕지덕지 붙어 있었다.

그들은 벌레를 뗄 생각은 하지 않고 그 와중에 둘씩 서로 붙어서 몸과 몸을 비비며, 창피함도 모른 채 부부관계 같은 짓을 흉내 내고 있었다. 그런데 그때 흰 벌레들이 더 많이 몸에 달라붙어서 그들의 살 속으로 파고들어가기 시작했으며 콧구멍으로, 입으로, 귓구멍으로 들어가자 그들의 몸은 순식간에 흉측스런 몰골로 변하여 해골이 되었다. 특이한 것은 그들의 눈만은 벌레가 들어가지 않는 것이었다. 나는 더 가까이 가서 보았는데, 그들은 말할 수 없는 고통을 느끼고 있었다. 주님께서 오셨다.

"주님, 이 사람들은 왜 이곳에서 참혹하게 고통을 받고 있습니까?" 주님께서는 "여기 있는 여자들은 세상에서 윤락업소에서 몸을 팔던 자들이고, 남자들은 그저 돈만 생기면 윤락업소를 찾아서 그곳에서 같이 잠자리를 했던 자들이다"고 하셨다. 다시 한 번 잘 보라고 말씀하셔서 자세히 보았더니 그들의 손은 결박되어 있었는데, 벌레들 때문에 가렵고 고통스러워서 손으로 만지지 못하니 서로의 입과 몸을 비벼서 긁어 주고 있었다(계 22:15).

가까이서 본 그 산은 너무 엄청나게 커서 지옥의 끝까지 닿을 것처럼 크고 길었으며 사람들이 너무 많이 붙어 있어서 몸을 비비다가 한 사람이 넘어지면 밀려서 모두들 줄줄이 넘어져 버렸고, 반대로 다른 쪽이 넘어지면 다시 반대쪽으로 줄줄이 넘어지면서 큰 고통을 받고 있었다.

예수님께서는 오늘은 시간이 별로 없으니, 이곳만 보고 다음에 또 오자고 하시면서 나를 데리고 나오셨다. 주님은 나를 천국 가기 전 은하수 세계의 공중에다 올려 놓고서는 성령춤을 추라고 하셨다. 주님의 말씀에 따라서 성령춤을 추는데, 외부에서 불덩어리가 날아와서 내 이마로 들어왔다. 그 불로 인하여 나는 머리가 너무 뜨거워서 불타 버릴 것만 같았다. 너무 뜨거워 견딜 수 없어서 손바닥으로 부채질을 했더니 이번에는 손바닥에서 뜨거운 불이 나와서 또 내머리와 가슴으로 들어와 버렸다.

이곳에는 시원하게 할 부채도 없고 부채질도 할 수 없으니 너무 뜨겁고 괴로웠다. 나는 속으로 은근히 '작은 불을 주시지 왜 큰 불을 주실까' 하고 생각하였다. 나는 견딜 수가 없어서 한쪽 손으로 무심고 또 흔들었더니, 흔든 손에서 불이 나와 다른 손으로 들어가 버렸다. 꼭 불씨가 있는 곳을 향하여 부채질을 하면, 불씨가 바람에 날려 사방에 흩어져서 불이 더 크게 나는 것처럼 나는 진퇴양난에 빠져 있었다.

그런데 갑자기 내 눈앞에 하나님 아버지의 보좌가 보이더니 삼위일체 하나님께서 모두 모이셔서 서로 말씀을 하고 계시는 모습이 보였다. 아버지 하나님께서는 갑자기 뜨겁게 불을 쏟아 부어 주면 인간의 몸은 연약하여 한계가 있으니, 서서히 조금씩 불을 주라고 말씀하셨다. 그리고 나서 주님께서는 다시 나를 만지셨는데 불의 강도가 조금씩 식어지는 것 같더니 열이 올라서 아프던 머리가 금세 회복되었다.

✝ 연거푸 찾아오는 마귀들
_ 사우러스 공룡, 농구 귀신, 초승달 귀신, 용, 눈깔 마귀

이학성 - 뜨겁게 방언기도를 하고 있는데 옆에서 기도하고 있던 요셉이의 뒤쪽에서 엄청나게 큰 용이 나타났다. 그 흉악하고 무섭게 생긴 용은 머리가 세개나 달려 있으며, 가운데 머리는 제일 크고 양쪽에 있는 머리는 조금 작았다. 가운데에 있는 얼굴은 티라노 사우러스 공룡의 모습이었는데 머리에는 뾰족한 뿔이 있고, 양쪽에 있는 머리는 곰의 머리처럼 생겼다. 그리고 입에서 혀가 길게 나오는데 10m는 족히 되는 것 같았고, 몸 전체가 무지 컸으며 날카로운 발톱을 세우면서 쿵쿵거리며 다가왔다.

또 엊그제 보았던 귀신이 자기 머리를 농구공처럼 튕기면서 다가왔으며, 농구골대에 자기 머리를 던지고 있었다. 또 교회 천장에서는 잘려진 손목 두 개가 나타나서 손가락으로 교회 천장과 바닥과 벽면을 걸어다니고 있었다. 나는 갑자기 나타난 희한한 광경을 한참 동안 구경했는데, 용의 모습을 한 괴물 때문에 무서워서 더 이상 보지 못하고 예수님의 이름으로 물리쳤다.

그러고 나니, 예수님께서 나타나셔서 내 이름을 다정하게 불러 주셨다. "학성아, 삼돌아! 사랑한다. 너의 믿음이 많이 좋아졌구나" 하시며 나의 온몸을 만져 주셨고, 등을 토닥거려 주셨다. 예수님께서는 기도하는 모두에게 가셔서 쓰다듬어 주셨다.

예수님께서는 다시 천국에 가시고, 나는 방언기도에 힘을 쏟았다. 그런데 예수님이 계시지 않자 마귀들이 연거푸 또 나타났다. 아까 나타났던 비슷한 용의 모습이었는데, 머리가 세 개이고 가운데 머리는 공룡이었지만 양쪽에는 뱀 머리가 달려 있었다. 또 농구를 했던 귀신이 나타나서 자기 머리로 여전히 혼자서 농구를 하였고, 박쥐 날개를 가진 귀신도 공중을 휘젓고 날아다녔다. 나는 무섭고 정신이 하나도 없어서 예수님을 급하게 찾았다.

"예수님, 빨리 오세요. 도와주세요" 하고 부르짖었더니 주님께서 나타나셨는데, 주님은 빛난 흰옷에 붉은 천을 사선으로 어깨에 걸치고 새끼 양 한 마리를 가슴에 안은 채 오셨다. 예수님께서는 강하게 마귀들을 쫓아 버리셨다. "여기가 어딘데 감히 너희들이 와서 어지럽히느냐? 당장 꺼져라"고 하시자 그놈들은 급하게 도망을 쳤다. 그 이후에는 주님께서 우리들 옆에서 왔다갔다하시면서 기도하는 우리를 보호해 주셨다.

그리고 예수님께서 다시 오셔서 "학성아, 아까 너희들이 전도할 때 날씨가 많이 추웠는데 정말로 고생하였구나. 너희들 네 명이 전도를 열심히 해서 내 마음이 한없이 기쁘다. 날씨가 많이 추우니 옷을 따뜻하게 입고 하거라. 내가 너희들 때문에 좋아서 어쩔줄을 모르겠다" 하시면서 칭찬을 많이 해 주셨다.

김주은 - 뜨겁게 기도하고 있는 중에 마귀가 오른쪽 구석에서 나에게로 오고 있는 모습이 보였다. 전에 나타났던 초승달 눈같이 생긴 마귀였는데 얼굴만 보여서 예수님의 이름으로 물리치고 나니까 엄청나게 큰 용이 나타났다. 그 용은 날카롭게 생긴 발톱과 셀 수 없을 정도로 많은 머리가 몸뚱아리에 한꺼번에 붙어 있는데 대충 봐도 몇백 개는 충분해 보였다. 수없이 많은 머리가 달려 있는 입들이 한꺼번에 쫙 벌리는데 모두 하나같이 뾰족한 이빨과 함께 침을 질질 흘려 댔고 나를 삼키려고 입맛을 다셨다.

그때에 찬양 반주기에서 '성령 받으라' 는 찬송이 나왔는데 반주기 소리에 맞춰서 춤을 추면서 "이 더럽고 추악한 사탄아! 예수님의 이름으로 물러가라!" 하고 소리쳤더니 없어져 버렸다. 그리고 또 다른 마귀가 왔는데 너무나 웃기게 생겨서 나는 깔깔거리며 웃었다. 몸통은 아주 작은데 머리는 가분수처럼 엄청나게 컸으며, 머리에는 큰 눈과 작은 눈들이 번갈아 앞뒤 지그재그로 달려 있는데 굉장히 많았다. 그리고 등쪽에는 독수리 모양의 날개가 있었는데 날개가 반쯤 접혀 있는 상태로 뒤뚱뒤뚱 걸어다녔다. 예수님의 이름으로 물러가라고 외쳤지만 물러가지 않아서 내가 악을 쓰면서 세 번을 반복하니까 없어져 버렸다.

한참 동안 방언하고 있는데 주님이 나타나셔서 "주은아, 사랑한다"

고 다정하게 말씀하셨다. 나는 너무 기분이 좋아서 "예수님 정말 사랑합니다" 하면서 손으로 하트를 만들어 또 'I love you' 하고 표현을 하니까 예수님도 똑같이 "그래, 나도 'I love you' 다"라고 웃으면서 흉내를 내셨다.

예수님은 너무 잘생기셨는데, 성화 그림에 나오는 예수님의 모습하고는 감히 비교도 할 수 없었다. 주님의 눈은 쌍꺼풀이 기가 막히게 멋이 있고, 머리카락은 번쩍번쩍 금빛이 났으며 얼굴 모습이 너무 멋있으셨다. 나는 주님이 떠나는 것이 싫어서 계속 주님께 말을 걸었고, 주님을 붙잡아 두고 싶어서 이렇게 외쳤다. "예수님, 가지 마시고 제 옆에 있어 주세요. 예수님이 가시면 마귀들이 또 나타날 거에요"라고 했더니 주님은 웃으면서 알았다고 하시면서 내 손을 잡으셨고 내 등을 반복해서 두드려 주셨다.

그리고 주님께서 내 머리를 만지시니까, 기도하고 있던 내 머리카락이 막 움직였으며 몸 전체가 뜨거워지면서 땀을 줄줄 흘렸다. 날씨가 춥고 난로를 꺼버렸는데도 더워서 옷을 벗을 수밖에 없었다. 방언기도는 점점 더 강해지고 있었고, 주님께서는 이제 사라지셨다. 한참을 기도에 몰입하고 있는데 내 주위에서 무슨 소리가 나더니 악령이 나타났는데, 전에 보지 못했던 눈깔 마귀들이 많이 몰려오기 시작했다. 몸의 형체는 없고, 여러 가지 눈들이 움직이면서 다가왔는데, 동그란 눈, 세모 눈, 찢어진 눈……. 그들은 입도 없으면서 말을 걸어왔다.

내 앞에서 갑자기 큰소리를 치며 "기도하지 마! 내가 방해할 거야"라고 외치고 또 외쳤다. 나는 마귀의 눈이 제일 싫고 무서워서 크게 소리치면서 "예수님의 이름으로 명하노니 이 더러운 마귀야, 물러가라" 했더니 가지 않고 "딱! 딱!" 하고 더 소리를 질렀다. 그때 주님께서 다시 나에게 오셨는데 주님께서는 "주은아, 다른 데 보지 말고 나를 보아라. 소리도 듣지 마라"고 하시고 주님의 두 손으로 나의 귀를 꼭 막으면서 "주은아, 나하고만 이야기하자"고 하셨다. 마귀들은 한쪽으로 도망가면서 힐긋힐긋 쳐다보면서 모두 사라져 버렸다.

이유경 - 방언으로 기도를 한참 하는데 이상한 머리를 한 마귀가 찾아왔다. 그 마귀는 머리 가운데 부분만 머리카락이 길게 있어서 끈으로 묶었고, 양 옆에는 머리카락이 하나도 없었다. 몸은 없고, 머리만 나타나서 나에게 말을 걸었다. "야, 나하고 춤출래?" 하고 물어오자 나는 "싫어. 이 더러운 마귀야, 예수님의 이름으로 물러가라"고 외쳤더니 없어졌고, 조금 있으니까 잘려진 팔 두 개가 서서 춤을 추면서 나에게 다가왔다. 어깨에 연결된 부분이 잘려진 상태였는데 끊어진 그 부분에서는 피가 뚝뚝 떨어졌다.

두 팔이 공중에서 왔다갔다하면서 춤을 추는데 땅에는 피가 많이 고여 있어서 징그러웠다. 나는 얼른 소리치며 "예수님의 이름으로 물러가라"고 했더니 없어져 버렸다. 그리고 기도를 뜨겁게 하고 있는데 예수님께서 나에게 다가오셨다. "유경아, 나와 같이 천국에 갈래?" 하고 물어보셔서 "네, 주님" 하고 대답을 하였다. 나는 예수님과 손을 잡고 강대상의 십자가 문으로 들어가서 하늘을 날아갔다.

✝ 천국의 바다에서 수영하다

언제나 그렇듯이 우주의 밤하늘은 참으로 아름다웠고 천국의 하늘은 상상할 수 없을 만큼 멋있고 아름다웠다. 천국에 도착하자마자 주님께서는 높은 데로 나를 데리고 가서 노래를 불러보라고 하셨다. '예수 이름으로' 와 '찬양하라 내 영혼아' 를 불렀는데 예수님께서는 너무 기뻐서 "아이고, 우리 유경이 찬송 잘하네. 가수해도 되겠다"며 크게 웃으셨다.

주님은 나의 팔을 잡아 위로 올리시며 계속 흔들어 주셨는데 나는 기분이 너무 좋았고 주님과 얼굴을 마주보며 웃었다. 주님 옆에서 있던 한 천사가 내 얼굴 모습을 옆에서 들여다보듯이 쳐다보았다. 내가 왜 보느냐고 물었더니 웃으면서 "얼굴을 자세히 보고 싶었어요" 하고 대답을 하면서 서로같이 깔깔대고 웃었다.

예수님께서는 나의 등을 툭 쳐 주시면서 "아휴, 우리 유경이는 날씨도 추운데 오늘 전도를 잘 했으니, 내가 큰 상을 주어야겠다"고 말씀하셔서 "저는 주님께 아무것도 해 드린 것이 없어요!" 라고 하니까 예수님은 "아니야, 무슨 소리! 나의 할 일을 네가 하고 있구나" 라고 하셔서 나는 "주님, 아니에요. 이 일은 제가 해야 하는 일이에요. 전도는 저의 할 일이에요" 라고 했더니 예수님께서는 또 감동하시면서 말씀하셨다. "그래, 고맙다 유경아. 날씨가 추우니까 따뜻하게 입고 전도해라. 알았지?" 라고 하셔서 나는 "네, 아멘" 하고 대답하였다.

예수님께서는 갑자기 내 손을 빙빙 돌리기 시작하셨는데 내가 어지럽다고 소리를 지르자 주님은 웃으셨고, 나도 좋아서 웃었다. 주님께서는 이번에 나를 데리고 천국의 바다가 있는 곳으로 안내하셨다. "우와, 천국에도 바다가 있네! 넓고 깨끗하다. 예수님, 바닷속이 다 보여요" 하고 외쳤더니 주님은 웃으시면서 "그래, 여기가 바로 그 유명한 유리바다란다. 너는 이렇게 맑고 깨끗한 곳은 한 번도 보지 못했을 거야. 자,

같이 들어가서 수영을 하자"고 하시면서 내 손을 잡아 이끄셨다. 나는 주님께 소리쳤다. "주님, 저는 물이 무서워요. 못 들어가요" 하고 안 들어가려고 했지만 주님께서는 괜찮다고 하시면서 내 손을 잡으시고 물속으로 데리고 들어가셨다.

주님께서는 나를 안심시켜 주시면서 "유경아, 너는 걱정일랑 하지 말고 같이 손잡고 헤엄쳐 보자" 하셨다. 주님과 나는 수영을 하기 시작했다. 처음에는 어설프고 무서웠지만 헤엄을 치면 칠수록 재미가 있고 점점 잘하게 되었다. 한참 동안 정신없이 물장구를 치면서 수영을 하고 있는데 하얗고 귀여운 새끼 양 한 마리가 바닷가에서 왔다갔다하면서 걸어다녔다. 예수님께서는 물가로 얼른 나가셔서 그 양을 보듬었다.

예수님이 나에게 손짓을 하시면서 "유경아, 이리 와서 양을 만져 보렴" 하고 말을 하셔서 수영하다 말고 나와서 그 양을 만지니 털이 아주 보드랍고 푹신하여 감촉이 무척 좋았다. 그리고 나도 그 양을 안아 주었는데 불편했는지 양이 "매애" 하며 작은 소리로 울었다.

예수님께서 나에게 오셔서 "유경아, 오늘은 이만하고 다음에 또 오자"고 하시기에 "주님, 정말 사랑합니다. I love you"라고 인사를 드렸더니 예수님께서도 "그래, 나도 너를 사랑한다"고 말씀해 주셨고 교회까지 데려다 주셨다.

열세 번째 날의 영적 체험

설교 본문 "예수께서 빌립보 가이사랴 지방에 이르러 제자들에게 물어 이르시되, 사람들이 인자를 누구라 하느냐? 이르되 더러는 세례 요한, 더러는 엘리야, 어떤 이는 예레미야나 선지자 중의 하나라 하나이다……"(마 16:13-19).

김주은 - 목사님께서 설교 시간에 오늘은 정신을 집중하여 기도해야한다면서 5살짜리 어린 미나에게까지 신신당부를 하셨다. "미나야! 너 오늘 기도를 하는데 눈을 뜨지 않고 두 손을 들고 너의 전매 특허인 방언기도 '빠빠이야'를 많이 하면 주먹밥 중에서 제일 큰 것을 주고, 조금 기도하다가 잠을 자 버리면 주먹밥은 못 먹을 수가 있다! 그러니 끝까지 승리해라!"고 하시자 어린 미나가 두 눈을 반짝이면서 크게 "아멘!" 하고 소리쳤다.

목사님의 설교 말씀이 오늘따라 더 뜨겁게 느껴졌다. 목사님께서는 우리가 졸릴까 봐 별의별 우스운 흉내까지 내시며 설교하셨다. 예수님께서 목사님 뒤에서서 따라다니시는 모습과 또 천사들의 모습도 보였다. 예수님께서는 목사님을 향하여 "우리 김 목사가 힘이 달리니, 성령의 힘을 주자!'고 하시면서 연신 부채질을 하셨다. 백봉녀 성도님도 예배중에 일어난 그 현상을 보고 있었다. 나는 우리 아빠가 자랑스럽다. 교회는 작지만 예수님이 인정해 주시니까 더욱 기분이 좋았다.

† 악령들의 총 공격

통성으로 기도하는 시간이 되어서 집중적으로 강하게 방언기도를 하고 있는데 전에 다가왔던 초승달 귀신이 또 찾아왔다. 초승달 귀신은 몸은 없고 초승달의 모양만 있었고 그 모습으로 걸어다녔다. 눈 한쪽은 초승달이고 다른 한쪽은 반대로 뒤집어진 상태로 내 앞에 와서 갑자기 큰소리를 치면서 없었던 입을 만들어 쫙 벌려서 겁을 주었다. 내가 자신있게 예수님의 이름으로 "더러운 귀신아! 물러가라!" 하고 몇 번 소리치니까 없어져 버렸다.

다시 집중하여 방언기도를 하고 있는데 앞에 아무것도 보이지 않는 캄캄한 곳에 어떤 큰 물체가 우왕좌왕하고 있었다. 그 앞에는 또 다른 물체들이 많이 있었는데 점차 자세하게 보이기 시작했다. 나는 말을 하지 않아도 이곳이 지옥이라는 것을 한순간에 알 수 있었다. 엄청나게 넓은 곳에는 시뻘건 불이 활활 타오르고 있는 한편, 엄청나게 큰 마귀가 지옥의 아주 높은 의자에서 앉았다 일어섰다를 반복했는데, 불안하고 초조한 모습으로 갈팡질팡하면서 욕을 해 대며 고래고래 소리를 질렀다.

그 모습을 자세히 보니 해골에다 흰 머리카락이 많이 나 있어 길게 어깨 밑부분까지 내려온 마귀는 부하들에게 명령을 내렸는데 바로 그 앞에는 헤아릴 수 없는 많은 부하들이 명령을 수행하기 위해서 대기하고 있었다. "악령들아! 귀신들아! 총공격하라! 주님의 교회 성도들 때문에 못살겠다! 모두 일어나 빨리 가서 주님의 교회 성도들을 괴롭혀라! 어서 가! 이 멍청이들아! 뭐하고 있는거야?" 하면서 손짓을 하니까 새까맣게 많은 악령들이 공중을 날아와서 우리 교회에 나타났는데 그 속도가 얼마나 빠른지 1초도 안 걸린 것 같았다.

학성이 오빠와 유경이 언니에게도, 어린 미나에게도 마귀들이 달려들었다. 그런데 미나가 큰소리로 "빠빠이야!"를 강력하게 외치니 옆에 있던 마귀가 "어이쿠!" 하면서 자빠져 버렸다. 악령들은 사모님과 요셉이 오빠, 그리고 백봉녀 성도님에게 찾아가서 계속 공격했다. 그러나 모두들 방언기도를 뜨겁게 하니 마귀들은 하나둘씩 나가떨어져 버리고 말았다.

† 불덩어리가 되어 마귀를 얼씬 못하게 하는 목사님

지옥의 왕 마귀가 "야! 이놈들아! 김 목사를 공격해라! 중심을 공격해서 무너뜨려야 나머지도 쉽게 무너뜨릴 수가 있다! 이 바보들아! 무엇을 하느냐? 김 목사를 향하여 총공격!" 하고 소리를 지르니까 갑자기 교회 안팎에서 엄청난 악령들이 나타나서 목사님을 덮쳐 버렸다. 그런데 이게 웬일인가? 목사님을 덮쳤던 수많은 마귀들이 "아이고, 아이고, 뜨거워! 으악!" 하고 큰소리를 지르면서 모조리 나가떨어지는데, 이리저리 벽에 부딪히고 강대상 바닥에까지 나뒹굴었다. 그들 모두 상처투성이었고 겁에 질려서 벌벌 기고 있었다.

깜짝 놀라서 목사님을 보았더니 목사님은 사람으로 보이지 않았고 엄청나게 뜨거운 불덩어리가 되어서 활활 타오르고 있었다. 불꽃 가운데는 빨갛다 못해 누렇고 시퍼랬으며 또다시 많은 수의 마귀들이 한꺼번에 덮쳤지만 모조리 한번에 나가떨어지는 것이었다. 그러면 또 다른 마귀들이 시커멓게 달려들었으며 또 나가떨어졌다. 그 일이 반복되고 있었는데, 마귀들은 목사님을 건드리지 못하였다.

나는 소리가 너무 크고 시끄러워서 목사님이 기도하다가 강단에서 왔다갔다하시는 줄 알았는데 그 소리는 악령들이 보기좋게 쿵쾅거리며 나가떨어지는 소리였다. 마귀들이 단체로 목사님을 향해서 덤벼도 안 되니까 이제는 슬금슬금 눈치를 보면서 두려워하였고 어떤 마귀는 근처에 가지도 못하고 배회하였다.

방언기도를 하면서 목사님을 다시 보니 목사님은 그런 사실을 아는지 모르는지 무릎을 꿇고 두 손을 들고 여전히 강력하게 방언기도를 하고 계셨다. 목사님 속에 누군가 있는 것 같아서 나는 좀 더 자세히 그 모습을 보면서 기도했는데, 목사님 안에는 예수님과 성령님이 계셨고, 또 둥글게 생긴 불덩어리가 목사님을 겹겹이 둘러싸고 있었다.

나는 목사님을 보면서 소리를 쳤다. "우와! 우리 목사님은 좋겠다! 우와! 주님! 나도 목사님처럼 기도의 불을 주세요!" 하고 기도하면서 목사님처럼 능력의 불을 받기를 사모하였다. 목사님 옆에서 또 마귀들이 얼쩡거렸는데, 목사님께서 갑자기 더 큰 소리로 방언을 해 버리자 "아이고!" 하면서 날아가더니 교회 벽에 부딪쳐 박살이 나 버렸다. 그 모습을 보는 순간 나는 너무 통쾌하여 한바탕 웃었다.

그때에 또 지옥의 왕 마귀가 소리치는 모습이 보였는데, "야! 김 목사! 기도하지 마! 우리가 너를 가만 놔둘 줄 아느냐? 너를 내가 꼭 죽여 버릴거야" 하고 분을 품으면서 이를 부드득부드득 갈았다. 그리고 또 자기 부하에게 소리를 질렀는데, "야, 이 병신들아! 김 목사 한 명을 못 잡냐? 이 새끼들아! 빨리빨리 공격해라! 이것들아, 빨리 가!'라고 하자 다시 악마들이 떼를 지어 공격을 하였지만 성령님께서는 목사님을 향해 불로 보호막을 치셨다.

지옥의 대장 마귀는 또 소리를 쳤다. "어이구 저 새끼 때문에 못살겠다! 으악! 미치겠다! 야, 안되겠다. 김 목사 저 새끼는 내버려 두고 약한 성도들을 다시 공격해라. 빨리!' 하고 소리치며 이제는 성도들을 향하여 공격했다. 그런데 이상하게도 목사님을 공격할 때는 한꺼번에 했지만 성도들을 공격할 때는 한 마리에서 서너 마리 정도가 공격을 하는 것이었다.

† 기도 방패로 무장된 성도들

이번에는 성도들을 향하여 마귀들이 다양하게 퍼져서 공격을 하였는데 별의별 종류의 마귀들이 많아서 표현을 하기가 힘들다. 그러나 마귀들이 아무리 공격을 해도 성도들 모두가 방언을 하면서 점점 더 강력하게 부르짖자 모조리 실패하였고 여기저기 쿵쾅거리며 나가떨어졌다. 지옥의 왕 마귀는 점점 신경질적으로 변해갔다.

"으악! 야, 이 주님의 교회야! 그만해. 그만하라니까! 야, 주님의 교회의 미친 것들아! 왜 자꾸 기도하는거야? 야! 이 귀신들아! 누가 좀 말려봐라!' 하고 왕 마귀가 소리를 지르니 그 밑의 부하들도 정신없이 우왕좌왕하였다. 아무리 소리치며 마귀들을 보내도 기도하는 모든 성도들이 보기좋게 주님의 이름으로 물리쳐 버렸다.

　오늘 따라 유난히 미나까지도 네 시간째 기도를 했다. 나도 방언기도를 강력하게 하고 있는데 소복을 입은 귀신들이 검은 머리를 풀고 긴 손톱의 날을 세우면서 나에게 할퀴듯이 달려들었다. 그들은 소름끼치는 소리와 함께 입가에 피를 뚝뚝 흘리면서 재빠르게 내 앞에서 움직였다. 나는 너무 무서워서 정신없이 비명을 질렀다.

　그런데 해골 모습으로 또 다른 귀신이 다가오는 것이었다. 그 귀신의 해골에는 문둥병 같은 더러운 종기가 여기저기에 나 있었다. 귀신이 해골을 나에게 들이미는 바람에 깜짝 놀란 나머지 나는 "예수님! 도와주세요" 하고 불렀지만 주님은 나타나시지 않았다. 나는 있는 힘껏 "이 더럽고 추잡한 귀신들아! 나사렛 예수님의 이름으로 물러가라. 꺼져라!" 했더니, 악령이 이빨로 '딱딱' 소리를 내면서 "기도하지 마! 너 기도 못하게 방해할 거야! 너한테 내가 병을 줄거야! 으헤헤헤헤!" 하고 웃었다.

　나는 "아휴, 징그러워!" 하고 소리쳤는데 그 속에는 무엇인가가 들어있어서 토할 것만 같았다. 처녀 귀신은 계속 날아다니고 있었고 징그럽고 더러운 마귀는 나에게 얼굴을 들이밀고 있었는데, 나는 다시 한 번 마음을 가다듬어서 "예수님의 이름으로 물러가라! 꺼져라!"고 소리쳤다. 그랬더니 그 마귀들이 유경이 언니한테로 갔다. 그러자 유경이 언니의 방언기도 소리가 커지기 시작했다.

　유경이 언니도 마귀를 보기 좋게 물리쳤다. 그런데 이번에는 나이가 제일 어린 미나에게로 갔다. 미나는 보이는지 안 보이는지 모르겠지만 미나도 전보다 강하게 "빠빠이야!"를 외치더니 마귀는 없어져 버렸다. 다시 기도에 집중하고 있는데 머리만 달려 있는 마귀가 교회 천장에 대롱대롱 매달려서 나를 쳐다보고 있다. 나도 예수님의 이름으로 마귀를 물리쳤다.

✝ 지옥에 있는 목사님들의 관

　방언기도를 뜨겁게 하고 있는데 갑자기 지옥의 모습이 보이기 시작하면서 마귀가 날카로운 무기를 가지고 욕을 하면서 길다랗게 생긴 네모난 상자를 쑤시고 다녔다. "야! 이 새끼야! 네가 목사냐? 목사가 어떻게 그럴 수가 있어? 너 잘 만났다!" 하면서 연거푸 긴상자를 쑤시는데 그 안에서는 비명소리가 크게 들려오면서 피가 잔뜩 흘러 나왔다.

　나는 너무 무서워서 한참 동안 울었다. 그리고 너무 놀란 나머지 주님의 이름만 계속 불렀다. "주님! 어디 계세요? 무서워요" 했더니 예수님께서 내 옆에 서 계시고, 나의 손을 꼭 잡아 주셨다. 예수님은 나에게 말씀하셨다. "주은아, 잘 봐야 한다. 똑바로 보거라!" 하셔서 다시 네모난 상자를 보았더니 그 상자는 십자가 모양의 천이 덮여져 있는 관이었다. 그 관의 행렬이 얼마나 긴지 끝이 보이지 않았으며 관에는 양쪽 옆에만 동그란 구멍 여러 개가 뚫려 있었다.

　많은 관들 옆에서 마귀들이 뾰족하고 날카롭게 생긴 창으로 구멍을 사정없이 찔러 대고 있었다. 나는 궁금해서 예수님께 여쭈어 보았다. "예수님! 목사님들의 관이 왜 여기에 있는 거에요?" 했더니 예수님께서는 "이 목사들은 땅에서 성도들을 제대로 가르치지 아니하고 타락하여 지옥에 와 있는 것이다"라고 말씀해 주셨다. "예수님! 저도 「정말 지옥이 있습니다」라는 책을 읽어 보았는데 그 내용하고 똑같네요?" 라고 말했더니 주님께서는 "그렇단다! 잘못된 목사들은 더 큰 심판을 당한단다!"고 하셨다.

✝ 간음한 죄로 프라이팬 안에서 고통받는 사람들

예수님과 같이 이번에는 다른 곳에 갔는데 느끼한 기름 냄새와 타는 듯한 이상한 냄새가 나서 속이 뒤집어지는 것 같았다. 잠시 후 엄청나게 큰 프라이팬 같은 모양이 나타났는데, 나는 너무 놀라서 얼굴을 돌리고 싶었다. 프라이팬 안에는 끈적끈적한 기름 같은 것이 많이 고여 있었는데 셀 수 없이 많은 사람들이 모두 벗은 몸으로 뛰면서 프라이팬 안에서 뜨겁다고 소리를 지르고 있었다.

프라이팬 밑에서는 시뻘건 불이 '쉬익! 쉬익!' 소리를 내면서 달궈지고 있었고, 생선 튀기는 것처럼 알몸으로 차례로 누워 있는 영혼들이 벌떡 일어나서 견딜 수 없는 고통에 여기저기로 뛰어다녔다. 기름 덩어리는 몸에 닿자마자 그들의 살을 녹여 버렸고, 그들은 모두 뼈다귀가 되어 버렸다. 그리고 다시 살이 생겼으며 또 튀기니까 다시 뼈다귀가 되어 버렸는데, 그들은 그런 고통을 반복해서 받고 있었다. 신음소리, 우는 소리, 뜨거워서 통곡하는 소리가 아직도 귀에 생생하다. "뜨거워! 으악! 살려줘!" 나는 그들이 팔딱팔딱 뛰는 모습을 보고 겁에 질려서 울고 있는데 주님께서 나의 두 귀를 손으로 막아 주시면서 말씀하셨다.

"주은아! 소리를 듣지 마라!" 내가 "주님! 살 타는 냄새 때문에 숨을 제대로 못 쉬겠고, 구역질도 많이 나요" 했더니 주님께서는 냄새가 안 나게끔 내 코를 만져 주셨다. 나는 주님께 이 사람들은 무슨 죄를 지었길래 이렇게 고통을 받는지 물어보았다. 주님은 "이들은 세상에서 자신들의 남편과 부인이 있음에도 불구하고 몰래 다른 사람과 사귄 간음한 사람들이다. 그들은 죽어서 이렇게 고통을 받는 것이다!'라고 말씀하셨다.

예수님께서 내 손을 잡으시고 다른 곳을 보러 가자고 이끌었다. 얼마쯤 지나가는데 구덩이가 파져 있는 곳이 나타났다. 그 구덩이는 굉장히 크고 끝이 안 보이도록 깊었다. 그 속에는 엄청나게 많은 사람들이 꽉 차 있었는데 구덩이의 안에도 불이 있고 구덩이의 밖에도 불이 있어서 가까이 가는 것이 겁이 났으며 멀리서도 뜨거움을 느낄 수가 있었다. 그 불은 살아 있는 것 같았다. 사람들은 뜨거워서 이리저리 뛰어다니고 있었는데 그 안에서는 사람 타는 냄새로 연기가 끝없이 피어 올랐다.

예수님께서는 이들은 땅에서 예수님을 믿으라고 해도 믿지 않았고 다른 종교를 믿어서 이곳에 왔다고 했다. 예수님께서 내 손을 잡고는 이제 그만 나가자며 말씀하실 때 어느새 내가 교회에 와서 여전히 방언기도를 하고 있었다.

† 유경이의 천국여행

이유경 - 방언으로 뜨겁게 기도하고 있는데 시커멓게 생긴 박쥐 모습의 마귀가 날개를 퍼득거리면서 다가왔다. 어깨에는 뼈만 있었고 얼굴의 구조는 아무것도 없고 눈만 달랑 붙어 있었다. 나는 춤추고 있는 마귀를 예수님의 이름으로 물리쳐 버렸다. 그리고 잠시 후에 예수님께서 나타나셔서 "유경아! 나와 같이 천국가자"고 하시면서 손을 잡으시자

몸이 공중으로 솟구치면서 그전처럼 천국에 갔다.

천국에서 책이 많이 있는 방에 가서 구경을 하였는데 그곳에서 금으로 만든 성경책과 찬송가도 보았다. 나는 내가 좋아하는 곡인 '고요한 밤 거룩한 밤'을 찾아서 불러 보았다. 그 책들은 많은 천사들이 관리하고 있었다.

예수님은 나의 머리를 보시면서 "오늘은 머리 모양이 바뀌었는데 누가 머리를 그렇게 예쁘게 해 주었니?" 하고 물어 보셔서 나는 "이 머리요? 오늘 전도하러 가기 전에 주은이가 만져 주었어요!" 했더니 주님은 "어이구, 머리를 예쁘게 땋았네?" 하면서 웃으셨고 천사들도 덩달아 기뻐하며 좋아했다. 또 나에게 "유경아! 너 오늘도 전도했지? 정말로 너무 고맙구나. 그래서 내가 오늘은 그 선물로 천국에 있는 너의 집을 구경시켜 줄 테니 따라오너라!" 고 하셨다. 나는 기뻐서 주님을 열심히 따라갔다. 예수님은 번쩍거리는 보물창고와 공중으로 쭉 뻗어 있는 나의 집을 보여 주셨는데 도무지 믿어지지가 않았다.

"주님! 저거 정말 제 집이에요? 보물창고도 제 꺼에요?" 했더니 주님은 "그래, 저곳은 바로 너의 집이며 너의 보물 창고이다! 그러나 네가 학성이와 다투거나 내게 불순종하면 무너져 버릴 수가 있으니 절대로 싸우지 말고 조심스럽게 쌓아 올려야 한다! 이런 것들은 네가 고생하면서 힘들게 쌓아 만들어 놓은 것인데 절대로 싸우거나 화를 내서 예수님을 실망시키지 말아라. 알겠지?" 라고 하셔서 내가 "아멘!" 하고 대답을 했더니 주님께서는 "우리 유경이는 안 싸우겠지?" 하시면서 내 등을 두드려 주셨다.

나는 예수님께 "주님! 지옥 구경 또 하고 싶어요" 했더니 예수님께서 "유경아, 천국은 너무 기쁘고 즐겁고 좋은데 지옥은 그것과는 정반대로 너무 무섭고 끔찍하다. 지옥은 네가 본 것처럼 자주 보게 되면 큰 충격에 빠져서 제대로 보지 못할 것이다! 나중에 때가 되면 다시 보여 줄 테니 걱정하지 말아라"고 하셨다.

† 천사들아, 빨리 막아라!

이학성 - 방언으로 기도하고 있는데 갑자기 눈앞이 번쩍거렸다. 그러더니 마귀들이 피아노 쪽에서 시커멓게 많이 몰려와서 기도하는 성도 모두에게 덤벼들기 시작하였으며 그들 중에 하나가 사람의 모습으로 다가왔다. 그 마귀는 왼쪽 광대뼈에 구멍이 뚫려 있었으며 왼쪽 손가락 끝에서 바퀴벌레처럼 생긴 것들이 많이 나왔는데 그 벌레들이 몸을 타고 기어올라가더니 왼쪽 얼굴의 구멍으로 들어가서 그의 입안에 있는데 그는 그 벌레들을 질겅질겅 씹으면서 징그럽게 히죽거렸다. 너무 징그러워서 예수님의 이름을 불렀더니 없어져 버렸다.

다른 마귀가 또 사람의 모습으로 다가왔는데, 얼굴과 온몸에 진드기가 잔뜩 붙어 있는 채로 바로 내 코앞에까지 걸어왔으나 예수님의 이름으로 물리쳐 버렸다. 그런데 이번에는 어디에서 많이 보았던 마귀가 다가오는데, 사람의 머리 앞뒤에 다른 얼굴 모습이 붙어 있고, 양쪽 귀가 있는 부분도 각기 다른 두 얼굴이 붙어 있으며 목 부위는 빠르게 회전을 하면서도 손과 발 모두 양쪽으로 4개씩 붙어 있는 희한하게 생긴 마귀였다. 온몸에는 힘줄이 시퍼렇게 라면같이 고불고불하게 나와 있었다. 무섭기도 하고 징그러워서 얼른 예수님의 이름으로 물리쳤는데도 그것은 없어지지 않았고 내 앞에서 계속 겁을 주면서 왔다갔다했다.

"예수님! 무서워요! 빨리 와 주세요" 하고 아무리 불러도 주님은 금방 오시지 않으셨다. 하는 수 없이 방언으로 더 강하게 기도를 했는데 드디어 예수님께서 나타나셨다. 예수님이 오시자마자 그 마귀는 놀라서 도망을 쳤다.

오후에는 굉장히 추웠다. 오후 6시 30분쯤 요셉이와 주은이, 유경이와 내가 전도를 하려고 목사님 집에서 합심기도한 후 전도지를 들고 나왔다. 유경이는 아까 집에서부터 줄곧 예수님과 손잡고 전도를 하였는데 예수님께서는 천사들과 함께 전도하는 우리들을 항상 따라다니시면서 몸을 따뜻하게 보호해 주셨다. 전도를 하고 있는 중에 요셉이의 발이 너무 아파서 자유스럽게 걸어다니지를 못했다. 하지만 요셉이와 함께 계속 전도하며 교회에 가서 기도하기로 하고 우리 일행 4명이 주님의 교회에 들어갔다.

교회에 들어가니까 마귀들이 강대상 천장 쪽에 잔뜩 붙어 있었다. 우리가 들어가서 교회 맨 뒤쪽에서 불을 끄고 앉아 손들고 기도를 하고 있는데 큰소리를 지르면서 달려들었다. "야! 저 미친 것들이 밤새 기도를 하며 우리를 괴롭게 하였는데, 또 전도하면서 교회에 기도하러 왔네? 다들 총공격!" 하고 한 놈이 외치자마자 사방에 숨어 있는 귀신들까지 나타나서 우리 쪽으로 쏜살같이 왔다. 그러자 예수님께서도 급하게 나타나셔서 소리를 치셨다. "천사들아, 빨리 막아라!"고 하시자 전도할 때 줄곧 따라다녔던 천사 5명과 하늘에서 급하게 다른 천사들이 날아와서 손에 손을 잡고 일렬로 쭉 우리 앞에 늘어서서 마귀들이 다가오지 못하게 막아 주었다. 그러자 마귀들이 "에이! 신경질 나!" 하면서 가 버렸다.

예수님께서는 나에게 요셉이의 양말을 벗기라고 말씀하셨고 양말을 벗은 요셉이의 아픈 발 부분에 피를 잔뜩 발라 주셨다. 그리고 하시는 말씀이 "오늘 이후부터는 걸어다녀도 요셉이의 발이 아프지 않을 것이다! 점차 나을 것이니 가렵더라도 긁지 말고 잘 참아야 한다. 긁으면 재발하니 끝까지 견디어라!"고 말씀하셨다.

✝ 지옥에 있는 사모님의 친할아버지와 외할아버지

백봉녀 성도 - 기도하고 있는데 예수님께서 나를 데리고 캄캄한 지옥으로 데리고 가셨다. 주님과 함께 계속 지옥의 좁디 좁은 길을 걸어갔는데 별로 캄캄하지 않은 넓은 들판이 내 눈앞에 펼쳐졌다. 그곳에는 내가 알지 못하는 할아버지 두 사람이 서 있었는데, 그 모습이 참혹하고 소름끼쳤다. 나는 두려워 벌벌 떨고 있는데 예수님이 나의 손을 꼬옥 잡아 주시면서 "내가 항상 옆에 있으니 두려워하지 말아라!"고 하셨다. 사모님은 전에 혹시 주님의 인도하심으로 지옥에 구경가게 되면 사모님의 할아버지와 외할아버지가 지옥에 있는지 알아봐 달라고 부탁하셨는데 그래서인지는 몰라도 나는 사모님의 할아버지들이 있는 그 현장에 벌써 와 있었다.

주님께서는 자세히 보여 주셨다. 두 분 할아버지들을 아나콘다보다 더 큰 뱀이 모두 칭칭 감고 있었으며 뱀에 파묻혀서 머리가 보이지 않았다. 그리고 그렇게 엄청난 뱀이 어떻게 할아버지들의 입으로 들어가는지 잘 이해가 되지 않았다. 뱀은 수시로 할아버지 입으로 들어갔다 나왔다를 반복하였는데, 그럴 때마다 그분들은 크게 비명을 질렀고 살려 달라고 소리쳤다. 뱀이 힘껏 조여 버리니까 숨이 막혀서 죽을 것 같은 모습이었다.

나는 "예수님! 지금쯤 사모님도 깊이 기도하고 있는데 이 광경을 꼭 같이 보았으면 좋겠어요. 영안을 열어 주시면 안 되나요?" 하고 끈질기게 부탁을 드렸는데, 내가 하도 졸랐더니 주님은 알겠다고 하시면서 "강현자 성도는 내가 지금 지옥에 데리고 오는데 육신은 방언기도를 하고 있으니 칠흑 같은 캄캄함을 느낄 것이다. 그러나 그의 영만을 데리고 오는 것이니 자신의 육신은 지옥에 온 것을 모를 것이다!"라고 하시면서 사모님의 영혼을 데리고 오셨다.

결국 강현자 사모님의 영혼이 두 분 할아버지 앞에 서 있었고 예수님과 나도 서 있었다. 예수님께서 두 분 할아버지께 먼저 말을 걸었다. "너희들이 세상에 있을 때 같이 살았던 친손녀, 외손녀였던 강현자 성도가 지금 너희 앞에 서 있으니 잘 보거라!"고 하시자 뱀이 칭칭 감고 있는 상태에서도 두 할아버지가 소리치며 말을 했다.

그분들은 누가 먼저랄 것도 없이 "오, 내 손녀가 왔느냐? 네가 여기 웬일이냐? 이 무서운 곳에 왜 왔느냐? 내가 여기서 고통받고 있는 것을 보면 마음이 아플텐데 왜 여기 왔느냐?"고 소리를 쳤다. 그러자 사모님의 입에서 갑자기 구슬프게 우는 듯한 방언기도가 하염없이 쏟아져 나왔다. 사모님의 영혼은 그들을 볼 수가 없으니 눈물은 나오지 않고 방언기도 소리만 서글프게 하고 있었다.

나는 그 모습을 보면서 막 울기 시작했는데 주님께서 "봉녀야! 너는 지금 몸도 약하고 힘든 상태이기 때문에 울면 안 된다. 강현자 성도는 저들 앞에 놔두고, 너에게는 내가 특별한 장면을 보여 줄 것이니 나와 같이 가자!"고 하셔서 같이 천국을 향해 날아갔다. 예수님께서는 하나님 나라의 천사들이 타락하게 되었던 장면들을 자세하게 보여 주셨다.

천국에서의 그 특별한 광경을 목격한 후 주님과 나는 다시 사모님이 서 있는 지옥의 그 장소로 갔다. 예수님께서는 가시는 도중에 나에게 말씀해 주셨다. "아마도 현자 성도가 많이 울고 있을 것이다! 어서 가 보자"고 하셨다. 주님과 함께 손잡고 와 보니, 사모님은 여전히 혼자 서 있으면서 방언을 하면서 흐느끼고 있었다. 그 모습을 바라보는 주님은 사모님을 측은하게 여기시는 것 같았다.

두 분 할아버지는 여전히 외치시는데, 말할 때마다 입에서 뱀 대가리가 혀를 낼름거리며 들어갔다 나왔다 했다. 도대체 그 상태에서 어떻게 소리가 나오는지 모르겠지만 나의 두 귀에는 정확하게 들리는 것이었다. 사모님의 외할아버지가 크게 소리쳤다.

"우리 외손녀야, 정말 왔느냐? 어디 있느냐? 내가 너를 보고 싶은데 보이지 않구나! 발부터 머리 끝까지 이 저주받은 뱀이 나를 꽁꽁 감아 버려서 너를 볼 수가 없구나. 보고 싶은 외손녀야! 어디 있느냐? 어서 주님한테 이야기해서 나를 어떻게 좀 해 보거라! 제발, 제발 뱀이라도 내 몸에서 좀 떼어낼 수 있도록 해 다오. 너는 나를 볼 수 없지만 뱀만 없으면 나는 너를 볼 수 있다! 내 입을 열어서 자세하게 말을 하고 싶은데 뱀이 내 입에서 말을 할 때마다 막으니 어떻게 하면 좋으냐? 우리 외손녀, 현자야! 나의 손녀야! 정말 보고 싶구나!" 하고 통곡과 애원을 하면서 우셨다.

그 광경이 너무 처절하여 나도 같이 울 수밖에 없었다. 나는 예수님께 안 되는 줄 뻔히 알면서도 "사모님도 이 광경을 볼 수 있도록 해 주세요!" 했지만 주님은 말없이 보고만 있었다. "주님, 이분들이 왜 여기에 있어요? 어떻게 해서 오게 되었지요?" 하고 여쭈니까, 주님께서는 "이들은 살아 있을 때 술도 많이 먹었으며 부인들을 많이 괴롭힐 뿐만 아니라 나를 믿지 않아서 이 지옥에 왔는데 이제는 너무 늦었다!' 고 하시자, 이번에는 그 옆에 서 있던 사모님의 친할아버지가 소리치며 말하기 시작했다.

"내 손녀 강현자! 한 번만이라도 안아 봤으면 좋겠다! 내가 이렇게 지옥에서 고통받고 있단다. 그런데 세상에 있을 때는 정말 몰랐다. 너는 어려서 나를 잘 모르겠지만 내가 네 할머니 속을 무던히 썩이고 또 함부로 대했단다. 내가 정말로 잘못했다! 너는 열심히 주님을 잘 믿고 기도를 많이 해서 천국에 가서 행복하게 살아라! 여기는 절대로 오면 안 된다! 그런데 네 손 좀 잡아 보았으면 좋겠다. 그리고 한번 안아 봤으면 좋겠는데, 이놈의 뱀 때문에 그럴 수가 없단다!' 하시면서 두 할아버지들이 애처롭게 울기 시작하였다.

그런데 뱀이 갑자기 힘있게 조이기 시작하니까 그들의 몸이 으스러지면서 할아버지들이 크게 비명을 지르자 점차 살점들이 모두 터지더니 떨어져 나가면서 뼈만 남았는데, 그 뼈들도 전부 부서져 버렸다. 뼈들이 소리를 쳤다. "주님! 주님! 내 손녀 좀 보게 해 주세요!" 아무리 애원을 해도 소용이 없었다. 예수님께서 흩어지고 부서진 뼈에게 말씀하셨다. "네 손녀 현자는 지금 세상에서 예수를 믿어 목사 부인이 되어 나를 섬기고 있다!' 고 말씀하셨다.

예수님이 나에게 "이젠 되었으니 그만 가자!' 고 하시자, 두 할아버지의 몸은 어느새 살이 붙은 채 뱀이 칭칭 감은 상태가 되어서 구슬프게 울면서 소리쳤는데 얼마나 애처롭게 우는지 나는 그분들에게 위로의 말을 했다. 물론 그런 말들도 다 쓸데없겠지만…….

"할아버지들, 울지 마세요! 저도 엄마와 동생, 아버지까지 뜨거운 불구덩이에 활활 타오르는 곳에서 고통을 받고 있는데요. 할아버지들은 그래도 불 속보다는 나으시잖아요? 저도 가슴이 아파요! 그러니 속상하게 생각하지 마세요" 하고 말을 했는데, 주님께서는 나에게 "이제 그만 울고 빨리 나가자! 시간이 없다!" 하시며 내 손을 잡아당기시면서 사모님 손과 같이 잡으시고 기도하고 있는 교회로 내려왔다. 교회에서 기도하고 있는 사모님의 모습을 보았는데 다른 날과는 사뭇 다르게 고개를 양 옆으로 많이 흔들면서 슬픈 표정과 구슬픈 목소리로 방언기도를 하고 있었다.

나는 오늘 온몸이 쑤시고 결리고 아파서 기도를 제대로 못하고 누워 있었는데, 성령님이 주시는 힘으로 누워서 기도하는 중에 주님께서 지옥의 모습을 보여 주셨는데 책에 잘 기록하라고 하셨다. 이상하게 나는 지옥에만 갔다 오면 몸이 더 아픈 것 같고 견딜 수가 없다.

2부 기도회

설교 본문 "내가 세상에 화평을 주러 온 줄로 생각하지 말라. 화평이 아니요 검을 주러 왔노라. 내가 온 것은 사람이 그 아버지와, 딸이 어머니와, 며느리가 시어머니와 불화하게 하려 함이니 사람의 원수가 자기 집안 식구리라……"(마 10:34-38).

✝ 찬양하라, 내 영혼아

이유경 - 목사님의 새벽 설교가 끝나고 다시 기도에 들어갔다. 예수님을 부르면서 열심히 기도하고 있는데 예수님이 다시 오셔서 내 손을 잡아 주셨다. "유경아, 나와 손잡고 찬양할까?"라고 하셔서 얼른 "네!" 하고 대답을 하였다. 예수님과 같이 기도하는 곳에서 '찬양하라, 내 영혼아'를 반복해서 불렀다.

나는 예수님께 물어보고 싶은 여러 가지를 말했다. 그랬더니 주님께서 하시는 말씀이 "유경이 너 요새 말이 너무 많아졌다! 아휴, 끝없이 졸라 대는 너 때문에 대화하기가 힘들다! 힘들어!" 그러시면서 나의 등을 토닥토닥 해 주시고 "어이구 예쁜 것! 내가 우리 유경이를 보면 좋아 죽겠다"고 하셔서 기분이 좋았다.

그리고 예수님께서는 사모님이 울면서 간절히 기도하시는 데 가셔서 사모님을 위로해 주셨다. 예수님께서는 울면서 기도하고 있는 사모님 앞에 앉으셔서 다정하게 안쓰러운 듯이 말을 건네셨고 등을 두드려 주셨다. 주님은 나에게 다시 오셔서 말씀해 주셨는데 "유경아! 너 사모님 말씀 잘 들어라!"고 당부하셨다. 주님이 사모님께서 성령춤을 추면서 기도하고 있는데 그곳에 가셔서 사모님의 흉내를 내셨고 기도하는 사람들의 주위를 왔다갔다하셨다.

김주은 - 예수님께서 "하하하하!" 웃으시면서 강대상 위에서 기도하고 있는 목사님의 머리털 없는 부분을 집중적으로 어루만지시면서 "김 목사야! 대머리야! 대머리 김 목사야!" 하고 쓰다듬어 주셨다. 그 모습을 보는 나도 기도하면서 한참 동안 깔깔대고 웃었다. 목사님은 그런 사실을 아는지 모르는지 그저 기도만 열심히 하고 계셨다. 목사님은 아까 설교하시면서 재미있는 말을 했는데 주님께서 머리를 쓰다듬어 주시면서 '대머리 김 목사야! 사랑한다' 라고 해 주시면 좋겠다고 하셨다. 그래서인지는 몰라도 예수님께서는 기도하고 있는 목사님 옆에서 한참 동안이나 머리를 쓰다듬으시면서 "나의 사랑하는 김 목사야! 기도 열심히 하는구나. 목사는 대머리가 잘 어울린단다! 그리고 머리털이 나는 것은 나도 모르겠다!" 고 하시면서 크게 웃으셨다.

예수님께서는 목사님한테 가기만 하시면 농담을 잘 하시는 것 같다. 나는 주님이 목사님을 그렇게 대하시는 것이 보기가 좋았다. 예수님께서는 목사님이 이 책을 쓰고 나면 상급이 3배로 올라갈 것이라고 하셨고, 이렇게 추운 날씨에도 아침까지 기도하는 우리들에게 상상할 수 없는 복이 주어질 것이고 교회도 크게 부흥할 것이라고 말씀하셨다.

예수님과 이야기를 모두 하고 난 다음에 나는 방언으로 강력하게 기도하고 있는데 또 초승달 모양의 귀신이 걸어왔다. 이번에는 눈이 서로 안 맞는 모습이었는데, 주님의 이름으로 담대하게 물리쳤다. 조금 있으니까 처녀귀신이 소복을 입고 또 나타났다. 처녀귀신은 다른 때보다 더 무섭게 하려고 머리카락을 어깨에서 허리까지 늘어뜨리고 입가에 피를 더 많이 묻히고 드라큘라의 날카로운 이빨을 드러내면서 겁을 주었다. 그리고 조금 있다가 '딱! 딱! 딱!' 하는 소리나는 귀신까지 왔지만 예수님의 이름으로 모두 물리치니까 사라져 버렸다.

기도회를 마치고 다 함께 주먹밥을 먹었는데, 기가 막히게 맛이 있었다. 집에서는 김치가 그렇게 맛있는 줄 잘 몰랐는데, 기도회를 마치고 먹는 주먹밥과 김치는 환상적이다. 기도회가 끝나고 집에 오면 언제나 아침해가 떠올라서 우리를 맞이했다.

열네 번째 날의 영적 체험

설교 본문 "그리스도의 은혜로 너희를 부르신 이를 이같이 속히 떠나 다른 복음을 따르는 것을 내가 이상히 여기노라. 다른 복음은 없나니 다만 어떤 사람들이 너희를 교란하여 그리스도의 복음을 변하게 하려 함이라……"(갈 1:6-10).

† 계속 나타나는 마귀들
_ 해골바가지 마귀, 처녀귀신, 붉은 용, 머리 두 개 달린 뱀

김주은 - 방언으로 힘 있게 기도하고 있는데 특이하게 생긴 마귀가 나타났다. 징그럽게 생긴 해골바가지에 흰머리가 길게 치렁치렁 흘러내리는 모습이었고 해골의 얼굴은 굉장히 홀쭉했다. 나는 마귀가 다가오기를 기다리면서 속으로 방언을 하고 있다가 가까이 왔을 때, 크게 "예수님의 이름으로 물러가라!" 하고 외쳤더니, 단번에 사라져 버렸다. 마귀가 물러가는 그 순간은 너무나 통쾌하고 시원하다.

조금 있다가 또 처녀귀신이 소복을 입고 피를 질질 흘리면서 다가왔다. 그 처녀귀신이 나한테 "기도하지마! 내가, 방해할꺼야!" 하고 외치

고 덤볐지만 내가 "더러운 귀신아, 예수님의 이름으로 꺼져라!"고 했더니 사라져 버렸다. 그리고 또 다른 마귀가 나타났는데, 붉은색의 무서운 용이 화가 난 듯이 다가오는 것이었다. 그 용은 한입에 나를 삼켜 버릴 것만 같았다. 용은 몸통은 하나도 없고 얼굴만 보였다. 그 용은 얼굴도 무서웠지만 나를 째려보는 눈이 제일 무서웠다.

많은 마귀들이 계속 나타났다. 그런데 기도를 강하게 할수록 더욱 힘센 마귀가 오는 것이었다. 나의 영혼은 천국에 점점 가까이 가고 있는 것 같았다. 나는 무서운 마귀들이 겁을 주고 천국에 들어가지 못하게 하는 것 같아서 절대로 눈을 뜨지 않고 방언하면서 계속 마귀들을 물리쳤다. "더러운 마귀야, 예수님의 이름으로 물러가라!" 용은 쉽게 물러가지 않았다. 나는 악을 쓰면서 기도했다. "예수님의 이름으로 더러운 사탄아! 물러가라! 물러가라!" 그 마귀들도 쉽게 물러가지 않았지만, 나도 조금도 약해지지 않고 마귀들이 도망갈 때까지 덤벼들어 그들을 쫓아 버렸다.

그렇게 무섭고 강해 보이던 용도 크고 담대하게 악을 쓰고 외치니 없어졌다. 드디어 예수님께서 나타나셨다. 주님께서는 나 같은 어린아이가 마귀들을 물리치는 모습을 보시고 감격해하시는 듯하였다. 예수님께서는 나의 이름과 별명을 불러 주셨다. "주은아! 깨순아! 너의 믿음이 많이 좋아졌구나! 이제는 천국에 거의 다 왔기 때문에 절대로 눈을 뜨지 말고 조금만 더 열심히 기도하여라!"

나는 더 집중해서 기도를 하는데 갑자기 눈앞이 캄캄해져 아무것도 보이지 않았으며 시원한 바람이 부는 듯했다. 그리고 멀리 저 멀리 조금씩 무엇인가 문이 열리는 것처럼 느껴지는데 갑자기 강렬한 빛이 보였다. 나도 모르게 깜짝 놀라서 눈을 뜨려고 했는데 눈이 잘 떠지지가 않았다. 나는 순간 두려운 마음이 생겼다. 주님께서 오셔서 설명을 해 주셨다.

"주은이 네가 지금 방언으로 기도하면서 너의 영혼이 천사들과 함께 천국에 거의 다 가고 있는데 마귀가 또 나타나서 눈을 뜨게 하려고 방해를 했다. 그런데 내가 그 마귀를 쫓아 버리고, 너의 눈이 떠지지 않도록 했단다. 주은아! 오늘도 안 되겠구나. 기도를 조금 더 해야겠다!' 나는 속으로 '아휴! 이 더러운 마귀 새끼! 끝까지 나를 방해하네!' 하고 속 상해하는데 주님께서 나를 위로해 주셨다. "주은아! 걱정하지 말아라! 내가 꼭 너에게 천국 구경시켜 주마!' 하시고 약속을 해 주셨다.

나는 예수님께 다소 엉뚱한 질문을 했다. "예수님! 목사님께서 설교하시면서 학성이 오빠나 요셉이 오빠, 유경이 언니, 그리고 나는 별명을 수시로 부르면서도 어른 성도님들은 별명이 없어서 그런지 도대체 별명을 부르지 않는데, 별명을 좀 지어 주세요! 우리 목사님은 가끔씩 사모님 이름을 '봉자야! 봉자 사모야!' 하고 놀리세요. 사모님은 그 말이 굉장히 싫으신가 봐요?'

예수님께서는 "봉자? 음…… 봉자는 싫어하는 것 같으니까……. 현자는 사모이니까, 사봉이나 사몽이는 어떻겠니?' 하시면서 "둘 중에 하나를 고르면 되겠구나?'고 하셨다. 그리고 나는 주님께 부탁을 또 드렸다. "주님! 물질 좀 열어 주세요" 했더니, 주님은 "그런 일들은 기도를 열심히 하면 다 이루어진다"고 하셔서 오늘 기도를 마무리했다.

이학성 - 기도를 한참 하고 있는 중에 머리가 두 개 달린 엄청나게 큰 뱀이 나타났는데, 나는 너무 무섭고 놀라서 소리를 크게 질렀다. 그 뱀은 방언기도를 더 힘 있고 크게 하는데도 없어지지 않고 점점 더 가까이 왔다. 영화에서 봤던 아나콘다보다 더 큰 뱀이었다. 킹 코브라같이 생긴 머리가 두 개나 달려 있고 혀는 얼마나 무섭고 긴지 그 혀로 나를 향해 널름거리면서 내 앞에까지 뻗어왔다.

나는 얼마나 울면서 악을 쓰고 기도했는지 모른다. "주님! 제발 빨리 와 주세요! 어디 계세요? 도와주세요!" 아무리 불러도 주님은 오시지 않았다. 그 무서운 뱀은 기다렸다는 듯이 나의 발에서부터 천천히 휘감아 오르기 시작하여 점점 다리, 배, 가슴, 그리고 목까지 감으면서 있는 힘껏 조르기 시작했다. 숨이 점점 막혀 오는 그 순간에도 나는 쉬지 않고 주님을 부르고 또 불렀다. 그런데 뱀이 나를 삼키려고 입을 쩌억 벌리는 순간 예수님이 갑자기 나타나셔서 내 몸을 휘어 감고 있던 뱀을 잡아서 집어던져 버렸다. 예수님께서는 나에게 "학성아, 놀랬지? 걱정하지 말아라! 내가 너를 지켜 줄 것이다!"고 하시며 위로해 주셨다.

✟ 항아리 속 뜨거운 물에서 외치는 사람들

예수님께서 "너에게, 지옥을 보여 줄 것이니, 잘 봐야 한다!"고 하시면서 내 손을 잡으시자 시커멓고 새빨간 불이 활활 타오르는 지옥의 현장이 뚜렷이 보이기 시작했다. 주님과 함께 손을 잡고 가고 있는데 어마어마하게 큰 항아리같이 생긴 것이 눈에 보이기 시작했다. 그곳은 너무 커서 내 입이 다물어지지 않았으며 그 항아리 안에 있는 모습은 너무 무섭고 소름 끼쳤다. 그 안에는 시커먼 물이 부글부글 끓고 있고 새빨간 불이 활활 타오르면서 항아리를 달구고 있었다. 찌개를 끓이듯이 김이 많이 나오고 있었고, 항아리 속에는 수를 셀 수 없는 사람들이 있었는데, 남자와 여자들이 모두 알몸으로 살려 달라고 아우성이었다.

"아유! 뜨거워! 뜨거워서 못살겠다! 아! 미치겠어. 살려 주세요! 그만! 그만!" 그들의 살점들은 이미 온데간데없이 녹아 버리고 뼈만 흐트러져서 끓는 물에 둥둥 떠다니는데도 그 뼈들은 여전히 고통을 느꼈으며 소리치면서 말을 하였다. 사람의 살과 뼈가 타고 녹아내리는 역겨운 냄새가 코를 찔렀고, 검은 연기도 앞을 가릴 만큼 많이 피어 올랐다. 아마 예수님이 옆에 계시지 않으면 나는 벌써 기절했을 것이다. 주님께서는 내 손을 꼭 잡으시며 "조금 더 들어가자!"고 하셔서 나는 오직 주님만 의지하고 다음 행선지를 향해 이동했다.

† 점쟁이와 자살한 사람들이 받는 고통

한참을 들어갔더니 엄청나게 큰 마귀가 거대한 의자에 앉아 있는데, 무슨 지옥의 왕 같아 보였고, 그렇게 행세를 하는 것 같았다. 그 마귀의 발바닥에는 굉장히 큰 문이 눕혀져 있었고, 문 위에 사람이 몰려 있었으며 흰색 선이 그어져 있었다. 마귀는 자기의 발밑에 그어져 있는 흰 선을 발로 크게 한 번 '쾅!' 하고 밟았는데, 순식간에 바닥의 문이 밑으로 열리면서 그 라인 앞에 빽빽하게 서 있는 사람들이 우수수 떨어져 열린 문 속으로 빠져 들어갔다. 그곳은 화산이 폭발할 때 나오는 빨간 용암들이 부글부글 끓는 것 같기도 하였는데 그들은 떨어지면서 온몸에 불꽃이 붙어 소리를 질러 댔다.

나는 너무 무서워서 예수님께 여쭈어 보았다. "예수님, 이 사람들이 어떤 사람들이기에 이 무서운 불 속으로 들어가는 거예요? 불쌍해서 못 보겠어요. 아휴, 저 사람은 안 떨어지려고 바둥거리는데 어떻게 해요?"

예수님께서는 "이들은 세상에서 재미로 점을 보던 사람들과 점을 쳤던 사람들, 그리고 무당과 자살한 사람들이다"라고 말씀하셨다.

그런데 예수님께서 그 말씀을 하시자마자 땅에서 약을 먹고 자살을 했던 외삼촌의 모습이 보였다. 내가 외삼촌을 보았고, 외삼촌도 동시에 나를 쳐다보며 눈과 눈이 서로 마주쳤다. 나는 외삼촌을 보자마자 소리 쳤다. "외삼촌, 저에요. 학성이에요. 외삼촌이 왜 그 문 앞에 서 계신 거에요?" 그 마귀의 발 앞에는 많은 사람들이 또다시 끌려 들어와서 한 무더기로 서 있는데, 발만 한 번 '쿵' 하면 불 속으로 들어갈 수밖에 없는 아찔한 순간이었다.

나는 계속해서 예수님께 애원을 했다. "예수님, 우리 외삼촌이 위험 해요. 어떻게 좀 살려 주세요, 네?" 하고 엉엉 울면서 소리쳤다. "주님, 우리 외삼촌은 저한테 너무나 잘해 주셨어요. 외삼촌, 빨리 제 쪽으로 오세요. 어서요!" 예수님께서는 "학성아, 너무 늦었다. 안 된다. 이미 늦었다"고 하셨다. 외삼촌은 나를 보면서, "학성아, 내 손 좀 잡아다오. 학성아, 제발!" 그 순간 외삼촌이 내 손을 잡으려다 못 잡자 '쿵!' 소리 와 함께 그 문이 다시 열리더니 외마디 비명을 지르면서 많은 사람들과 함께 떨어졌다.

하나님을 모르는 많은 사람들, 수많은 중들도 하염없이 들어갔고, 교 회에 다니는 둥 마는 둥 하는 사람들과 교회 잘 다니다가 타락하는 사 람들 등 여러 종류의 사람들이 속수무책으로 떨어지고 있었다. 예수님 께서는 일일이 자세하게 다 설명하고 보여 주셨다. 무서워 겁에 질리고 주체할 수 없이 눈물을 흘리고 있는 나에게 주님은 "조금 더 들어가 보 자"고 재촉하셨다.

조금 더 들어가는데 내 눈앞에 갑자기 엄청나게 큰 물레방아 모양 같기도 하고 자동차 타이어를 세워 놓은 것 같은 둥근 모양의 물체가 위에서 아래로 반복해서 회전하고 있었다. 그 큰 물체에는 뾰족하고 날카로운 칼날이 위아래, 앞뒤 사방으로 달려 있었으며 칼 끝에는 새빨갛게 일정한 부분이 달구어져 있었다. 그것이 앞으로 굴러가면서 계속 움직였는데, 그 밑에는 알몸의 남자와 여자들이 일렬로 쭉 누워 있었다. 누워 있는 사람들은 어떤 틈도 없이 붙어 있었는데, 그 큰 물체는 인정사정없이 사람들을 깔아뭉개 버렸다.

눈을 뜨고는 도무지 볼 수 없는 광경이었다. 칼달린 것들이 그들을 마구 찔렀고 사람의 몸은 물 풍선 터지듯이 박살나 버렸다. 그러고 나면 지옥의 사자들은 쓰레기 더미를 치우듯이, 용암이 솟구치며 불구덩이가 넘쳐나는 화산 구덩이에 모두 쓸어서 던져 버렸다. 모든 것이 아수라장이었다.

그들 중에는 나이가 무척 어려보이는 듯한 아이도 있었는데, 나는 즉시 예수님께 물었다. "예수님, 저 아이는 어려보이는데 왜 지옥에 와 있나요?" 예수님께서는 그 아이는 지하철에 뛰어들어 자살한 아이라고 하였다.

화산이 폭발하는 것 같은 지옥에는 수많은 마귀들이 있는데, 모두 손목에 시커먼 팔찌를 차고 있었으며 엄청나게 큰 쇠몽둥이로 불구덩이 속에 안 들어가려는 사람들을 두들겨 패면서 계속 집어넣었다. 우리 교회에서 방언기도할 때마다 나에게 접근했던 마귀들을 그곳에서 모조리 볼 수 있었다. 그리고 엇비슷하게 생긴 마귀들은 수를 헤아릴 수 없을 만큼 많았다. 그것들은 인간들에게 고통을 주고 불로 지지면서 해롭게 하는 것을 즐거워하고 있었다.

† 변덕 부리는 사람들

예수님께서 다시 나에게 "학성아, 이곳을 잘 보아라"고 하셨다. 그곳에는 엄청나게 많은 사람들이 알몸으로 있는데, 큰 뱀과 작은 뱀들이 그들을 칭칭 감고 있었고 사람들과 뱀들이 너무 많아서 엉겨 있었다. 큰 뱀은 얼굴만 칭칭 감고 그 위에 똬리를 틀었고 작은 뱀들은 온몸 마디마디에 붙어 그들을 계속 물어뜯고 있었으며 그들은 괴성을 지르며 고통을 호소했다.

"주님, 이 사람들은 왜 여기에 있어요?" 하고 물어보니까 "이들은 한 번도 주님을 제대로 믿지 않았고 주님을 믿더라도 이랬다저랬다 변덕을 부리면서 교회 출석을 제대로 하지 않고 변덕스럽게 믿다가 거듭나지 못하고 사고를 당하거나 회개를 제대로 하지 않고 죽어 이곳에 있는 것이다. 너도 변덕을 잘 부리는데 그나마 나를 믿고 신앙생활을 잘해서 천만 다행이구나"라고 말씀해 주셨다.

그 옆에는 모든 곳이 불구덩이었는데, 불꽃이 살아서 활활 타올랐다. 한 치의 여유도 없어 보였다. 예수님은 계속 가자고 하시면서 내 손을 잡고 이끄셨다. 얼마쯤 가니 엄청나게 넓은 장소에 다다르게 되었다. 엄청나게 큰 벽면이 끝이 없는 그런 곳이었다. 그 벽은 위에서 아래로 빙글빙글 돌아가고 있었다.

큰 빌딩을 보면 입구부터 사람들이 열십자의 유리문을 밀고 계속 들어가면서 돌아가듯이 위에서 아래로 계속 돌아가는 큰 벽면에는 많은 벌거벗은 남녀가 양팔과 다리가 묶여 있는 상태로 벽에 붙어서 벽과 함께 돌아가고 있었다. 앞에도 뒤에도 묶여 있는 사람들은 다닥다닥 붙어 있었고 어떤 벽들은 옆으로 돌아가고 있었다. 그 벽 역시 사람들이 동일하게 묶여 있었다. 그리고 간간이 옷을 입은 사람도 있는 것 같았다.

조금 있으니까 밑에서나 옆에서 '쉬익' 하는 소리가 나더니 빨강, 노랑, 파랑 색깔의 불꽃이 크게 나오면서 사람들의 옷과 살을 활활 태우고 있었는데, 비명을 지르면서 살려 달라고 외쳤다. 벽면들이 돌아갈 때마다 불꽃이 사방에서 나와 태우고 또 태우자 그들은 곧 뼈만 남아 버렸다. 그러나 벽이 한 바퀴를 돌자 그들 몸에는 다시 살이 생겼으며 그 다음에는 남자들의 머리에 엄청난 뱀이 나타나서 휘감아 버렸다.

또 녹색의 흉측한 마귀가 나타났는데, 눈이 여우처럼 치켜 올랐고 세모난 코에, 머리 양쪽에는 도깨비 뿔모양이 났으며 손가락은 양쪽 모두 세 개씩 있었다. 몸은 엄청나게 뚱뚱하다 못해 퉁퉁 부은 것 같았다. 그들은 모두 도깨비 방망이 같은 몽둥이를 가지고 사방에서 튀어나와서 살려 달라고 외치는 그들에게 달려들어 인정사정 가리지 않고 두들겨 패기 시작하였다.

"살려 주세요!" 하면 그들의 머리를 쳐 버리고, "제발 풀어 주세요" 하면 또다시 몸을 두들겼다. 그중에 한 여자가 있었는데, 큰소리로 울면서 소리치기 시작했다. "난 억울해요! 정말 억울해요. 나는 세상에서 살기가 너무 힘들어서 자살했을 뿐인데, 왜 이렇게 더 힘들게 하고 지옥으로 보냈나요? 나는 지옥이 있다는 말을 한 번도 듣지 못했어요. 그래서 더욱 분하고 억울해요" 하고 외치고 또 외쳤다.

그러자 마귀가 크게 웃으면서 "너는 나에게 속아서 자살을 하였다. 너는 아무것도 몰랐지? 교회에 몇 번 나갔으면서도 그것도 몰랐느냐? 나는 네가 천국과 지옥 얘기를 들을까 봐 얼마나 마음 졸였는지 모른다. 너는 교회 다니면서도 자살했으니 당연히 지옥에 와야지. 너는 나에게 확실하게 속았다. 정말 기분이 좋구나. 내가 본때를 보여 주마" 하면서 그 여자에게 쫓아가서 인정사정 볼 것 없이 두들겨 팼다.

나는 그 모습을 보기만 해도 무서워서 어쩔 줄을 몰라서 계속 울고 있었는데, 주님께서는 나의 등을 가볍게 두드려 주시면서 눈물을 닦아 주시고는 꼭 안아 주셨다. 그들의 고통은 반복이 되었고 끊임없이 절규 하면서 부르짖었지만 영원토록 고난을 당할 수밖에 없다는 주님의 말 씀을 듣고서 지옥을 나왔다.

다시 방언으로 기도하고 있는데, 주님께서는 나에게 "학성아, 낮에 교회 와서 하는 기도보다 밤부터 새벽까지 하는 기도가 훨씬 능력이 있 고 강력한 힘이 있단다. 그러니 밤에 기도를 많이 하여라. 나를 잘 보아 라"고 하셨다. 주님을 보니 가시관을 쓰셨으며 구멍 난 손과 발에서 피 가 많이 쏟아져서 나는 많이 울었다.

나는 주님의 고난을 보면서 나의 죄를 계속 회개하였으며 울면서 기 도를 마쳤다. 예수님께서는 나를 천국에 잠깐 동안 데리고 가서서 내 눈물을 씻어 주셨으며 천국의 바닷가에서 신나게 물장구를 치고 재미 있는 곳을 구경하고 돌아왔다.

✝ 여기 천국에서 살면 안 될까요?

이유경 - 뜨겁게 기도하고 있는데, "점순아, 나를 만나러 왔니?" 하시 면서 예수님께서 나타나셨다. "네, 보고 싶었어요. 예수님!" 주님께서 "얼마만큼 보고 싶었니?" 하시기에 나는 손을 머리 위로 올려서 하트 모양을 그리면서 큰소리로 "예수님, 사랑해요!" 했다. 예수님께서 감동 을 하셔서 "그렇게도 내가 좋으니? 너는 나를 많이 좋아하니까 내가 하늘나라 높은 데에 끝까지 데리고 올라가서 구경시켜 주마" 하시고는 나의 손을 잡고 공중을 향하여 같이 날아갔다.

천국에 갔더니 예수님께서 나에게 말씀을 하셨다. "유경아 구름타고 싶니?" 나는 지체 없이 "네!"라고 대답했다. 주님께서 손짓을 하니까 구름 덩어리가 스스로 다가왔다. 예수님과 내가 구름 위에 올라타자마자 구름은 천국의 하늘 꼭대기로 높이 날아갔다. 예수님께서 나에게 "점순아, 내가 점순이라고 네 별명을 부르니까 기분이 좋으냐?" 하고 크게 웃으시면서 좋아하셨다. "예수님, 저는 예수님만 만나면 기분이 최고에요. 주님이 저의 별명을 지어 주셨잖아요?" 하자 주님은 "그래, 내가 지어 주었지."

오늘은 기분이 정말로 좋았다. 왜냐하면 다른 때에는 기도를 시작하면 악마들이 떼를 지어 나타났는데 오늘은 기도를 시작하자마자 예수님께서 제일 먼저 오셔서 천국으로 나를 데려오셨기 때문이다.

예수님께서 나에게 "유경아! 너, 오늘 기분 좋지?" 하시기에 내가 얼른 "네, 예수님. 오늘은 마귀가 안 보여서 너무너무 좋아요. 주님, 저와 같이 춤추시겠어요?" 했더니, 주님은 "그래" 하시면서 먼저 손을 잡으셨다. '찬양하라, 내영혼아'를 하고 있는데 천사들이 많이 와서 주님과 나를 빙 둘러서서 손을 잡고 강강술래와 같은 춤을 추었다. 한참 동안 춤을 추고 있는데, 한 천사가 나에게 와서 내 얼굴을 들여다보더니, "아유, 점순이 또 왔냐? 자꾸 와서 정말 좋겠네" 하면서 웃었다.

예수님께서는 하늘 꼭대기까지 나를 데려 가서 우리가 살고 있는 지구를 보여 주셨다. 천국에서 보는 지구는 굉장히 작았는데, 지구가 돌아가는 모습도 보여 주셨다. 예수님께서 손으로 가리키시면서 "저기가 너희 나라이고 여기가 너희 집이 있는 곳이다"라고 하시면서 자세히 가르쳐 주셨다.

나는 예수님께 부탁을 드렸다. "예수님, 그냥 땅에 내려가지 않고 여기 천국에서 살면 안 될까요?" 이에 예수님께서는 "아직 안 된다. 너는 땅에서 죽어야만 천국에 올 수 있다"고 하셨다. 나는 얼른 "주님, 지금 여기서 죽으면 안 되나요?" 했더니 주님께서는 "우리 점순이는 땅에서 주님의 일을 열심히 하다가 나중에 오너라"고 하셨다. 예수님께서는 천국에서 나하고 장난을 많이 치셨고, 재미있게 해 주셨다. 예수님과 나는 다시 우리 교회로 왔는데, 주님은 목사님한테 다정하게 가셔서 기도하시는 목사님의 머리를 많이 만져 주셨다.

✝ 지옥에 있는 무서운 전류가 흐르는 창살

백봉녀 성도 - 기도하고 있는데 예수님께서 오셔서 기도하고 있던 우리 모두에게 왔다갔다하시더니 멈칫하시며 중얼거리셨다. "오늘은 누구를 데리고 지옥 구경을 시켜줘야 하나?" 하셨는데, 나중에야 안 사실이지만 주님이 일부러 나를 데리고 가시려고 내 앞에서 말씀하신 것 같았다. 결국 주님이 내 앞에 서 계시길래, 내가 또 지옥에 가야 할 것 같은 예감이 들어서 두려웠다.

"너에게 보여 줄 것이 있으니 같이 가자"고 하시면서 내 손을 잡으셨다. 순간 목사님께서 "아버지와 큰누나는 예수님을 믿지 않고 돌아가셔서 아마 지옥에 있을 겁니다. 예수님이 저에게 지옥의 모습을 보여 주시면 제 눈으로 직접 보면서 책에 기록하여 더 자세하게 쓸 수 있을 텐데, 왜 예수님은 저는 안 데리고 가실까요?" 하셨던 말씀을 생각하고 있던 차에 나는 주님께 목사님께서 나에게 지옥에 가면 목사님의 아버지와 누나를 꼭 보고 오라고 한 그 부탁을 드렸더니 주님은 알겠다고 하셨다. 예수님께서 내 손을 꼭 잡으시면서 지옥에서 어떤 모습을 보더라도 지켜 주고 있으니 염려말고 안심하라고 말씀하시는 그 순간에 주님과 나는 벌써 지옥에 도착하여 좁디좁은 골목길을 걸어가고 있었다.

아무것도 보이지 않는 칠흑 같은 어둠이 짙게 깔려 있었고, 앞뒤가 어디인지 옆이 어디인지 가늠할 수가 없었다. 오직 주님께서 인도하시는 곳으로 갈 수밖에 없었고, 주님 자신께서 빛이 되셔서 길을 비추시고 계셨다. 주님과 손잡고 가고 있는 동안에 옆에서 얼마나 시끄러운 소리가 많이 나는지 귀가 찢어질 듯이 아프고 머리가 지끈거렸다.

그들의 소리를 생생하게 들을 수가 있었는데, 크게 울부짖는 고함 소리, 무슨 데모를 하는 듯한 외침, 하나님을 욕하는 소리, 서로 저주하며 싸우는 별의별 소리가 귓전을 따갑게 울렸다. 그 골목길은 끝이 없을 정도로 길게 나 있는 것 같았고 가도가도 끝이 안 보였다. 그리고 무슨 움직이는 물체들이 빠르게 내 옆을 휙 지나가는데, 주님께서 "잘 보거라" 하시고 손을 '휙' 하시니까 악마들의 정체가 보였다.

주님과 내가 서 있는 골목길의 양 옆에는 엄청나게 크고 넓은 규모의 방이 보였는데 얼마나 크고 높은지 지옥의 하늘에 닿아 있는 것 같았다. 그 방은 칸칸이 옆으로, 위로 쭉 뻗어 있고, 그 안에는 많은 사람들이 빽빽하게 들어가 있어서 발 디딜 틈조차 없이 서 있었다. 방 한 칸의 크기가 얼마나 큰지 63빌딩처럼 높았고, 운동장처럼 넓었다. 그리고 골목길 방향으로 되어 있는 곳은 큰 쇠창틀이 있는데, 무서운 전류가 흐르고 있었다. 그것은 꼭 우리가 사는 땅에서 여름 밤에 많은 모기가 극성스럽게 불빛을 보고 달려들면 처마 밑이나 바깥에 전기를 흐르게 만든 조그마한 기구에 모기가 닿기만 해도 '부지직' 소리를 내면서 타서 죽게 하는 장치처럼 사람을 그렇게 죽이는 장치 같았다.

사람들은 서로 골목길 쪽의 창틀에 안 가려고 서로 밀치고 싸우면서 치고 박고 소리를 지르는데, 어떤 사람들은 싸움에 져서 창틀 쪽에 밀리자 창살에 흐르는 전류에서 '부지직' 소리가 나면서 몸에 불이 붙어 한순간에 재가 되어 버렸다. 그리고 어떤 한 사람의 목소리가 들려오는데, 고래고래 소리를 지르고 있었다. 그는 주님과 내가 쳐다보고 있는 가운데 하소연을 하고 있었다.

"주님! 저는 세상에 있을 때 교회 밥을 많이 먹었고, 예배를 드릴 때에는 예배드리는 척하다가 다른 곳에 가면 그곳에서 교회와 상관없이 술도 먹고 담배도 많이 피웠어요. 그러다가 교통사고가 나는 바람에 죽었는데 이렇게 지옥에 와 버렸어요. 주님! 제발 저 좀 꺼내 주세요, 네? 꺼내 주세요. 이제 다시는 안 그러겠습니다."

그는 그렇게 애원을 해도 되지 않으니까 갑자기 더 큰 목소리로 애통해하면서 소리쳐 울기 시작했다. 그런데 더 이상한 것은 주님을 찾고 애달픈 목소리를 내자마자 살점들이 뚝뚝 떨어져 나가고, 해골처럼 변해 버렸다. 그러면서도 해골과 뼈다귀가 말을 하는 것이었다. "주님은 나를 꺼내 주실 수 있으세요? 꺼내 주시면 나쁜 짓도 안 하고, 술과 담배도 안 하고, 교회에서 절대로 밥먹지 않고 평생 기도만 하겠습니다. 죽으라면 죽는 시늉까지 하고 금식을 하라고 하시면 금식을 하며 천년이고 만년이고 기도 열심히 할 테니 꺼내만 주세요. 제발!"

그 사람은 그렇게 말하고 움직이다가 결국에 창살에 닿고 말았다. 그 순간 온몸에 불이 붙으면서 가루가 되어 버렸다. 그 옆에 있는 또 다른 목소리가 가냘프게 들리는데, 목소리를 들어보니 여자의 음성이었다.

그 여자의 음성은 점점 더 크게 날카롭게 들려 왔다.

"주님, 저는 억울하게 죽었어요. 너무 억울해요. 이런 곳이 있는 줄은 꿈에도 몰랐어요. 제발, 주님! 저를 꺼내 주세요"라고 하니까 예수님께서 하시는 말씀이 "내가 너의 잘못을 속속들이 다 아는데 여기까지 와서 거짓말을 하느냐?"고 엄하게 호통을 치셨다. 그랬더니 그 여자는 갑자기 돌변해서 주님께 욕을 퍼부어 대고 덤빌 듯이 외쳤다.

"그러는 주님은 잘한 것이 뭐가 있어요? 네가 주님이고, 네가 잘했으면 여기에 있는 수많은 사람들을 천국으로 보냈어야지! 네가 잘못했으니까 이렇게 지옥에 있는 게 아니냐?" 하고 반말을 지껄이는 것이었다. 주님께서는 견딜 수 없는 모욕적인 말을 들으시면서도 잠잠히 모든 말을 다 듣고 계셨다. 못된 여자는 또 반말과 존대말을 계속 섞어서 퍼부어 댔다. "주님, 너 말이야? 제대로 한 것이 뭐가 있느냐?"고 소리를 쳤다가 다시 극존칭을 썼다가 했다. 옆에서 보고 있는 나는 견디기가 너무 힘들었다. 그럼에도 주님은 대꾸를 안 하시고 듣고만 계셨다.

"야, 주님이라고? 좋아하시네. 봐라! 지금도 이렇게 수많은 사람들이 지옥에 많이 몰려오는데, 네가 주님 노릇을 똑바로 못했으니 다 그런 것 아니냐? 천국에 가는 사람은 가뭄에 콩나듯이 너무 적게 들어가고 있으니 주님이 되어가지고 그것도 못하느냐? 내가 지옥에 있으면서도 땅에서 천국 가는 사람들이 몇백 명밖에 없는 것 다 봤다. 그 시간에 지옥에는 수십만 명이 온다. 이 감옥 좀 봐라! 이렇게 넘치고 넘쳐 있는데, 그러면서도 네가 주님이라고?" 하면서 예수님께 삿대질을 해 대고 입에 담지 못할 욕을 퍼부었다.

그리고 그때 지옥의 감옥에 있던 엄청나게 많은 사람들이 주님이 오신 줄 알고 말을 걸려고, 손을 잡아 보기 위해서 손을 내밀다가 창살에 부딪혀서 가루가 되었고, 그 위험과 고통을 감수하면서도 서로 싸우고 주님과 내가 서 있는 골목길 쪽으로 오려고 혈전을 치렀다. 창살 쪽으로 오지 못한 사람들은 아예 드러내 놓고 저주의 욕을 퍼부었다. "네가 예수냐? 웃기는 소리하고 있네! 네가 무슨 구원자냐? 네 까짓것이 뭘 할 수 있어? 우리도 못 꺼내 주면서? 내가 세상에 나가면 너보다 백배 천배 낫겠다. 내가 얼마든지 더 잘 할 수 있어."

주님께서는 그들을 모두 외면하시면서도 저주의 말을 다 듣고 계셨다. 나는 주님께 애원했다. "주님, 제발 가요. 너무 머리가 아파요. 너무 힘들어서 숨을 못 쉬겠어요" 했더니 주님께서 "알았다" 하시면서 내 손을 꼭 잡아 주시며 조금만 더 들어가 보자고 하셨다.

† 장소를 옮겨 가면서 고통을 받고 있는 엄마

한참을 더 들어 갔는데 참혹한 광경을 다시 보게 되었다. 내가 두 번 다시 보고 싶지 않은 우리 엄마가 고통받는 곳이 나왔다. '아, 우리엄마! 어떻게 하면 좋을까?' 엄마는 내가 처음 보았던 지옥의 현장에서부터 차근차근 장소를 옮겨 가면서 고통과 저주를 당하고 있었다. 나의 발걸음과 주님이 한 걸음씩 앞으로 나아갈 때마다 엄마는 미리 다음 장소에 도착하여 기다리고 있다가 내가 오면 고통받는 그곳에 던져졌다. 엄마는 뜨거워 죽겠다고 크게 소리지르고 있었다. 나는 너무 큰 충격을 받고 쓰러졌지만 주님께서 나를 부축해 주셔서 겨우 서서 보고 있었다.

"엄마! 불쌍한 우리 엄마. 아직도 거기에 계세요?" 하고 소리를 치니까 엄마도 나를 보면서 맞장구를 치며 같이 크게 울었다. 엄마는 크게 우시면서 외쳤다. "아이고, 뜨거워! 봉녀야, 나는 다른 것은 다 참겠는데, 제발 뜨거운 물, 뜨거운 불 속은 정말 못참겠다. 아이구, 뜨거워! 봉녀야, 나 좀 꺼내다오!" 그러자 엄마는 살점이 녹아서 해골로 변해 버리고 말았다. 나는 안되는 줄을 뻔히 알면서도 눈앞에서 참혹하게 고통을 당하는 엄마 때문에 예수님께 애원을 할 수밖에 없었다.

"예수님, 도와주세요. 제발 도와주세요. 흑흑! 엉엉!" 아무리 많이 울고 울어도 소용이 없었다. 주님께서는, "이제는 너무 늦어서 안 된다. 꺼내 주고 싶어도 할 수가 없다"고 하셨다. 예수님은 강제로 내 손을 잡고 가시는데, 나는 자꾸만 뒤돌아 보면서 "엄마! 보고 싶은 우리 엄마. 나 어떡해? 엄마! 나 어떡해요?"를 외쳤고, 엄마도 역시 우시면서 "봉녀야! 내 딸 봉녀야!" 하고 불렀지만 엄마의 음성은 지옥의 하늘에까지 메아리가 되어 희미하게 울려 버렸다.

예수님과 함께 다음 장소로 이동을 하고 있는데 엄마가 고통당하는 모습이 또 보였다. 몇 걸음만 더 움직였을 뿐인데 엄마는 미리 도착해 있었다. 엄마의 옆에는 엄청나게 커 보이는 왕 마귀가 있었는데, 내가 엄마를 보자마자 마귀의 입에서 길고 긴 혀가 나오더니 뱀처럼 엄마의 몸을 휘감고 있었다. 엄마는 숨이 막혀 죽을 것 같은 모습이었고 그 힘든 와중에 나에게 이렇게 외쳤다.

"봉녀야! 왜 또 여기 왔느냐? 나를 살려 주기 위해서 온 것도 아니고, 꺼내 주지도 않을 거면서 자꾸만 뭐하러 오느냐? 그렇게 보지만 말고 제발 나를 살려다오. 살려 주라! 너는 내가 이렇게 고통받는 것이 그렇게 보고 싶으냐? 빨리 가거라! 그리고 다시는 오지 마라!" 외치는 사이에 왕 마귀는 엄마를 휘감아서 뜨거운 불이 활활 타오르는 곳에 던져 버렸다. 그 순간 엄마는 비명소리와 함께 타 버렸다.

† 도박꾼들의 고통

예수님께서 나에게 빨리 앞으로 가자고 손을 잡아 이끄셨다. 나는 온통 눈물과 땀으로 범벅이 되어 버렸다. 내 앞에는 또 다른 참혹하고 무서운 현장이 기다리고 있었는데, 헤아릴 수 없는 사람들이 실오라기 하나 걸치지 않고 알몸으로 줄을 지어 앉아 있었다. 특이한 것은 그 많은 사람들이 모두 앉아 있는데, 앞으로 나란히 하는 것처럼 두 발로 앉아서 나란히 하고 있었다. 바로 그 앞에는 집채만한 큰 악마가 역시 집채만한 도끼를 들고 있었는데, 그 도끼의 날이 얼마나 날카로운지 지옥불에 반사되어 번쩍거렸다.

지옥의 마귀는 앉아 있는 사람들을 인정사정 없이 도끼로 빠르게 손끝, 발가락 끝부터 허벅지까지 팔이 붙어 있는 어깨까지 순식간에 쪼개 버렸다. 그 순간 사람들의 비명소리가 끝없이 이어졌다. 앞선 사람의 고통을 보는 그 다음 사람의 표정은 사색이 되어 얼음장처럼 굳어 버렸고, 도끼를 잡은 마귀는 신나는 듯이 흥얼거리며 그 일을 하고 있었다. 큰 뼈가 나오면 있는 대로 크게 장작패듯이 찍어 버리고 작은 부위는 정육점에서 식칼로 닭발을 자르듯이 빠르게 처리해 버렸다.

나는 너무 놀라서 주님께 울면서 여쭈어 보았다. "주님, 너무 무서워요. 이들은 왜 이곳에 있는 거에요?" 했더니 주님께서는 "이 사람들은 세상에서 화투를 전문적으로 치고 노름을 많이 하고 남을 속여 나쁜 짓을 너무 많이 한 사람들이다. 그들은 손과 발과 모가지를 잘라야만 정신을 차릴 것이다. 그래봤자 지옥이지만⋯⋯." 그들은 손발이 잘리고 난 뒤에는 몸만 남아서 여기저기 뒹굴었고 그런 후에 신체의 모든 부위가 다시 붙어지면 반복해서 또 잘리기 시작하였다. 그들의 몸은 발 없는 인형처럼 앉아서 울고 고통을 호소하였다.

그런데 그중에 세상에서 자꾸 보았던 낯익은 얼굴이 보였는데 가까이서 보니 소스라치게 놀랄 수밖에 없었다. 그는 다름아닌 나의 아버지였다. 아버지와 동시에 눈이 마주쳤다. 아버지는 다음 차례가 되어서 고통받을 준비를 하고 있었다. 세상에서 있을 때 아버지는 나에게 견디기 힘든 상처를 많이 주었는데, 식구들 중에서도 유독 나만 미워하고 때렸으며 야단을 쳤다. 그 아버지가 나한테 잘못을 빌었다. "봉녀야! 내가 너한테 너무 잘못했다. 나는 너한테 죄를 많이 지어서 할 말이 없구나. 내가 지은 죄값을 달게 받아도 할 말이 없다. 그런데 너는 여기 왜 또 왔느냐? 왜 자꾸 오는거야?" 하자마자 왕 마귀는 사정없이 아버지의 팔다리를 도끼로 자근자근 잘라 버렸다.

아버지의 외마디 비명소리와 함께 나는 고개를 돌려 버렸다. 주님께 울면서 부탁을 하였다. "주님, 제발 이곳에서 빨리 벗어나고 싶어요." 나는 닭발로 만든 음식을 좋아하고 맛있게 먹는 편이었지만 이곳에서 본 것 때문에 지금은 닭발을 도저히 먹을 수 없게 되었고, 쳐다보기도 싫어졌다.

† 좌충우돌 백봉녀 성도

"주님, 주님이 우리 주님의 교회에 물질의 복을 주신다고 해 놓고 물질도 안 주시고, 또 약속해 놓고 금방 어기시고 지금 이렇게 영하 10도가 넘은 날씨에 난로의 가스도 떨어졌고 기름도 바닥이 나 버려서 추위에 벌벌 떨면서 밤새 손을 비비면서 기도하고 있는데, 왜 물질을 안 주시는 거에요? 우리집 식구 네 명이 목사님 사택에서 밤낮으로 먹고 마시는데, 목사님 댁도 이제 모든 것이 바닥이 나 버렸고 그나마 밥과 김치만 먹고 있어요. 왜 복을 안 주시는 거에요?

우리 가정도, 목사님 가정도 어려운데 어떻게 우리가 기도를 오래 합니까? 영적으로는 깊이 들어갔지만 육신적으로도 먹어야 기도할 수 있잖아요? 그리고 너무 추워요. 무엇 때문에 말씀만 해 놓으시고 약속을 안 지키시는 겁니까? 주님, 진짜 주님 맞아요? 우리 엄마, 아버지, 남동생이 있는 지옥을 다시는 안 보여 주신다고 해 놓고, 지옥에만 오면 마음이 싹 달라지시고 왜 제 마음을 자꾸만 아프게 하시는 거에요? 저는 아프면 꼼짝할 수가 없는데, 우리 부모님은 지옥에서 얼마나 아프겠어요? 우리 교회 사람들도 밤새 부르짖어 기도하고 나면 다음날 몸이 부어서 못 일어나요. 몸이 정말 아프고 괴롭습니다. 지금 모두들 육체가 정상이 아닙니다. 기도하는 것 자체도 고통스럽고 힘듭니다. 이럴 수가 있습니까? 주님, 정말로 감당할 수가 없어요."

엉엉 울고 또 울면서 주님께 덤볐다. 나의 원망은 쉬지 않고 계속 이어졌다. "저는 13년 동안 귀신을 섬기고 점을 쳐 왔어요. 저를 불 속에 집어넣으시고 엄마는 제발 꺼내 주세요. 잘못이 있다면 제가 더 많습니다. 제가 많은 사람들에게 점을 쳐 주었기 때문에 지옥에 오는 사람들이 많아졌어요. 주님도 아시다시피 저는 귀신에게 붙들려서 가출을 했고 가정과 자식도 내팽개치면서 점을 쳤어요. 우리 엄마는 저 대신 자식들을 길러 주셨는데 엄마가 지옥에서 고통을 당하고 있으니 저는 견딜 수가 없어요. 저를 지옥에 넣으시고 엄마를 꺼내 주세요. 제발요! 주님은 왜 그렇게 공평하지 못하세요?"

나는 앞뒤 생각없이 계속 지껄였는데 주님께서는 나의 원망을 한 마디도 빠짐없이 다 듣고 계셨다. 주님은 인내가 대단하셨다. 나는 주님의 눈치를 은근히 살피고 있었는데, 사람이 무슨 말을 하면 대꾸를 하는 것이 인지상정이건만 주님은 내가 불평을 하면서 퍼붓던 말을 다 들으셨으면서도 오히려 나의 눈치만 살피는 것 같으셨다. 잠시 침묵이 흐르고 난 뒤에 주님은 갑자기 "하하하!" 하고 크게 웃으시는 것이 아닌가? 나는 순간적으로 어리둥절했으며 속으로는 '아니, 주님이 미치셨는가?' 라고 생각을 하였다.

주님은 여전히 웃음을 멈추시지 않으셨고 한참 후 말씀을 하셨다. "봉녀야, 지금까지 내가 수많은 사람들을 데려가다 지옥을 잠깐씩 보여 주었지만 너처럼 지옥의 불구덩이가 눈앞에서 펼쳐지고 있는 상황에서 갑자기 물질 축복을 달라고 졸라 대고 퍼붓는 성도는 처음이다" 하시면서 한바탕 크게 웃으셨다. 주님의 말씀을 듣고 보니 그 말씀이 맞는 것 같아서 나는 쑥스러워 쥐구멍이라도 들어가고 싶었다.

내가 신앙생활을 한 지가 두 달밖에 안 되어서 망정이지, 나는 몰라도 한참 모르는 것 같다. 예수님께서는 다정하고도 인자하신 목소리로 말씀하셨다. "그래, 나를 향해 원망하는 너의 소리는 내가 모두 받아 줄 수 있다. 그러니 너무 걱정하지 말고 이곳을 모두 보거라."

태산같이 커 보이는 동물이 내 앞에서 움직이는데, 너무 커서 가늠할 수가 없었다. 악어 같기도 하고 용 같기도 한데 꼬리가 어림짐작으로 150개 정도는 달려 있는 것 같고 사람 얼굴을 하고 있는 머리는 100개 정도 붙어 있는 것 같았다. 그 마귀가 입을 쩍 벌리는데, 노끈처럼 기다란 혀가 입에서 끝없이 나오고 있었다. 그리고 그 옆에는 어떤 소복을 입고 있는 할머니가 서 있었는데, 악마의 혓바닥이 낼름거리면서 그 할머니를 휘감아 버렸다. 그 할머니는 바로 내 엄마였다.

그 마귀는 그 앞에 모여 있는 모든 사람들을 차근차근 혓바닥으로 휘감고 이빨로 씹어서 모두 삼켜 버렸다. 나는 비통에 빠져서 하염없이 울고 또 울었다. 예수님께서는 내 앞에서 계속 지켜 보고만 계셨다.

"봉녀야, 울지 마라. 네가 울면 내가 괴롭고, 네가 가슴이 아프면 내 가슴도 아프단다. 네가 슬프면 나도 많이 슬프다. 네 엄마가 죽지 않고 세상에 있었으면 내가 도와줄 터인데 이제는 너무 늦었다. 도와주고 싶어도 도와줄 수가 없단다. 네가 나에게 원망하고, 불평하고 달려들어도 나는 다 들어 줄 수 있다. 하고 싶은 말이나 속상한 것 있으면 전부 다 해 보거라. 웃고 싶으면 웃고 모두 말해 보아라."

나는 주님 앞에 너무 죄송해서 고개를 들 수 없었으며 눈물만 계속 흘렸다. 주님께서는 나에게 앞을 보라고 하셨다. 크고 넓은 시커먼 항아리가 눈앞에 있는데 그 안에는 무슨 시커먼 물이 부글부글 끓고 있었다. 심한 악취가 주변에서부터 시작하여 멀리 퍼져 나갔다. 곰팡이가 썩어서 나는 냄새와 비슷했다. 나는 그 냄새를 맡자마자 머리가 많이 아팠고 심한 구역질이 났다. "주님, 이게 뭐에요?" 주님은 이것이 큰 술 항아리인데 곰팡이로 인하여 썩어가고 있다면서 자세히 들여다 보라고 하셨다. 그 술 항아리 옆에는 많은 사람들을 들어가게 하려고 지옥의 사자가 준비하고 있었다.

✝ 지옥에 있는 목사님의 아버지와 누님, 그리고 내 동생

예수님께서 하시는 말씀이 나를 또 슬프게 만들었다. 주님께서는 항아리 옆에서 들어갈 준비를 하고 있는 사람들 중에는 나의 남동생과 우

리 교회 목사님의 아버지와 큰누나도 있다고 설명해 주셨다. 내가 확인하려고 하는 순간에는 벌써 내 동생이 맨 앞에 서 있었고 목사님의 아버지와 누님이라는 분도 바로 그 뒤에 서 있었다. 동생은 나를 바라보면서 "누나! 왜 또 왔어?" 하면서 울기 시작했고, 나도 사랑하는 남동생이 그 뜨거운 곳 안에 들어갈 것을 생각하니 울 수밖에 없었다.

그 순간 동생이 땅에 있을 때 청산가리 독약을 먹고 자살을 했던 생각이 나서 더욱 괴로웠으며 몸부림을 쳤다. 동생은 그때 자살을 하면서 그 와중에도 내 걱정을 하면서 죽어갔다. "누나, 매형하고 싸우지 마! 이 좋은 세상에 살면서 서로 위로해 주고 살아야지 왜 자꾸만 싸우는 거야? 알았지? 나는 먼저 죽지만 누나는 매형하고 싸우지 말고 오래오래 행복하게 잘 살아. 잘 있어!"

나는 동생에게 큰소리로 말했다. "이 누나가 너와 한 약속을 못 지켜서 정말 미안하다. 네 매형과 이혼하고 귀신들을 많이 섬겨서 내 자식들이 모두 다 얼마나 힘들게 살았는지 모른다. 누나를 용서해라." 그러나 남동생은 "누나는 자꾸만 지옥에 왜 와?" 하고 반문했다.

"응, 예수님께서 나를 데리고 오셨어. 나는 김용두라는 목사님이 전도해서 예수님을 믿게 되었어. 교회에서 기도하고 있는 중에 주님께서 나를 지옥에 데리고 와서 보여 주고 있단다. 나는 주님의 교회에 다니고 있는데 우리 교회 목사님이 내게 지옥에 가게 되면 목사님의 아버지와 누님이 지옥에 있을 거라고 하시면서 주님의 은혜로 만나보고 왔으면 좋겠다고 부탁해서 주님께 간청하여 이곳에 왔는데 너와 함께 목사님의 아버지와 누님이 있는 줄은 정말 몰랐구나" 하고 동생에게 이야기했다.

그렇게 이야기를 마칠 무렵에 그곳을 지키면서 형벌을 가하는 마귀가 나타나서 "똑바로 줄을 섯!" 하고 고함을 지르자 동생을 비롯하여 그들 모두가 초죽음이 되듯이 눈치를 살피며 긴장을 하였다. 그러자 조금 전까지 보이지 않았던 아버지와 엄마까지 모두 다시 모여 있는 것이 아닌가! 또 항아리 안에서 부글부글 끓고 있던 썩은 술 속에서, 비가 많이 오는 캄캄한 날에 번개 치듯이 보이는 꼬불꼬불한 불빛이 계속 번쩍거리고 있었다. 그리고 아버지, 엄마, 남동생을 들어서 그곳에 던져 버렸다.

부모님의 비명소리, 동생의 비명소리에 나는 또 한 번 충격을 받았다. "주님, 왜 이곳은 이렇게 참혹합니까?" 하고 울면서 물어보았더니, 이곳은 세상에서 술을 많이 마시는 사람들이 저주받아 들어가는 곳으로 누구든지 주를 믿지 않고 회개하지 않으면 이곳에 한 번씩은 들어간다고 하셨다. 그 옆에서 대기해 있던 사람들 모두 줄줄이 생선 엮은 듯이 들어갔다. 그들의 비명소리는 하늘 높이 울려 퍼졌다. 그 안에 던져지는 순간, 순식간에 살이 다 녹아 버렸고 머리만 겨우 나올 정도인데, 머리가 나올라 치면 지키고 있던 악마가 번개같이 달려들어 쇠몽둥이로 두들겨 패서 썩은 술구덩이에 집어넣어 버렸다. 그러면 그들이 소리치며 살려 달라고 비명을 질렀다.

주님께서 나에게 자세히 잘 보라고 하시면서 손짓을 하시자 어떤 할아버지와 예쁜 처녀가 같이 있었는데, 우리 교회 목사님과 아주 닮은 할아버지가 목사님의 이름을 크게 부르고 있었다. 목사님께 들은 이야기로는 목사님의 형제는 5남2녀인데, 목사님 큰 누나는 젊어서 객지에 나가서 병으로 죽었고, 형제 중에 목사님이 아버지를 제일 많이 닮았다고 하셨는데, 그 할아버지의 모습이 우리 교회 김용두 목사님과 너무 많이 흡사해서 깜짝 놀랐다.

할아버지는 갑자기 "용두야! 내 아들, 용두 어디 있니?" 하고 크게 부르시는 것이었다. 예수님께서는 목사님의 아버지에게 미리 말씀을 해 주셨다고 하셨다. "용두야, 이놈의 새끼 어디에 있느냐?" 나는 주님께 다시 여쭈어 보았다. "주님, 목사님 아버지는 여기에 어떻게 와 있는 거에요?" 주님은 "죄를 너무 많이 지어서 왔단다. 그리고 부인을 너무 고생시켰으며, 술을 좋아한 나머지 날마다 술에 찌들어서 살았다. 자식들만 많이 낳아놓고 제대로 키워놓질 못해서 자식들이 고생을 많이 했는데, 그 외에도 헤아릴 수 없는 죄들이 많이 있단다! 그러니 뜨거운 이 항아리 속 썩은 술의 고통을 맛보게 해야 한다"고 하셨다.

목사님의 아버지는 계속 큰소리를 쳤다. "용두야, 이놈아? 어디 갔느냐? 네가 목사가 됐다고? 어이구, 이놈아 네가 어떻게 하다가 목사가 됐냐? 너는 여기에 와 보지도 않고 왜 다른 사람이 대신 왔느냐?"고 하시며 계속 소리쳤다. 예수님께서는 그 할아버지에게 대신 답해 주셨다. "너의 아들은 지금 세상에서 목사가 되어서 복음을 전하고 있다." 그 할아버지는 나를 쳐다보았는데 나는 목사님의 아버지께 인사를 크게 하면서 내 소개를 하였다.

"안녕하세요? 저는 세상에서 귀신을 섬기고 있다가 병이 나서 병원에 입원하고 있는 중에 김용두 목사님이 찾아오셔서 전도하여 예수님을 영접하게 되었어요. 지금 서인천 쪽에 있는 주님의 교회에 다니고 있어요. 목사님의 신앙 지도를 받고, 밤마다 •성도들이 기도를 하고 있는 중에 예수님을 만나서 이곳에 오게 되었습니다. 저는 그 교회의 성도입니다. 목사님께서 '우리 아버지와 큰누나가 지옥에 있을 텐데' 하고 걱정을 많이 하고 계십니다. 그리고 혹시 지옥에 가면 아버님을 꼭 만나 보았으면 좋겠다고 하셔서 주님의 인도로 여기가지 오게 되었습니다"라고 했더니, "아, 그러세요?" 하고 서로 인사를 하였다.

목사님의 아버지는 "아니, 그런데 그놈이 어떻게 목사가 되었을까? 옛날에 어렸을 때, 그놈은 고집이 무지하게 세고, 심부름 시키면 잘 안하고, 말도 어지간히 안 들었는데, 그놈의 자식이 어떻게 목사가 되었지? 아침에 술 사오라고 하면 해질녘에 들어오곤 했는데, 어떻게 그런 일이 있을까? 목사가 되었으면 빨리 지옥에 와서 이 애비를 꺼내 줘야지" 하고 이야기하셨다.

나는 다시 이야기를 해 나갔다. "목사님께서 성도들의 영안이 열려지기를 간절히 기도하고 예배를 아침까지 인도하시고 있는데, 악령들이 성도들의 영안을 못 열어지게끔 얼마나 공격을 하고 방해를 하는지 모릅니다. 목사님께서는 죽기 살기로 귀신들을 쫓아내시고 기도를 강력하게 하고 계십니다"라고 했더니, "아, 내가 살아 있었다면 아들 말을 듣고 교회에 잘 다니다가 천국에 갈 터인데, 아이구! 이젠 어떻게 하나?" 하시고 엉엉, 울기 시작하셨다. "용두야, 네 얼굴 좀 보고 싶구나" 하시며 한탄하셨다.

목사님의 아버지는 목사님과 얼굴이 판박이처럼 닮았고, 키는 목사님과보다 훨씬 크고 덩치도 커 보았다. 목사님 아버지는 또 큰소리를 질렀는데 "어이쿠, 내가 마누라에게 못된 짓을 너무 많이 저질렀구나. 지금도 고생을 많이 하는 마누라만이라도 주님을 잘 믿고 천국가면 좋을 텐데. 나는 세상에서 있을 때 하루종일 노름하고, 술먹고 생활을 돌보지 않았고 마누라는 자식들을 먹여 살리기 위해서 남의 집 품팔이를 하면서 고생을 시켰는데, 그 죄값을 받는구나! 나는 저주를 받아도 싸다, 싸!" 하시면서 나에게 "세상에 가면 전해 주세요. 우리 막둥이가 교회를 다니다가 안 다닌 것 같은데, 꼭 이야기를 해서 예수님을 잘 믿으라고 해 주세요"라고 신신당부의 말씀을 하셨다. 그리고 또 아들들 중에는 형식적으로 교회를 다니고 주일을 제대로 안 지키는 아들도 있으니 무섭게 회개하고 신앙생활 잘하라는 말씀도 추가로 하셨다.

목사님의 아버지는 울면서 계속 이야기를 하시는데 그것도 주님께서 허락을 하셔서 되어지는 것 같았다. 목사님 아버지는 "내가 지옥에 와서 이렇게 고통을 당하고 있는데, 지옥에는 한 번 들어오면 절대로 나갈 수 없고 그것으로 끝나 버리기 때문에 형제나 친척들을 모두 전도해서 천국에 가야 해"라고 하셨다.

그리고 목사님의 아버지 뒤에는 얼굴이 하얗고 예쁜 젊은 아가씨가 서 있었는데, 그분은 목사님의 큰누나였다고 했다. 목사님은 어려서 자신을 잘 모를 것이라고 하면서 그분도 하염없이 울면서 내게 당부를 했다. "사랑하는 동생들 모두 예수님 잘 믿고 천국 가라고 하세요. 불쌍한 우리 엄마, 속을 썩여 드려 너무 죄송하고 너무 보고 싶네요. 평생 고생만 하셨던 우리 엄마는 꼭 무슨 일이 있어도 천국가야 해요. 꼭 전해 주세요. 나는 죄를 너무 많이 지었어요" 하고 외쳤다.

목사님의 누님이 그 말을 하고 있는 사이에 엄청나게 큰 지네 모양의 징그러운 동물이 눈알을 크게 부라리며 그분들을 뜯어 먹을 준비를 하고 있는 것 같았다. 목사님의 누님이 "불쌍한 우리 엄마, 그리고 동생들에게 내가 잘못한 것이 너무 많아요" 하고 울면서 예수님 앞에서 회개를 하자마자 지옥의 사탄이 하는 말이 "야, 그런 것은 땅에 있을 때나 가능하지 여기서는 안 통해" 하면서 저주를 했다.

목사님의 큰 누님은 약간 긴 생머리의 여고생 스타일에 피부가 뽀얀 미인이었다. 내가 그 누님한테 "세상에 있을 때 남자들이 많이 좋아 했겠어요"라고 하자마자 아까부터 먹잇감 노리듯이 호시탐탐 엿보고 있던 지네가 다가와서 누님의 얼굴까지 칭칭 감아 버렸다. 지네같이 생긴 벌레는 사람보다 몇 배나 더 크고 발이 수백 수천 개는 달려 있는 것 같았는데, 그 큰 지네는 감는 것뿐만 아니라 입에 있는 뾰족한 것으로 쑤셔 댔다. 그 순간 목사님 누님의 얼굴에 독이 올라 새파랗게 변해 버려서 눈으로 보기에도 너무 끔찍했고 처참한 모습으로 바뀌었다.

목사님의 아버지는 항아리의 썩은 술독에 던져졌고 목사님의 누님은 지네가 감싸고 있는데도 계속 말을 걸어왔다. "우리 엄마는 지금도 추운데 바깥에서 일하느라 고생하시는데 예수님 잘 믿고 천국가라고 하세요. 부탁드립니다. 우리 아버지는 여기 지옥에서 고통받는 것이 하나도 불쌍하지 않아요. 아버지는 엄마 고생시키고, 돈도 제대로 벌어오지 못하고 맨날 술집에 가서 놀고 술타령만 했어요. 아줌마, 꼭 전해 주세요. 우리 엄마와 동생들, 특히 우리 엄마가 불쌍해요. 동생들은 다 자라서 가정이 있고, 자기들만 생각할 텐데……. 자기들만 생각하는 동생들 때문에 속상해요" 하면서 막 웃었다. 나도 같이 울었다. 나는 누님을 끌어안고 같이 울고 싶었는데 주님께서는 가까이 가지도 말고 만지지도 말라고 하셔서 양손으로 끌어안는 시늉만 했다.

✝ 지옥의 하늘에 있는 십자가

목사님의 아버지와 누님과의 작별을 하고 난 뒤에 주님께서는 다음 장소로 이동을 하셨다. 이번에는 또 어느 곳을 보여 주실 것인가? 마음속으로 불안하고 초조함을 느끼면서 주님의 손을 붙잡고 따라갔다. 어느 정도 가고 있는데 주님께서는 손을 드시며 위에 있는 지옥의 하늘을 보라고 손짓을 하셨다. 위를 보는 순간 얼마나 깜짝 놀랐는지 모른다. 내 머리 위 지옥의 하늘 공간에는 엄청나게 많은 사람들이 알몸 상태로 십자가 형태로 하여 공중에 대롱대롱 매달려 있었다. 아! 이렇게 많이 매달려 있을 수 있을까? 지옥의 하늘에는 이들이 차지하는 공간 때문에 하늘이 잘 보이지가 않았다. 끝이 안 보이는 지옥 하늘에 매달려 있는 사람들을 말로 어떻게 표현해야 할지 몰랐다.

그들은 둘씩 마주보며 매달려 있는데, 그들 뒤에는 역시 그들과 같은 십자가 모양의 나무가 받치고 있었다. 예수님께서는 나에게 더 가까이 가서 보라고 하셨다. 거기에는 모든 종류의 인종들을 전부 끌어다가 모아 놓은 것 같았다. 양팔을 대못으로 박아 고정시켜 놓았고 발은 포개어서 대못을 박아 놓았으며 그들의 목에는 날카롭게 가시 돋친 담쟁이 덩굴 같은 줄이 목을 칭칭 감아서 그들은 십자가 형틀과 함께 공중에 매달려 있었다.

그들의 몸에는 뿔 달린 벌레들이 바글바글 모여들었다. 그리고 둘씩 짝을 지어서 서로 마주보게 하였으며, 그들은 무엇인가 계속 주문을 외우듯이 쉬지 않고 중얼거리고 있었다. 나는 그들의 충격적인 모습을 바라보면서 예수님께 물어보지 않을 수가 없었다. "주님, 아니 무슨 이렇게 처참한 곳이 다 있어요? 도대체 이 사람들은 무엇을 잘못했길래, 여기에 있는 거에요?"

✝ 건성으로 교회 다니는 사람들

그들의 정체는 곧 주님의 설명으로 여지없이 드러나고야 말았다. 주님께서는 분노하는 목소리로 바뀌어져 있었다.

"나를 기만하는 자들이다. 이자들은 모두 지상에서 교회에 다닌 자들이었다. 그러나 나를 가장 분노하게 만들었던 자들이다. 이들은 성경 책만 들고 교회에는 건성으로 다녔으며 뒤로는 몰래 술 마시고 담배도 아무 거리낌 없이 피웠다. 주일에도 잠깐 예배를 드리고 나서는 등산을 다녔고, 남의 가정을 파산시키는 이자 놀이에다 직업적으로 고리를 뜯었으며, 자기들 마음대로 신앙생활을 했던 자들이다. 열심히 믿었더라면 모두 천국에 갔을 텐데, 제대로 믿지 못하고 물과 성령으로 거듭나지도 못하였다. 그리고 세상 일은 열심히 하면서도 교회를 위하여는, 하나님을 위하여는 무엇이든지 형식적이요 건성으로 했다."

주님의 말씀이 끝나자마자 지옥의 사자가 크게 외쳤다. "너희들만 보면 내가 기분이 좋아진단 말이야! 너희들은 땅에서 신앙생활을 항상 대충대충 건성으로 했어. 나의 꾀임에 보기 좋게 속았구나. 이제 너희들이 했던 그 모습 그대로 내가 보여 주겠노라"고 하면서 무슨 신호를 하니까 크고 작은 벌레들이 엄청나게 나타나서 몰려오더니, 발밑에서 시커멓게 기어오르기 시작하였다. 벌레는 머리에 뿔이 두 개나 달려 있었고 수염도 여러 가닥으로 붙어 있었으며 일부는 밑바닥의 살을 뚫고 들어갔고, 뼛속까지 들어갔다. 수많은 벌레들이 벌떼처럼 달라붙어서 머릿속으로 들어 갔더니 그들 몸이 녹아서 시커먼 액체가 몸에서 줄줄 흘러내렸다.

십자가 형틀에 마주보며 달려 있는 그들은 서로 큰소리로 말을 했다. 그들은 옆에서 쇠몽둥이를 들고 지키고 있는 마귀들이 시켰던 말을 반복해서 해야만 했다. 그리고 시커먼 액체가 쏟아진 것을 보면서 소리를 지르는데, 못 박힌 고통을 참으랴, 목에 가시가 박혀 있는 고통을 참으라, 벌레들이 파먹고 있는 고통을 견디랴, 또 엄청나게 크게 소리를 질러야 되니 고역 중에 고역이었다.

조금이라도 소리가 약하거나 말을 하지 않으면 가차없이 마귀가 달려가서 두들겨 패고 지옥 불에 잔인하게 던져 버렸다. 그곳에서도 지옥 불이 제일 무서운 줄은 모두가 알고 두려워하는 것 같았다. 그들은 모두 정신이 하나도 없었다. 벌레들이 파먹을수록 송장 썩은 물이 계속 그들 밑으로 떨어져서 고였다. 벌레들이 살을 모두 파먹으면 뼈만 앙상하게 남았으며 결국에는 뼈까지 갈아 먹으니 그들은 가루가 되어서 썩은 물에 우수수 떨어졌다.

가루가 썩은 물에 닿자마자 그들은 다시 사람 형체가 되더니 지옥의 사자들이 또 달려들어 못을 박고 가시 올가미를 씌웠는데, 이일은 영원히 반복이 된다고 주님께서 똑똑히 가르쳐 주셨다. 예수님께서는 나에게 그 모습을 똑바로 보라고 하시면서 성경책만 들고 다니지 말고 제대로 믿어야 한다고 경고하듯이 말씀하셨다.

✝ 천국에 있는 하나님의 교회

충격적인 모습에 벌벌 떨고 있는 나에게 주님은 다정하게 말씀하셨다. "봉녀야, 너 많이 놀랐구나? 오늘은 여기까지만 보고 그만 가자. 봉녀야, 네가 오늘 지옥에서 보았던 가족들 때문에 너무 많이 울었고 충격을 크게 받았으니 내가 천국에 가서 너를 위로해 주고 싶구나. 천국의 교회를 보여 주고 싶으니 천국의 교회에서 예배드리는 모습을 보면서 기도 좀 하고 가거라." 주님께서 내 손을 잡자마자 나는 슬픔과 눈물이 없고 기쁨만 넘치는 환상의 세계인 천국의 빛난 하늘을 날고 있었다. 주님께서는 내 손을 잡자 나는 말로만 들어왔던 천국의 하나님의 교회를 방문하는 영광을 누렸다.

천국에 있는 하나님의 교회는 찬란하게 빛이 났으며 그 광채는 하늘을 뒤덮는 것 같았다. 성전은 어마어마하게 컸다. 너무 커서 상상할 수 없었다. 2층, 3층이 있는지 모르겠지만 내 눈에는 1층만 보이는 것 같았다. 성전바닥도 금이었고, 강대상도 금이며 모든 것들이 금으로 장식이 되어 있었다. 수많은 성도들이 앉아서 예배를 드리는데, 날개 달린 천사들도 예배를 같이 드리고 있는 중이었다.

주님께서는 어느새 강대상 위에 황금 면류관을 쓰고 서 계셨다. 그리고는 거기서 나에 대한 말씀을 하시는 것이었다. "내가 지상에서 백봉녀 성도를 데리고 왔는데 여기 오기 전에 지옥을 먼저 구경시켜 주었다. 그런데 지옥에서 고통을 당하고 있던 가족들을 보면서 큰 충격을 받고는 너무 많이 울어서 마음이 속상할 터이니, 천사들은 빨리 백봉녀 성도에게 가서 위로를 해 주어라. 내가 백봉녀 성도에게 김용두 목사의 아버지와 누나의 영혼을 보여 주려고 지옥에 데리고 갔는데 그곳에서 백봉녀 성도의 가족을 만났구나. 천사들아, 어서 빨리 위로해 주어라."

그리고 천국에서 음악소리가 크게 울려 퍼지는데 우리 교회에서 많이 부르고 있는 '성령 받으라'는 곡이 계속 나오고 있었다. 그리고 땅에서 활동을 하다가 활동이 다 끝난 천사들의 무리가 천국의 교회에 앉아 있었는데, 그들은 계급이 낮은 천사들인 것 같았다. 예수님께서는 강대상에 서서 또다시 큰소리로 선포하셨다.

"나의 모습을 보아라! 나는 너희들을 위하여 십자가에 달려서 피를 흘려 죽었다." 그렇게 말씀하시는 순간에 예수님께서는 천국 교회 강대상의 십자가에 달려 있으셨는데, 주님께서 십자가에 달려 있는 모습을 황금빛이 번쩍번쩍 비추었고 천국 교회에 앉아 있던 나에게는 계속 따뜻한 기운이 스며들어왔다. 그리고 많은 천사들이 나에게 다가와 위로하면서 말을 건네는데, 나는 더없이 행복하고 기분이 좋았다.

예수님께서는 내 마음을 풀어 주시려고 무척이나 신경을 많이 쓰시는 것 같았다. 나같이 하찮은 인간에게 주님께서 왜 그토록 관심을 써 주시는지 모르겠다. 나는 그저 죄인에 불과하고 교회에 나간 지도 두 달 정도밖에 안 되는데⋯⋯. 나는 죄를 많이 지어서 주님께 회개밖에 할 것이 없는 더러운 죄인이어서 눈물로 기도할 뿐이었다.

열다섯 번째 날의 영적 체험

설교 본문 "내 형제들아 너희가 여러 가지 시험을 당하거든 온전히 기쁘게 여기라. 이는 너희 믿음의 시련이 인내를 만들어 내는 줄 너희가 앎이라. 인내를 온전히 이루라. 이는 너희로 온전하고 구비하여 조금도 부족함이 없게 하려 함이라……"(약 1:2-7).

백봉녀 성도 - 주일 낮예배 후 사택에서 교회 식구들과 점심을 먹고 있는데 오랜만에 주일에만 나오는 성도들과 함께 화기애애한 분위기 속에서 대화를 했다. 나는 신성경 집사님에게 매일 밤 하고 있는 기도회에 나오라고 권면을 했다.

신 집사님은 30대 초반으로 영락없는 요조숙녀 같은 외모에 굉장히 차분하고 내성적인 분이다. '신 집사님이 성령의 불바다인 밤예배에 참석하면 어떤 모습으로 변할까?'를 생각하니 참으로 호기심이 생겼다. 우리 교회는 밤예배나 기도회 때는 별천지에 있는 것처럼 느껴질 때가 많다. 삼위일체 하나님께서 워낙 강력하게 역사를 하고 계시니까 모두들 은혜 충만한 모습으로 바뀌어져 버린다.

나는 지금까지 우상을 숭배하면서 살았다. 이전에는 예수님을 만난

적이 없었으며 주님의 교회에 와서 생생하게 체험하고 만났다. '세상에 어떻게 이런 일이 생길 수 있을까' 하고 의아하게 생각할 때가 많았다. 어떨 때는 '내가 전에 귀신을 섬기고 점치는 일을 해서 그런 것이 아닌가' 하고 의심을 많이 할 때가 있었으나 그럴 때마다 예수님께서 언제나 나의 궁금증에 대한 해답을 주셨다. 주님께서는 항상 다정하게 말씀을 해 주신다. "봉녀야, 내가 너를 얼마나 사랑하는지 모른단다. 네가 마음을 고쳐먹고 예수 믿기로 작정한 이상 네가 과거에 무슨 일을 했든지 상관없이 내가 너를 특별하게 보호해 줄 것이다. 그리고 기도 많이 하면 내가 너에게 능력을 부어 줄 것이다" 하고 축복을 해 주셨다.

나는 전에 다른 교회에 한두 번 정도는 다녀 보았다. 그것도 큰 교회만 가 보았다. 그런데 큰 교회 다닐 때는 이런 일이 없었는데 작고 조그만 개척교회에서 내가 이런 경험을 하고 있다니 '혹시 내가 말로만 들었던 이단 교회에 나가는 것이 아닌가' 하고 고민할 때가 한두 번이 아니었다. 그런데 주님께서는 자세하게 설명해 주셨다. "너희 교회 김 목사와 강현자 사모는 성도가 있든지 없든지 어려운 일이 적고 많고를 떠나서 항상 기도하였다. 나를 의심치 않았기 때문에 내가 김용두 목사를 너에게 보내서 복음을 통해 만나게 하였다"고 말씀하여 주셨다.

나중에야 알게 된 일이지만 목사님과 사모님은 교회에서 매일 밤마다 철야기도를 하고 계셨다. 예수님께서 그 모습에 감동을 하시고 나를 주님의 교회로 인도하여 만나게 하셨다고 했다. 나는 주님의 교회에 나오자마자 첫날 저녁예배 때 방언은사를 받았다. 은사가 무엇인지, 방언이 무엇인지도 모르는 내가 줄줄이 방언이 터져버린 것이다. 이제는 한두 시간 기도해서는 기도의 분량이 차지 않으며 세 시간, 네 시간은 거뜬히 할 수가 있고, 예닐곱 시간까지도 하고 있다.

어찌되었든지 작정기도가 15일이 지나면서 주님께서는 신성경 집사님까지 동참할 수 있는 은혜를 베풀어 주셨다. 오늘 저녁예배 때부터는 신성경 집사님까지 동참하게 된다는 생각에 나는 너무 기쁘고 즐거웠다. 우리 교회는 몇 명 되지는 않지만 나는 주일만 되면 모든 성도들에게 일주일 동안 밤마다 예수님과 만났던 내용들을 나누느라 기쁘고 즐거워서 어쩔 줄을 모른다.

무엇보다도 예배가 환상적이다. 예수님께서는 예배를 드릴 때마다 나타나서 박수도 치시고, 껄껄 웃기도 하셨다. 뿐만 아니라 셀 수 없는 많은 천사들이 내려와서 같이 춤도 추고, 아버지 하나님께 올릴 많은 기도의 향을 받기 위해 동분서주한다. 그리고 모든 장면들과 예배의 행위들을 자세하게 낱낱이 기록하는 천사들이 책을 들고 쫓아다니면서 분주히 움직이면서 적었다. 그 모습들은 나 혼자만 보는 것이 아니라 영안이 열린 사람들이라면 누구나 확실하게 볼 수가 있었다. 주은이와 학성이, 유경이 등 그 광경을 보고 있는 아이들 모두가 신기해하며 박수를 치고 있다.

† TV, 컴퓨터에 쏙 빠지게 하는 귀신들

김주은 - 방언으로 뜨겁게 기도하고 있는데 어떤 집이 갑자기 훤하게 보였다. 나는 그 집에서 일어나는 모든 일들을 자세하게 볼 수가 있었다. 어떤 남자가 방에서 비스듬하게 누워서 TV를 보고 있는데 TV 속에서 무섭고 흉측스럽게 생긴 악령이 빠져나와 TV를 보고 있는 그 사람에게 품안으로 쏙 들어가는 것이었다. 그 사람은 그것을 아는지 모르는

지 TV만 보고 있었다.

또 다른 모습이 눈앞에 보이는데, PC방이었다. 사람들이 꽉 차서 밤새도록 컴퓨터 게임을 하고 있었다. 그중에 한 남자가 눈에 들어왔다. 그 사람은 유난히 컴퓨터 게임에 집중을 하고 있었으며 눈도 뻘겋게 충혈되어 있었다. 자기 앞에 놓여 있는 컴퓨터 화면에서 갑자기 해골같이 생긴 귀신이 나오더니 그 사람 속으로 쑥 들어가는데, 그 사람은 순간 더욱 미쳐서 컴퓨터를 하였다. 나는 깜짝 놀랐다. "우와! 저런 일도 있네." '나도 TV와 컴퓨터를 좋아하는데 절대로 하지 말아야지' 하며 몇 번이고 결심하고 생각하였다.

다시 방언기도를 계속하고 있는데, 눈이 반달같이 생긴 귀신이 찾아왔다. 전에는 초승달 귀신이 자주 왔는데 이번에는 조금 더 커진 반달의 모습으로 다가왔다. 반달 눈 속에는 또 새카만 눈이 있었으며 머리 모양은 해골바가지였다. 또한 입술이 없고 이빨만 있어서 그 이빨을 부드득 갈았다. 나는 큰소리로 "예수님의 이름으로 꺼져라"고 했더니 나에게 오지 못하고 짜증을 내면서 소리를 쳤다.

"에이! PC방이나 가자"고 하면서 그 귀신이 가고 있는 모습과 PC방 화면이 내 눈에 자세하게 보였다. 그중에 한 사람이 오락에 점점 미쳐가고 있는데, 귀신이 하는 말이 "너는 컴퓨터를 좋아하니 네 속에 들어가야겠다"고 하면서 쑥 들어가 버렸다. 엄청나게 많은 귀신들이 사람들에게 다가가서 훼방하는 모습들이 많이 보였는데, 성도들이 30분, 20분, 10분밖에 기도하지 못 하게 만들어 버렸다. 교회 잘 나가던 사람들을 못 가게 하고, TV에 빠져들어 더 많이 보도록 했으며 컴퓨터 중독자로 만드는 모습까지 훤히 보였다.

그런데 사람들은 그러한 귀신들이 활개치며 다니는 것을 전혀 알지 못하고 깊이 빠져 들어만 갔다. 사람들이 TV를 켜자마자 TV 속에 흰머리가 있는 해골바가지 귀신들이 박쥐의 날개를 접었다 폈다 하면서 공중을 날아다니다가 사람들의 품속으로 날아들었다. 나는 너무 깜짝 놀랐다. '아, 이렇게 해서 귀신들이 역사하는구나' 속으로 생각하면서 '앞으로 무엇이든지 주님께 물어보고 해야 되겠다' 는 강한 생각이 들었다.

✝ 기도하게 가만 놔두지 않는 마귀들
_ 상어 이빨 귀신, 초승달 귀신, 농구 귀신, 가분수 마귀, 사자 마귀, 눈알 귀신, 처녀귀신, 개구리 마귀

계속 방언으로 부르짖어 기도하고 있는데, 갑자기 상어 이빨 같기도 하고 악어 이빨 같기도 한 귀신이 눈에 보였다. 이빨과 머리카락만 길게 늘어뜨려 있는데 날카로운 이빨로 히죽히죽 웃고 있었다. 너무 무섭고 깜짝 놀라서 기도하다가 눈을 몇 번씩 떴다. 다시 눈을 꼭 감고 기도하고 있는데, 이번에는 '딱! 딱!' 소리가 났다. 나는 무섭고 소름이 끼쳐서 당장 일어나 강대상 위에서 기도하시는 목사님 옆으로 달려가고 싶었지만 목사님의 기도를 방해할 것 같아서 그냥 참고 악을 쓰면서 기도했더니 사라졌다.

다시 기도를 하는데 늘 봤던 초승달 귀신이 걸어왔으나 이번에는 가볍게 한방에 물리쳐 버렸다. 그런데 학성이 오빠에게 들었던 농구 귀신이 나에게 다가왔는데, 그 귀신은 자기 머리를 잘라서 공으로 만들어 머리를 튕기기 시작했다. 목이 잘려진 부분에는 시커먼 피가 꽉 차 있

었고 잘려진 머리통이 "야, 농구 한 판 할래?" 하고 나에게 말을 걸어왔다. 내가 "싫어! 미쳤어? 예수님의 이름으로 물러가라"고 외쳤지만 쉽게 물러가지 않았다. 그러는 사이에 예수님께서 갑자기 나타나셔서 내 이름을 부르셨다.

"주은아, 내가 너를 내일 밤에 천국에 데려가서 많은 곳을 구경시켜 주겠다"고 말씀하셔서 나는 예수님께 부탁의 말씀을 드렸다. "주님, 지옥도 아직 많이 못 봤는데 더 보여 주세요" 하면서 울기 시작하자 예수님께서는 "주은아, 네가 울면서 기도하니까 내 가슴이 너무 아프구나" 하셨고 주님께서도 같이 우셨다.

예수님께서 가시고 나서 나는 다시 집중하여 기도하는데 가분수처럼 머리가 큰 마귀가 다가왔다. 이마 쪽에 눈이 세 개나 일자로 차례차례 붙어 있었고 머리에는 뿔이 한 개 있었는데 얼굴에는 눈과 입만 있었다. 입을 '쩍' 수시로 벌리면서 가까이 다가오는데 몸은 아주 작고 머리만 엄청 컸다. 입을 벌리는 모습은 너무 징그러웠고 끈적끈적한 액체가 늘어나기도 하고 질질 흘리기도 했으며 이는 악어 이빨처럼 날카롭게 많이 나 있었다. 내가 "예수님의 이름으로 이 더러운 마귀야, 꺼져라"고 외쳤더니 저승사자 모습으로 변신을 하며 다가왔다. TV에서 전설의 고향에 나오는 저승사자와 어쩌면 그렇게 똑같은지 모르겠다. 나는 예수님의 이름으로 크게 외치며 쫓아 버렸다.

그리고 이번에는 무섭게 생긴 사자의 모습으로 마귀가 찾아왔는데, 나는 너무 무섭고 겁이 나서 벌벌 떨었다. 엄청나게 큰 사자의 얼굴과 갈기털, 이빨과 발톱 등 무섭지 않은 것이 하나도 없었다. 기도하고 있는 내 앞에 와서 큰 입으로 어흥거리고 있었는데 한입에 삼켜 버릴 듯이 버티고 있었다. 그런데 사자같이 생긴 마귀가 내게 "내가 너를 감옥으로 끌어가 주마" 하고 말하는 순간 즉시 내가 "무슨 소리! 이 더러운 마귀야! 예수님의 이름으로 물러가라. 물러가라!"고 외치자 없어져 버렸다.

"휴" 하고 한숨을 쉬고 있는데 또 눈알 귀신이 찾아왔다. '어휴! 오늘따라 왜 이리 귀신이 많이 오는 거야?' 그 눈알 귀신은 큰 눈 한 쌍에 다리가 붙었는데, 어설프게 붙어서 뒤뚱거리며 걸어오는 그 모습이 너무 웃겨 나는 크게 웃어 버렸다. 그랬더니 그 마귀가 분해서 소리를 쳤다. "야, 왜 나를 비웃는 거야?" 나는 "응, 네가 하도 웃기게 생겨서 그런다. 왜?" 라고 했더니 "야, 웃지 마" 하는 것이었다.

그 마귀는 주님께서 지어 주신 나의 별명을 마구 불렀다. "야! 너 깨순이지? 깨순아, 깨순아, 웃지 마. 씨!" 라고 나를 놀렸다. 나는 "야! 이 마귀야, 그건 예수님께서 내가 귀엽고 예쁘다고 해서 별명을 지어 주신 건데 네가 뭔데 함부로 내 별명을 부르는 거야? 이 쓸모없는 추악한 귀신아! 이상하게 생긴 더러운 귀신아! 예수님의 이름으로 물러가라!" 하고 크게 외치자 없어져 버렸다.

나는 너무 통쾌하기도 하고 재미가 있어서 웃으면서 기도를 하였다. 그런 사이에 갑자기 시멘트 바닥에서 구두 신고 걸어오는 듯한 소리가 들리더니 처녀귀신이 나타났다. 내가 제일 싫어하고 무서워하는 귀신이 바로 처녀귀신인데, 그 처녀 귀신은 긴 생머리에 소복을 입고 항상 나타났다. 눈이 옆으로 찢어져서 눈가에도 피가 흘렀으며, 드라큘라 같은 이빨에 입가에도 피가 잔뜩 묻어 있었다.

그 귀신은 점점 가까이 내가 무서움을 느낄수록 다가왔다. 내 얼굴 앞에까지 와서 갑자기 입을 쩍 벌렸는데 나는 무서워서 얼른 눈을 떠 버렸다. 눈을 뜨면 성도님들 모두 방석을 깔고 조금씩 떨어져 기도하는 모습이 보이는데 눈만 감으면 그 모습들이 보였다. 엄마 옆에 바짝 붙어서 기도해 보기도 하고 목사님 옆으로 가서 기도도 하였지만 어차피 눈을 감고 하는 기도이기 때문에 다른 사람 옆에 붙어서 기도한다고 해서 마귀가 떠나는 것은 아니었다.

다시 눈을 감고 방언으로 기도하고 있는데 그 처녀귀신이 가지 않고 더 무서운 얼굴로 나를 째려보면서 기도를 못하게 하였다. 나는 주님을 불렀다. "주님, 무서워 죽겠어요. 도와주세요!"라고 했더니 인상을 쓰면서 소복 입은 귀신이 없어져 버렸다.

나는 마음을 놓으며 '휴, 이제 됐구나' 하고 다시 기도를 하고 있는데, 백봉녀 성도님이 보았다는 그 마귀가 나에게 오기 시작했는데, 그 모습도 징그럽고 혐오스러웠다. 얼굴은 도깨비같이 흉측스럽고 머리가 여기저기 많이 달려 있었으며 얼굴과 머리 부분에는 눈이 앞뒤로 꽉 차 있었고 손과 다리가 여러 개씩 붙어 있었다. 내가 "야, 이 더러운 마귀야 꼴도 보기 싫다. 예수님의 이름으로 물러가라"고 외쳤더니 없어져 버렸다. 아! 오늘은 마귀들을 내쫓느라고 너무너무 피곤하다.

기도하다가 지쳐서 나도 모르게 팔이 내려와 버렸고 얼굴까지 앞으로 숙여지면서 급기야는 쓰러져 버렸는데 어떻게 기도회를 마쳤는지 모르겠다. 네 시간 정도 기도를 한 것 같았다. 기도회를 마치고 주먹밥을 먹고 있는데 백봉녀 성도님이 말씀해 주셨다. 내가 기도를 끝마칠 무렵에 예수님께서 천사 두 명과 함께 내 옆에서 나를 쓰다듬어 주시면서 천국에 데리고 가려고 오셨다고 했다.

예수님께서 "주은아, 내가 지금 너를 천국에 데리고 가서 구경시켜 주려고 하는데 지쳐서 쓰러져 있구나. 주은아, 일어나거라. 일어나라. 천국에 함께 가자"고 하셨는데 내가 앞으로 고개를 푹 숙여 버려서 일어나지 못했다는 것이었다. 그 말을 듣는 순간 나는 너무 아쉽고 속상했다. '주님은 왜 꼭 내가 지칠 때에만 오시지? 아휴, 조금 더 일찍 오셨으면 좋을 텐데…….' 서운한 생각에 속이 상해서 눈물이 많이 나왔다.

† 예수님과 춤추는 학성이

이학성 - 방언으로 강하게 기도하고 있는데 또 마귀들이 어김없이 달려들었다. 기도하고 있는데 황소개구리처럼 통통하게 생긴 개구리 모습의 마귀가 찾아왔다. 개구리처럼 팔딱팔딱 뛰어 오는데 투명색이었다. 눈은 위아래로 세 개가 연거푸 달려 있고 등 부분에 검은 점은 징그러울 정도로 많았지만 주님의 이름으로 물리쳐 버렸다.

이번에는 사람 얼굴을 한 마귀가 왔는데 얼굴의 절반은 불에 덴 듯한 화상이 있었다. 화상당한 쪽은 눈이 아예 없고 귀는 당나귀같이 생겼고 당나귀 모양의 귓속에도 작은 귀가 또 달려 있었다. 그 마귀는 손이 없고 맨발로 걸어오는데, 입을 벌려 히죽거렸고 이빨은 영락없이 드라큘라와 같았다. 나는 흉측스럽고 무서워서 예수님을 크게 불렀는데 주님께서 가시관을 쓰신 채 나타나셨다.

마귀는 그 순간에 사라져 버렸고 예수님만이 피를 흘리신 채 나에게로 가까이 다가오셨다. 예수님께서는 아무 말씀도 하지 않으셨고 그냥 내 앞에 서서 피 흘리시는 모습만 보여 주셨다. 주님의 머리에서 나오는 피는 가늠할 수가 없었으며 머리의 앞과 뒤, 양옆에서 하염없이 쏟아져 흘러내렸다. 나는 나도 모르게 큰 소리를 내면서 울기 시작했다. "예수님! 어떻게 해요? 어떻게 하면 좋아요. 나를 위해 죽으신 예수님!"

하면서 엉엉 울고 또 울었다. 예수님께서는 양손을 내 앞으로 내미셨는데, 주님의 손목에는 못 자국이 있었고 그 못 자국에서도 계속 피가 쏟아졌다.

정신없이 울고 있는데 예수님께서는 나와 함께 춤을 추자고 하셨다. 나는 이상하게 주님이 말씀을 하시면 거역할 수가 없었다. 내가 전혀 해 보지도 않은 일을 주님은 요구하신다. 울고 있는 중에 춤추자고 하시니 어찌해야 할 바를 모르겠다. 내 눈에는 눈물이 쉼 없이 흘렀고 주님께서는 피 흘리신 모습으로 내 손을 잡으시고 서로 말없이 춤을 추었는데 나는 그저 주님이 이끄시는 대로 따라갔다.

어떻게 추는지도 모르고 움직였다. 예수님은 나에게 "학성아! 오늘 오후에 전도 참 잘했다. 교회 청소도 말끔하게 잘했다"고 칭찬하시면서 좋아하셨다. "와! 우리 학성이는 참 기특하구나. 오늘 날씨가 상당히 추웠는데 동생들을 데리고 다니면서 전도도 잘하고……" 하시면서 나를 다시 안아 주셨다.

예수님께서 가시자 마귀들이 네 마리나 한꺼번에 나타났다. 해골마귀는 몸이 모두 뼈다귀였고, 마디마디가 모두 흩어져서 춤을 추며 움직였다. 그리고 아까 나타났던 얼굴 절반정도가 화상 입은 마귀가 나에게 와서 기도를 방해했으며 소리쳤다. "기도하지 마라. 기도하지 마라. 기도하면 안 돼!'

또 조금 있으니까 노란색으로 머리를 물들인 마귀가 머리카락을 길게 늘어뜨리고 앞에서 빠르게 왔다갔다하면서 혼란을 주었고 손목이 잘려진 것들도 교회의 천장과 벽면에 달라붙어서 정신없이 춤을 추었고 내가 하는 기도에 집중을 못하게 했다. 나는 마음을 다하여 몸이 흐트러지지 않으려고 부르짖고 몸부림치면서 예수님의 이름으로 강력하게 기도하여 마귀를 쫓아 버렸다.

† 알콜 중독자들이 가 있는 항아리 지옥

예수님께서는 내가 마귀들을 다 쫓아 버리고 나자 웃으면서 나타나
셨다. "학성아, 나와 함께 갈 데가 있다. 같이 가자"고 하시며 손을 잡자
마자 벌써 지옥에 와 있었다. 크고 시커먼 항아리가 뜨거운 지옥 불에
시뻘겋게 달궈져 있었는데, 안에는 뜨거운 물이 보글보글 끓고 김이 많
이 나고 있었는데 무슨 국물이 오래도록 끓고 있는 것 같았다.

예수님께서는 나에게 가까이 가서 자세히 보라고 하셨는데, 엄청난
사람들이 소리치며 뜨겁다고 살려 달라는 비명이 귀에 쟁쟁하게 들렸
고 그 중에 어떤 사람이 나의 이름을 부르면서 손을 내밀었다. "학성아,
나 좀 꺼내 줘. 으악! 뜨거워 죽겠다!' 나는 내 이름 부르는 사람을 쳐다
보았는데, 그는 바로 나의 이종사촌 형이었다. 그 형은 나를 잡아 보려
고 손을 내밀었는데, 그 항아리 옆에 지키고 있던 지옥의 마귀가 박쥐
같은 날개를 펄럭거리면서 금방 날아가서 이종사촌 형을 몽둥이로 두
들겨 패고 다시 펄펄 끓는 그 속에 집어넣어 버렸다.

박쥐같이 생긴 마귀는 이마에 큰 뿔이 있었으며 그 옆에도 수많은 마
귀들이 왔다갔다 걸어다녔으며 공중에도 엄청나게 많은 용들과 이무
기같이 생긴 것들도 셀 수 없는 날개를 펴고 날아다녔다. 예수님께서는
나에게 "학성아 겁먹지 마라"고 말씀하셨는데 저 마귀들이 아무리 많
아도 내가 너를 지키고 있는 한 건들지 못할 것이다"라고 하셨다.

많은 마귀들이 예수님과 나를 힐끔힐끔 보면서 지나갔다. 주님께서

는 "여기에 있는 이 항아리 지옥은 술을 많이 마셔서 알코올 중독자가 된 사람들과 담배를 많이 피운 사람들이 들어가는 곳인데, 한 번씩은 여기를 거쳐 가야 한다"라고 설명을 해 주셨다. 거기에는 남자들이 알몸으로 들어가 있으며 항아리에 들어가자마자 살이 녹아 버렸고 그 속에도 시뻘건 불이 있는 것 같았다. 예수님께서 오늘은 여기만 보고 그만 나가자고 하시기에 내가 "아멘!" 했더니 벌써 교회에 와 있었다.

† 마귀들의 끈질긴 등장
_ 농구 귀신, 얼굴 반만 사람인 마귀, 손목이 잘린 마귀

이유경 - 기도하고 있는데 학성이 오빠한테 나타났던 농구 귀신이 자기 머리를 공으로 만들어서 퉁퉁 팅기면서 말을 걸어왔다. "야, 너 나하고 농구 한판하자?"고 해서 내가 "이 더러운 마귀야, 예수님의 이름으로 물러가라"고 외쳐서 쫓아 버렸다. 농구 귀신이 없어지자마자 또 다른 마귀가 왔는데, 꼭 만화영화에 나오는 것 같은 모습이었다. 얼굴의 반은 사람이고 반은 흰색 물체로 머리에 뿔이 달려 있었다. 그 마귀도 예수님의 이름으로 쫓았더니 없어졌다.

그때 다른 마귀가 또 찾아왔는데 예수님이 지어주신 나의 별명을 부르면서 조롱했다. "너, 점순이지?" 하고 낄낄거리며 비웃었는데, 내가 "야, 이 마귀야, 네가 그것을 어떻게 알아? 그 별명은 주님께서 지어 주신 것인데 너희들이 뭔데 함부로 불러?" 하고 나무랐더니 그 마귀가 "나는 너희들이 하는 모든 말을 다 들을 수가 있다"면서 비웃었다. 나는 화가 나서 "야, 이 더러운 마귀야, 예수님의 이름으로 물러가라"고

하니까 도망쳐 버렸다.

그러자 마귀가 또 왔는데, 학성이 오빠에게 나타났던 손목이 잘린 마귀가 나에게 와서 내 주위를 걸어다니며 겁을 주는 것이었다. 그리고 조금 있으니까 아까 나타났던 농구 귀신이 와서 농구하자고 졸라댔다. "야, 농구가 얼마나 재미있는데? 빨리 나하고 농구하자." 계속 보채는데 나는 머리를 양쪽으로 계속 흔들며 "싫어, 싫어!" 하고 외치면서 주님의 이름으로 물리쳐 버렸다. 그러자 예수님께서 빛난 옷을 입으시고 나타나셨다.

예수님은 내 손을 잡으시면서 "유경아, 천국가자"고 하셔서 강대상의 십자가 문으로 들어가서 날기 시작하였다. 천국에 도착하면 꼭 천사들이 마중을 나와서 환영해 주는데 예수님께서는 언제나 천국에 있는 많은 방들 가운데 책이 있는 방에 나를 데리고 가서 그곳에서 마음껏 구경하라고 하신다. 여러 가지 셀 수도 없는 많은 종류의 책들이 도서관처럼 빽빽이 꽂혀 있고 모두 금으로 만들어져 있어서 나는 이곳이 참 좋다.

정신없이 책을 만지고 들어 보기도 하며 펼쳐보고 있는데 주님께서는 갑자기 "유경아, 나와 함께 지옥에 가자"고 말씀하셔서 나는 그 자리에서 "싫어요! 절대 안 갈 거에요. 구경하고 싶지 않아요"라고 하면서 거절해 버렸다. 그런데 주님께서는 다정하게 나에게 꼭 보여 주고 싶은 곳이 있다며 내 손을 잡아 이끄셨다. 예수님은 나에게 "내가 너의 옆에 항상 있으니, 너는 걱정하지 말아라"고 하셨으며 손을 꽉 잡으라고 하시면서 같이 지옥을 향하여 날아갔다.

✝ 지옥은 영원히 고통만 당하는 곳

예수님과 손을 잡고 있으면 천국이든 지옥이든 우리가 기도하고 있는 교회든 관계없이 금방 가고 오는 게 참으로 신기하다. '어떻게 이런 일이 있을 수 있을까?' 어느새 예수님과 나는 지옥의 중심에 서 있었다. 우리 할머니가 지옥의 마귀에게 고통을 받고 있는 모습은 정말 싫은데 이번에도 예수님은 할머니가 고통을 당하는 모습을 보여 주셨다.

할머니는 뜨거운 불이 활활 타오르는 곳에 있었는데 얼마나 뜨거운지 내가 멀리 떨어져 있는데도 뜨거운 불기운을 느낄 수 있었다. 할머니는 엄청나게 크고 시커먼 프라이팬 옆에 서 있었는데 프라이팬 밑에는 새빨갛고 시퍼런 불꽃이 달구고 있었으며 그 속에는 많은 사람들이 알몸인데 기름으로 생선을 튀기듯이 되고 있었다. 비명소리와 함께 그곳에 들어가기 위해서 줄을 서 있는 사람들의 모습은 넋이 빠진 것처럼 겁에 질려 벌벌 떨고 있었다.

그들 중에 맨 앞에 우리 할머니가 서 있었다. 아마 다음 차례인 것 같아서 할머니는 크게 울고 있었다. 그 순간에 지키고 있던 사자가 할머니를 번쩍 들어서 프라이팬 안으로 던져 버렸다. 눈 깜짝할 사이에 일어난 일이었다. "으악! 뜨거워! 살려 주세요!" 하는 할머니의 비명소리에 나는 기절할 것만 같았다.

할머니와 같이 프라이팬 안에 던져진 사람들은 모두 있는 힘껏 '살려 달라', '꺼내 달라' 고 비명을 지르고 있었다. 그리고 또 그곳에 던져진 사람들은 모두 활활 타오르는 불 속에다 다시 던져졌다. 뜨거운 불꽃이 던져진 사람들을 닥치는 대로 태우고 또 태웠다. 살 타는 냄새와 시커먼 연기가 자욱해서 나는 앞을 제대로 볼 수 없었다. 무섭게 생긴 지옥의 사자가 그들을 불 속에서 모두 끄집어내자마자 사람들은 살이 다시 생겼는데, 엄청나게 큰 뱀이 나타나서 할머니를 발에서부터 목까지 칭칭 감고 조이기 시작했다.

할머니는 뱀이 조여드니까, "유경아, 예수님께 말씀드려서 제발 나 좀 살려 주라. 못살겠다. 아이고! 못참겠다"고 외치시다가 그 나쁜 뱀이 할머니의 목을 쓰러뜨려 버렸다. 나는 큰소리치면서 "할머니! 예수님, 우리 할머니 좀 어떻게 해 보세요. 제발요! 아버지 하나님" 하고 소리를 쳐도 되지를 않았고 예수님은 "너무 늦었다"고만 하셨다.

못된 마귀는 축 늘어진 할머니를 다시 프라이팬에다 던졌는데 할머니는 다시 크게 비명을 지르셨고 살은 녹아 없어졌다. 이상한 것은 프라이팬이나 지옥 불에 던질 때는 할머니를 비롯하여 많은 사람들이 우리하고 똑같은 사람의 모양으로 있었으나 그 안에 들어가자마자 살이 녹고 타 버려서 해골이나 뼈로 변했는데 다시 마귀가 끄집어내면 정상인처럼 되었고, 그러면 큰 뱀들이 와서 칭칭 휘감고 목을 조여 부서뜨렸다.

예수님께서는 지옥은 영원히 이렇게 고통만 당하는 곳이라고 말씀하셨다. 할머니와 함께 있던 사람들은 그런 고통을 반복해서 당하고 있었다. 그 와중에 할머니의 비명소리가 내 귀에 들려왔다. "유경아, 너는 이 할머니가 불쌍하지도 않니? 내가 소리 지르고 애원을 해도 왜 그렇게 보고만 있는 거야? 제발 살려 주라. 아, 견딜 수가 없구나. 너무 뜨겁다. 유경아, 제발 어떻게 좀 해 다오."

할머니의 목소리를 듣고 있는 나는 소리를 내어서 크게 울었다. 예수님께서는 나의 얼굴을 얼른 감싸 안아 주셨고 달래 주셨다. 마귀를 향해 나는 큰소리로 "야, 우리 할머니 건들지 마! 하지 마! 이 마귀야" 하고 외쳤지만 소용이 없었다. 그 마귀는 머리가 수도 없이 많이 붙어 있고 손과 다리도 여기저기 붙어 있었다. 예수님께서는 나에게 "유경아, 이제 그만 보거라"고 하시며 나를 데리고 다른 곳으로 가셨다. 할머니의 비명을 뒤로 하고 주님과 함께 계속 나아가는데, 마귀들 셋이 무슨 이상한 소리를 지르면서 기분이 좋은 듯 춤을 추고 있었다.

그들은 흉측한 모습을 하고 있었는데, 그중에 하나는 머리가 엄청 컸으며 또 하나는 머리가 아주 작았으며 나머지 하나는 머리 가운데 부분에 털이 있었다. 그들은 이상한 욕을 해 대고 있었고 누군가에게 달려들어 번갈아가면서 날카로운 입으로 사정없이 물어뜯고 있었다. 예수님과 함께 나는 그들이 무슨 짓을 하는지 알아보기 위해서 가까이 다가갔다.

나는 또 한 번 기절할 뻔하였는데 조금 전까지 프라이팬 속에서 고통당하고 계시던 할머니를 어느새 마귀들이 데려와서 내가 보는 눈앞에서 계속 괴롭히고 있었다. 못된 마귀들은 할머니에게 큰소리로 "너는 죽어야 돼. 너는 죽어야 돼!"를 반복하다가 갑자기 할머니에게 달려들어서 이빨로 귀를 물어뜯어 버렸다. 그 순간 할머니는 비명을 지르면서 "아이고!" 하면서 펄쩍펄쩍 뛰어다니면서 고통을 호소했다. 할머니는 이곳저곳으로 달아나려고 하였지만 마귀들이 계속 번갈아가며 입으로 물어뜯고 괴롭혔다. 나는 쫓아가서 마귀를 혼내 주고 싶은데 그럴 수가 없어서 속상했다. 예수님, 너무 무서워요." 주님께서는 "이제 그만 보고 가자"고 하셔서 우리는 지옥에서 나왔다.

지옥은 너무 무섭고 끔찍했다. 나는 예수님을 믿고 있는 것이 너무 다행이라고 한숨을 쉬었고 지금도 지옥에서 고통당하는 할머니를 생각하면 눈물이 나온다. 교회에서 다시 기도를 하고 있는데 해골바가지를 한 마귀가 찾아왔다. 자기 얼굴인 해골에는 하얗게 보이는 구더기 같은 벌레들이 바글바글했다. 내가 "예수님의 이름으로 물러가라"고 큰소리쳤더니 곧바로 없어져 버렸다.

기도를 열심히 하고 있는데, 예수님께서 다시 오셔서 나를 천국에 데리고 가셨다. 예수님께서 예지를 데리고 오셔서 예지와 함께 천국을 날아다녔고 천국의 바다에서 같이 물장구를 치면서 즐겁게 헤엄치고 놀았다. 그리고 많은 천사들이 우리의 노는 모습을 구경하였고 재미있어서인지 몰라도 그들도 한참 동안 웃었다.

나는 수많은 천사들과 예지와 함께 신나게 놀았고 노래도 많이 불렀다. 예수님께서는 우리 엄마는 예쁘니까 '예쁜이' 라는 별명을 지어 주셨는데, 내 조카인 미나에게는 '울보' 라고 하셨다.

† 지옥에 있는 형부와 조카

백봉녀 성도 - 성령춤을 추면서 방언기도를 하고 있는 중에 하늘에서 천사 두 명이 다가왔다. 왜 왔냐고 물어보니 예수님께서 주님의 교회에서 기도하고 있는 백봉녀 성도를 데리고 오라고 명령을 내리셔서 데리러 왔다는 것이다. 나는 기분이 좋아서 얼른 따라 나섰는데 그들이 오히려 지옥으로 나를 데리고 가 버렸다. 나는 내심 실망했지만 참았다.

지옥에 와서 천사들과 함께 길을 가는데, 그 길은 끝이 없었으며 시커먼 길이라서 나는 불안하고 초조했다. 한참 동안 앞을 향해서 가고 있는데 버섯 모양을 하고 있는 나무들이 지옥의 땅 위에 줄을 지어 서 있는 것이 보였다. 가까이 다가가서 바라보니 더욱 충격적인 모습이었는데, 바로 앞까지 가서 보았더니 그것은 버섯도 아니요 나무도 아닌 사람이 끝도 없이 땅에 박혀 있는 것이었다.

그런데 이상한 것은 얼굴은 사람인데 몸부터 발까지는 뱀처럼 생겼으며, 뱀 꼬리 끝이 뾰족한 것같이 사람의 다리 끝 부분도 뱀꼬리처럼 뾰족하여 땅속에 그대로 박혀 있었다. 그 모습을 보는 순간 얼마나 소름끼치고 가슴이 벌렁거렸는지 모른다. '아니! 어떻게 이럴 수가 있지?' 그들은 얼굴까지 이상한 모습으로 변형이 되어 있어서 어떻게 표현을 못 하겠다.

나도 모르는 사이에 벌써 예수님께서 내 옆에 나타나셨다. 예수님과 나는 저주받은 그들앞에 서 있는데 그들은 흐느끼면서 주님께 애원하고 있었다. "주님, 제발 우리 몸을 사람 몸으로 만들어 주세요" 하는 중에 다른 한쪽에서 나를 부르는 소리가 크게 들렸다. "봉녀 처제! 처제, 날 좀 봐. 여기야, 여기!" 하는데, 오래 전에 죽었던 형부의 낯익은 음성이었다.

소리 나는 쪽에서는 알몸의 두 남자가 서 있었다. 그들이 서 있는 곳바로 옆에는 땅 바닥에 전류가 흐르고 있었고 이제 막 전류가 흐르는 곳으로 옮기려고 하는 찰나에 형부와 조카가 얼굴이 시퍼렇게 질려 있는 모습으로 벌벌 떨면서 나를 불렀던 것이다. 그곳은 무슨 칸막이나 기구가 있는 장소도 아니었으며 '넓디넓은 평평한 땅이었는데 왜 저렇게 두려워하나?' 하는 생각이 들었지만 가까이 가서 보니 장난이 아니었다. 지옥에는 어느 한 곳도 무섭지 않은 곳이 없었으며 어디를 가도 참혹한 형벌과 고통이 기다리고 있었다.

조금 있으니까 지옥의 하늘에서는 번개가 번쩍거리고 하늘을 찢는 벼락 소리가 들렸는데, 형부와 조카가 서 있는 바로 옆에 내리쳤다. 그 순간 형부와 조카, 그리고 나는 무섭고 놀라서 뒷걸음을 쳤다. 조금 있으니까 다른 남자 한명도 마귀에게 끌려와서 형부 뒤에 섰다. 형부는 나에게 겁에 질린 채 부들부들 떨면서 소리를 쳤다. "처제! 나 어떡해? 저곳에 가면 뼈도 못 추리고 온몸이 없어져 버리는데 처제, 제발 옆에 같이 계신 예수님께 부탁해서 저쪽으로 안 가게 만들어 줘. 제발! 아이고, 나는 어떻게 하나! 처제, 내가 언니한테 너무 잘못한 점이 많았어. 언니한테 내가 크게 잘못했다고 꼭 전해 줘, 알았지?"

형부는 세상에 있을 때 시간이 나면 항상 꿩이나 새들을 잡으며 평생을 사냥의 재미에 푹 빠져 있던 사람이었는데, 언니 속을 이만저만 썩인 것이 아니었다. 언니는 형부 때문에 말할 수 없는 고통을 당하고 시달렸다. 그러던 어느 날은 사냥을 나간다고 하면서 언니에게 빨리 부엌에 가서 밥하라고 하면서 도시락을 꼭 챙겨 달라고 해서 형부의 성화에 견디다 못한 언니가 급하게 부엌에 들어가서 밥을 하고 있는 사이, 형부는 꿩을 잡을 때 쓰는 독약을 한입에 털어 넣고 자살을 해 버렸다.

그 형부가 이제는 돌아올 수 없는 여기 지옥에 있다! 형부는 애걸복걸하면서 나에게 언니한테 정말로 미안하고 잘못을 많이 했다고 꼭 전해 달라고 했다. 그리고 땅에 있는 딸에게, 또 언니에게 예수님을 꼭 믿고 기도 많이 하여 천국에 가라고 신신당부를 했다.

그 옆에 서 있는 조카는 세상에서 있을 때 선원이었는데 그 일이 너무 힘들고 뱃사람들에게 매일 두들겨 맞고 쉬지도 못해서 나중에는 폐결핵으로 죽었는데, 그 조카도 나에게 소리를 질렀다. "이모! 나는 죽으면 아무것도 안 하고 편할 줄 알았는데 이곳은 너무 무서워요. 온갖 고통을 영원히 당한다고 해요. 어떻게 하면 좋아요? 이모, 제발 살려 주세요. 어떻게 좀 해 보세요!" 하고 울부짖는 것이었다.

바로 옆에는 계속 번개와 벼락이 치고 있었는데, 결국 형부와 조카는 그곳으로 던져졌다. 그 순간 "으악! 살려 주세요" 하고 외치는데 그들은 벼락을 맞자마자 가루가 되어 버렸다. 나는 다시 엉엉 울기 시작하였다. 천사들이 아무리 달래어 주어도 내 눈에서는 눈물이 멈춰지지가 않았으며 나는 주님께 또다시 원망을 하면서 하소연을 했다.

"주님, 어제도 내가 지옥에 와서 부모님과 남동생이 불구덩이 속에서 고통받는 모습을 보고는 너무 많이 울어서 하루종일 몸과 마음이 아파서 움직일 수가 없었는데, 왜 또 보여 주시는 거에요? 어떻게 주님이 이런 모습을 보여 주실 수가 있어요? 주님, 정말 못 보겠어요. 감당을 못하겠어요. 이젠 도저히 못 참겠어요. 정말 못 참아요!"

† 참혹한 모습의 가족들을 봐야 하는 아픔

엉엉 울고 있을 때 주님께서는 내 손을 잡아 주셨다. 예수님께서는 다시 내 손을 잡고는 엄청나게 큰 마귀가 있는 곳으로 데리고 가셨다. 그 마귀는 얼마나 큰지 끝이 보이지가 않았다. 마귀의 몸속에 내가 살고 있는 땅의 모든 짐승들이 꽉 차 있는 모습이 보였고 그 안에서 별의별 동물들의 울부짖는 소리가 들렸다. 늑대, 고양이, 호랑이, 사자, 말 같은 짐승들의 으르렁거리는 소리들이 끝없이 들리는 것이었다. 정말 무섭도록 큰 마귀는 입을 쩍 벌리면 그 안에 입이 계속 있었으며 또 그 안에도 입이 있고 계속 입이 벌어지면서 다양한 입들이 나오는데 70개에서 100개 정도의 입과 머리가 달려 있었다. 색깔은 까맣고, 혀가 길었으며 이빨도 상어 이빨과 같았다. 수많은 사람들이 그 마귀의 입속에 빨려 들어가고 있는데, 그중에는 내가 가장 아끼고 사랑하는 우리 엄마도 있었다.

엄마의 눈과 마주치는 순간은 서로에게 늘 고통이었다. 엄마는 살려 달라며 절규하고 있었다. 엄마의 그 눈길, 그 얼굴의 모습을 어떻게 지울 수 있단 말인가! "봉녀야, 나 좀 살려다오. 내가 그토록 여기 오지 말라고 했는데, 왜 또 왔니? 이왕 올 것 같으면 주님께 부탁을 해서 나 좀 꺼내 줄 것이지 왜 와서 구경만 하고 그렇게 울고 있느냐? 내가 고통받고 있는 모습이 그렇게 좋으냐? 하고 통곡을 하시면서 마귀의 입으로 빨려 들어갔다.

내가 정신없이 울고 있는데 그 옆에서는 동생이 독약을 먹고 자살하는 과정이 재현되고 있었다. "누나, 나 배 아파서 못살겠어. 나 좀 살려 줘. 누나! 나 배가 아파서 어떻게 하면 좋아?" 동생의 고통스런 울부짖음에 나는 울면서 발을 동동 굴렀다. 나는 주님한테 덤빌 듯이 애원을 하였다.

"왜, 자꾸 주님은 저를 데리고 지옥에 와서 고통을 주십니까? 우리 엄마, 동생, 아버지, 그리고 이젠 형부와 조카까지 저주를 받고 있잖아요. 예수님, 이럴 수가 있는 것입니까? 이것 때문에 저는 매일 울지 않을 수 없고 만신창이가 되어 몸져 누워 있는데, 김용두 목사님 좀 데리고 가서 천국과 지옥을 보여 주세요. 목사님은 저보다 기도도 더 많이 하시고 더 간절히 사모하는데 왜 저만 자꾸 괴롭히세요?"

예수님께서는 아무 말도 하지 않으시고 그저 묵묵부답이셨다. 주님께서는 그 외에도 여러 군데를 더 보여 주셨다.

그런데 기도하고 있는 중간에 목사님하고 가깝게 지내고 있는 교회의 사모님이 와서 같이 기도회에 다시 은혜를 받고 싶고 영적인 문제들을 상담하고 싶다면서 오시는 바람에 기도회는 어중간하게 중단이 되어버렸다.

그 교회 사모님과 이야기 하는 도중에 목사님과 사모님은 우리 교회에서 나타난 일들을 조금 이야기한 것 같았는데, 예수님께서는 나에게 오셔서 진노하시는 표정으로 빨리 가서 얘기를 중단하라고 하셨지만 목사님이 중단하지 않았다. 예수님께서는 우리 교회에서 일어나는 모든 일들은 절대로 비밀에 붙여야만 하고, 작정기도 기간이 끝이 나고 모든 것을 책에 기록하여 출판할 때까지 절대로 발설해서는 안 된다고 하셨는데, 그만 목사님과 사모님께서는 그 사모님과 대화 중에 조금 말씀하셨던 것 같다.

나중에 안 일이지만 그 사모님은 호기심이 많아 물어보는 성향이 있다고 주님이 말씀해 주셨는데, 목사님께서는 이야기를 하지 않으면 계속 밤마다 찾아와서 동참하게 될 것이니 아예 미리 말하는 것이 오지 못하게 하기 위한 방법이라고 하셨다. 그 사모님을 차로 바래다드리고 다시 2부 예배를 드렸다. 방언기도를 하면서 지옥에 있는 가족들을 생각하면서 눈물로 애타게 기도하고 있는데 주님께서 다시 오셨다. 나는 예수님께 간청했다.

"주님, 제발 저 말고 김용두 목사님에게 지옥을 보여 주시면 지옥의 참혹한 현장을 보면서 글을 더 잘 쓰실 거에요" 하고 애원을 드렸더니 예수님께서 "그래, 그래. 조금만 더 참아라. 얼마 남지 않았다."

예수님께서는 나에게 위로의 말씀을 해 주시며 다가오셨다. "지금부터는 너를 천국에 데려가서 그동안 흘렸던 눈물과 아픔을 다 씻어주고 싶구나" 하고 다정하게 손을 잡으셨다. 예수님과 손을 잡자 내 몸에는 날개 달린 세마포의 빛난 옷이 입혀졌고 강단의 십자가가 있는 동그란 문으로 통과하여 공중으로 날아가기 시작하였다. 천국 가는 길은 언제나 신이 난다. 우리가 사는 지구에서 공중의 대기권을 지나자 캄캄한 밤하늘의 우주공간이 나왔다. 수많은 별들의 세계를 지나면 은하수 같은 세계가 나오고 다시 캄캄한 수렁 같은 곳을 지나면 두 갈래의 길이 나온다. 그 길 중 왼쪽은 지옥으로 향하고 오른쪽은 천국길이다.

예수님과 함께 오른쪽 길에 들어서면서 금빛 찬란한 황금성 안으로 들어갔다. 수많은 천사들이 마중을 나왔으며 환영해 주었지만 주님께서는 유독 한 천사에게 나를 자세히 소개시켜 주셨다. 그 천사는 내가 우리 교회에서 목사님이 설교하실 때 말로 많이 들었던 미가엘 천사였다. 예수님께서 미가엘 천사에게 말씀하셨다. "이 성도는 예수 믿은 지 두 달 정도밖에 안 되는 어린양인데 주님의 교회에서 특별작정기도회 때 영안이 열려서 지옥을 보게 되었다. 특히 오늘은 내가 지옥에서 가족들의 비참한 현장을 많이 보여 주었으니 충격을 많이 받았을 것이다. 그러니 미가엘 천사는 백봉녀 성도를 데리고 다니면서 천국을 구경시켜 주고 위로를 많이 해 주어라."

미가엘 천사는 고개를 숙여 "네, 주님. 잘 알겠습니다"라고 하였으며 나는 미가엘 천사와 함께 천국의 여기저기를 날아다녔다. "우와! 야, 멋있다! 천국에 있는 모든 것들을 구경하려면 내 평생을 다해도 못할 것만 같았다. 예수님께서도 오셔서 다시 나를 데리고 다니셨다. 주님께서는 나를 직접 데리고 구경시켜 주는 것을 좋아하시는 것 같았다.

✝ 천국에 있는 금지구역

예수님께서는 나에게 "봉녀야, 네가 몸도 약한데 지옥을 자꾸 구경하려니 힘들지? 가슴이 많이 아팠니?" 하며 다정하게 위로해 주셨다. 예수님께서는 천국의 하늘에서 내 손을 잡으시며 특별한 말씀을 하셨는데, "지금부터는 너에게만 보여 줄 것이 있다. 너에게만 특별히 보여 줄 터이니 잘 보거라" 하시기에 나는 주님께 "어디 가는 거에요?" 했더니 "천국에 있는 내 아버지의 집을 구경시켜 줄 것이다. 그런데 그 안에는 그 누구도 들어갈 수 없으며 외부의 벽만 볼 수 있을 것이다"라고 하셨다.

나는 목사님께 이렇게 배웠다. '하나님은 빛이시다. 하나님은 언제나 동일하시고 과거와 현재와 미래에도 영원히 변하지 않으시고 언제 어디서나 늘 계시고 우리와 함께하셔서 지켜 주시고 보호하신다.' 내가 속으로 '하나님 집이 있나?' 하고 생각하는 중에 주님께서는 내 손을 잡고 이끄셨는데, 천국의 밑에서부터 꼭대기까지 날아갔다. 가도 가도 끝이 안 보였다. 그런데 갑자기 엄청난 광채가 나면서 밑에서부터 꼭대기까지 황금으로 만든 벽이 보이는 것이다.

예수님께서는 이곳은 그 누구도 접근할 수 없는 금지구역이라고 하셨다. 나는 눈이 부셔서 앞을 제대로 볼 수가 없었다. 하나님께서는 언제, 어디에 장소나 시간에 상관없이 온 우주 만물 그 모든 것에 다 간섭

하시고 주장하시며 뜻대로 이끌어 가신다고 주님께서 설명해 주셨다. 그리고 주님은 나를 데리고 다니시며 천국의 많은 부분들을 보여 주셨고 내 머리에 금면류관을 씌워 주셨다. 그리고는 다시 나는 주님의 손을 잡고 교회로 내려 왔다.

교회에서 다시 기도하고 있는데 갑자기 성부이신 아버지 하나님의 보좌가 눈에 보이는 것이었다. 나는 보좌에서 발산하는 오색찬란한 빛 때문에 고개를 들 수가 없었다. 그나마 볼 수 있었던 것은 아버지 하나님의 발 부분이었는데, 하나님께서는 보좌에 앉으셔서 나를 향하여 한쪽 발을 쭉 뻗으셨다. 하나님 아버지의 발은 얼마나 크고 위대하신지 보지 못한 사람은 정말 모를 것이다. 나는 하나님께 기도를 드리면서 여쭈어보았다.

"하나님 아버지, 아버지의 다리를 왜 저에게 뻗으십니까?" 그랬더니 크고 굵은 음성이 위에서 나오는데, 온 세상에 울릴 것 같은 위엄 있고 부드러운 목소리로 "내가, 너한테 보여 주고 싶어서 그렇단다"고 대답해 주셨다. 하나님 아버지께서 발을 쭉 뻗으시자마자 온 세상에 광채가 났고 환해졌다.

✝ 신성경 집사, 기도회에 동참하다

신성경 집사 - 낮예배 후 사택에서 밥 먹다가 천국에서 예수님과 예지가 함께 있는 모습을 보았다는 백봉녀 성도의 말을 듣고 나는 큰 충격을 받았다. 내 딸 예지는 유치원 때부터 소아암에 걸려서 고생하다가 9살 때 결국 한양대학병원에서 숨을 거두었다. 예지가 고통을 많이 받고 있을 무렵에 나는 김용두 목사님을 만났다. 이전에는 이단집단이라고 했던 구원파 계열에 휘말려 한동안 쫓아다니면서 심취하였지만 딸의 병간호 때문에 거기에서 벗어날 수가 있었다.

내 딸 예지는 숨을 거두기 전 목사님의 신앙고백을 입으로 같이 따라하면서 예수님을 구주로 영접하였다. 목사님이 오시기 전까지 많은 고통을 호소하였지만 목사님의 기도로 고통이 멈추어졌으며 차분하게 나의 남편과 나에게 한번 안아 달라고 부탁을 하고는 잠자듯이 천국으로 갔다. 그때 나는 예지의 모습을 보면서 천국을 확신하게 되었다. 그러나 그 일도 잠시, 나는 교회에서 집사가 되어 한동안 봉사를 열심히 하다가 얼마 못 가서 주일에도 낮예배만 드리고 직장에 나갔다. 해마다 예지가 간 그날이 돌아오면 시신을 뿌렸던 남이섬 부근에 남편과 함께 가서 있다가 오곤 하였다. 다 부질없고 쓸데없는 일이었지만 말이다.

어찌 되었든 지금 교회에서는 추위에 떨면서 밤새도록 9명의 성도들이 기도하면서 예수님을 만나서 천국도 구경하고 지옥에도 갔다 온다고 하는데 솔직히 말해서 믿어지지가 않는다. 그런데 한두 사람도 아닌 어린아이들까지 영안이 열려서 악령들과 싸우고 귀신을 물리치는 무용담을 매주일 들으니 나는 집사로서 너무 부끄러웠고 처신도 곤란해졌다. 교회 새로 나온 지 두 달밖에 안 된 새신자가 은사를 받아서 밤새 기도하고, 영안이 열리는 것을 보면 완전히 나와는 비교가 안 될 정도로 믿음이 성장해 버린 것이다. 누가 집사이고 누가 초신자인지 완전히 입장이 뒤바껴 버렸다.

마침 직장도 그만두게 되었으니 오늘부터라도 부지런히 참석해야겠다고 생각하고 나왔는데, 내가 생각했던 것보다 훨씬 충격이 컸으며 상상을 초월하는 기도회였다. 나는 집사 직분을 맡으면서도 저녁예배는 참석을 못했으며 십일조도 절반 정도밖에 하지 못했다. 더구나 내 평생에 기도 생활은 10분 혹은 길어야 한 시간인데, 그것도 방언을 받고 난 이후에 억지로 하는 기도가 대부분이었다.

그런데 오늘 밤에 와서 보니 우리 교회에서 밤마다 하는 기도회는 아이들이나 어른들이나 할 것 없이 기도에 들어가면 다음날 아침까지, 앉아서 대여섯 시간은 거뜬하게 하니 나는 깜짝 놀랄 수밖에 없었다. 5살짜리 미나도 세 시간은 거뜬하게 기도한다. 그것도 두 팔을 들고 방언을 하면서……. 미나는 방언기도를 하다가 교회에서 잠이 들곤 했다고 한다.

나는 올해 초등학교를 입학하는 아들 정민이까지 데려와서 오랜만에 기도를 하였다. 내 아들 정민이는 자타가 공인하는 말썽꾸러기인데, 오늘 낮에 집에서 내가 교회 가서 기도하면 죽은 누나를 볼 수 있다고 하니까 아들도 충격을 받아서인지 몰라도 저녁예배에 순순히 따라나섰다. 목사님께서는 말썽꾸러기인 정민이까지 기도회에 동참하는 것을 보시며 크게 감동하셨다.

† 오정민, 방언은사를 받다

매주일마다 목사님께서 설교하시는 것을 봐 왔는데 밤예배 때의 설교는 완전히 딴판이었고 충격적인 역사가 나타났다.

오늘따라 목사님의 설교는 주일 낮에 차분하게 하시는 설교가 아니었다. 성령님의 역사하심 속에 저녁 7시 30분부터 드려진 예배는 설교만으로 벌써 밤 11시에 이르렀다. 그런데 중요한 것은 내 아들 정민이의 자세가 바뀐 것이다. 정민이는 주일 낮예배에 한 시간 정도 드리는 예배 도 온몸을 뒤틀고 왔다갔다하여 내 속을 상하게 하는데, 오늘 저녁예배에는 완전히 말씀에 굴복하고 압도를 당하여 "아멘, 아멘!" 하고 연신 외치는 것이다.

저녁 설교가 끝나고 밤 11시부터 기도에 들어가는데 목사님께서는 정민이가 기도할 자리를 따로 정해 주셨다. 방석 위에 무릎을 꿇고 두 팔을 들고 끈질기게 기도해야 할 것을 자세히 가르쳐 주시면서 아무것도 모르는 정민이에게 방언의 은사를 사모해야 한다며 방언기도를 해야만 기도를 오래 할 수가 있고 능력을 받을 수 있으며 또한 마귀도 기도 소리를 알아들을 수 없으므로 방해를 못하니 방언은사를 집중적으로 사모하라고 하셨다.

모두들 방언으로 강하게 기도하는데 목사님께서 정민이를 강대상 옆 목사님 곁으로 오게 해서 기도하게 하시더니 강하게 안수를 하시자마자 내 아들 정민이가 두 손을 들고 울기 시작하였으며 입에서는 단번에 방언의 은사가 터졌고 아들의 온몸이 눈물과 땀으로 범벅이 되어 버렸다.

7살짜리가 무엇을 안다고 저리도 뜨겁게 회개하면서 기도할까? 나는 주님께 더욱 감사의 기도를 드리면서 이번 기도회가 얼마 남지 않았지만 끝까지 참석해서 최선을 다하기로 마음먹고 기도를 마무리했다.

◎ 하나님의 영광을 위하여 …

내가 너에게 불 세례를 주노라 제1권

펴 낸 날 1판 1쇄 2005년 8월 20일
　　　　 1판 19쇄 2009년 7월 30일

지 은 이 김용두
펴 낸 이 이환호
꾸 민 이 박근혜 · 김외경
펴 낸 곳 예찬사
등　　록 1979. 1. 16. 제302-2004-000056호
주　　소 서울시 용산구 한강로2가 108-1 정우빌딩 201호
전　　화 798-0147(편집) 798-0148~9(영업)
팩시밀리 798-0145
홈페이지 www.yechansa.com
전자우편 yechansa@yechansa.com
I S B N 89-7439-297-6 03230

　　　　 저자와 협약하여 인지를 생략합니다.

　　　　 좋은 책은 좋은 사람을 만듭니다.
　　　　 예찬사는 기독교 출판 실천윤리강령을 준수합니다.